W0172780

BLV Ratgeber Essen und Trinken

Ich helf dir kochen · Gerichte aus dem Schnellkochtopf · Hausgemachtes für Küche und Keller · Vorräte selbst gemacht zu jeder Zeit · Fisch in der Küche · Das Käsebuch · Neue Kalte Küche · Wild in der Küche · Knuspriges Brot aus dem eigenen Ofen · Selbstgebackenes · Das praktische Buch vom Wein

BLV Kochpraxis

Eintopfküche für Feinschmecker · Engelsbrot und Eisenkuchen · Ideenreiche Resteküche · Köstliches aus der Pilzküche · Nudel & Nudel · Paradiesische Apfelküche · Überbackenes, Aufläufe und Puddings

BLV Idee & Praxis

Gesunde Wildkräuterküche · Die Kunst schlank zu bleiben · Obstkuchen – Obsttorten · Selber backen mit Vollkorn · Selbstgemachtes aus der Küche zum Verschenken · Vom Frühstück zur Mitternachtssuppe

Fachbücher für die Gastronomie

Buffets und Empfänge · Fische und Krustentiere · Fleisch · Lehrbuch der Küche · Wild und Geflügel

Zum Thema »Lebe gesund«

Diät-Ratgeber für Diabetiker · Kochbuch für Leber- und Gallendiät · Kochbuch für Magen-Darmdiät · Kochbuch für Nierenkranke und nierenkranke Diabetiker · Es schmeckt auch ohne Fleisch · Kochbuch für die ballastreiche Ernährung · Vollwertkost mit Genuß

Weitere BLV Kochbücher

Bayrische Kuchl · Die Eiszeit aus der Steckdose · Feld-, Wald- und Wiesenkochbuch · Gefrieren, Konservieren · Das große BLV Buch der Kräuter und Gewürze · Ich helf dir backen · K. und K. Backgeheimnisse · Kochen mit Rundumhitze · Mikrowelle · Das praktische Tiefkühlbuch · Südtiroler Leibgerichte · Weihnachtlicher Küchenzauber

Erna Horn/Hedwig Stumpf

Fisch

in der Küche

Süßwasserfische, Seefische,
Schal- und Krustentiere

Neuausgabe

BLV Verlagsgesellschaft
München Wien Zürich

CIP-Kurztitelaufnahme der Deutschen Bibliothek

Horn, Erna:
Fisch in der Küche: Süßwasserfische, Seefische, Schal- u. Krustentiere / Erna Horn. Hedwig Stumpf. [Grafiken: Waltraud Berger]. – 4., völlig neubearb. u. erw. Aufl., (Neuausg.). – München; Wien; Zürich: BLV Verlagsgesellschaft, 1984.
ISBN 3-405-12920-6

NE: Stumpf, Hedwig [Bearb.]

Bildnachweis

Farbfotos: C. P. Fischer, Baldham S. 33, 51, 86, 103, 121 (unten), 139, 192
Studio Teubner, Füssen S. 34, 52, 85, 104, 122, 140, 173, 191 und Titelfoto (Rezept Seite 71)
Fischwirtschaftliches Marketing-Institut, Bremerhaven S. 121 (oben), 174

Zeichnungen: Waltraud Berger

Vierte, völlig neubearbeitete und erweiterte Auflage (Neuausgabe)

Alle Rechte der Vervielfältigung und Verbreitung einschließlich Film, Funk und Fernsehen sowie der Fotokopie und des auszugsweisen Nachdrucks vorbehalten

© 1984 BLV Verlagsgesellschaft mbH, München

Gesamtherstellung: Ludwig Auer, Donauwörth

Printed in Germany · ISBN 3-405-12920-6

Abkürzungen

TL	Teelöffel	kg	Kilogramm
EL	Eßlöffel	l	Liter
g	Gramm	Msp	Messerspitze

Die Rezepte sind, wenn nicht anders angegeben, für 4 Personen berechnet.

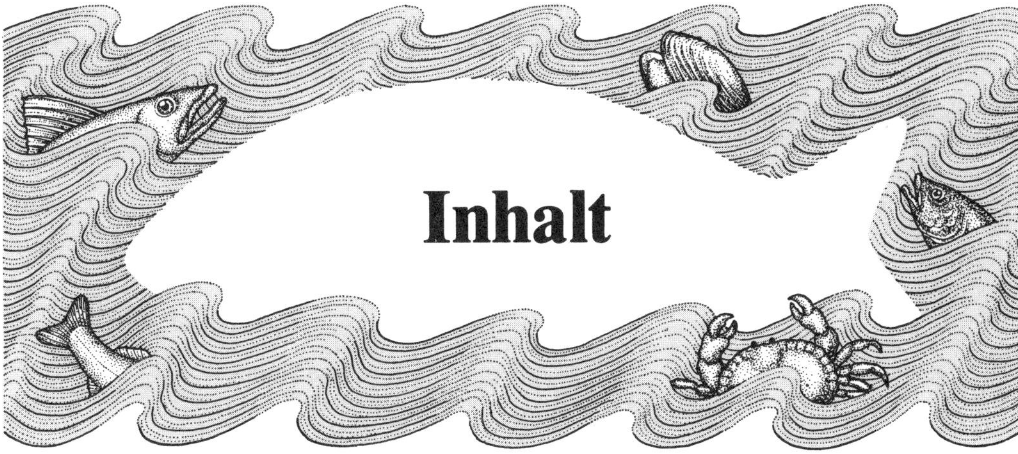

Inhalt

Zu diesem Buch 7

9 **Küchenpraxis**

Fisch in der Ernährung 9

Einkauf 12
Frische- und Qualitätsmerkmale 12
Durchschnittsbedarf pro Person 13
Lagerung 13

Fische vorbereiten 13
Säubern 13
Filetieren 16
Entgräten eines rohen Fisches 17
Die 3-S-Regel 19

Die Grundzubereitungen 19
Kochen oder Garziehen im Sud 20
Dämpfen 22
Pochieren in wenig Flüssigkeit 22
Schmoren 23
Dünsten 23
Braten im Ofen 23
Braten in der Pfanne 24
Fritieren, Ausbacken schwimmend in Fett 25
Grillen 25
In Folie garen 26

Fisch anrichten und servieren 27
Einen großen Fisch tranchieren 27
Der Fisch muß schwimmen 28
Fischgeruch vermeiden 28

29 **Süßwasserfische**

Allgemeine Hinweise 29
Fische töten 31
Kochen im Blausud 32
Fische rundbinden 32
Fisch essen 32
Fischabgänge 35

Fischbeschreibungen und Rezepte 36
Forelle 36
Saibling 48
Lachs oder Salm 53
Huchen 57
Renke oder Felche 59

Äsche 63
Karpfen 66
Schleie 75
Brachsen oder Blei 78
Waller oder Wels 80
Aal 82
Hecht 91
Zander oder Schill 98
Barsch oder Flußbarsch 105
Rutte oder Quappe 108

110 **Fisch-Allerlei**

125 **Seefische**

Allgemeine Hinweise 125

Fischbeschreibungen 125
Kabeljau 125
Schellfisch 126
Seehecht oder Meerhecht 126
Lengfisch oder Leng 127
Seelachs oder Köhler 127
Wittling oder Weißling 127
Rotbarsch oder Goldbarsch 130
Goldbrassen 130
Seeteufel 130
Gestreifter Seewolf oder Katfisch 131
Dornhai 131
Hering 131
Sardine 132
Makrele 132
Thunfisch 132
Roter Knurrhahn 133
Meeraal 133

Plattfische 133
Scholle 134
Flunder 134
Steinbutt 134
Glattbutt 134
Heilbutt 135
Seezunge 135
Rotzunge 135

Kaviar 135

Rezepte 136

177 **Schal- und Krustentiere**

Allgemeine Hinweise 177
Muscheln 177
Krustentiere 177

Beschreibungen 179
Auster 179
Miesmuschel, Pfahlmuschel oder Seemuschel 179
Jakobsmuschel, Pilgermuschel 180
Hummer 180
Languste 181
Flußkrebs oder Edelkrebs 181
Kaisergranat oder Tiefseekrebs 182
Sandgarnele oder Nordseekrabbe 182
Taschenkrebs 182
Königskrabbe 183

Rezepte 184

203 **Standardrezepte**

Fischsude und Aspik 203
Füllungen für Fische, Backteig 206
Soßen und Buttermischungen 209
Beilagen zu Fischspeisen 217

220 **Rezept-Register**

Zu diesem Buch

Fisch in der Küche ist kein neuer Titel, gleichwohl aber ein neues Buch. Erna Horn, als Autorin einer Fülle von Kochbüchern im In- und Ausland geschätzt, hat dieses Fischkochbuch 1964 in erster Auflage geschrieben. Sie wandte sich damit vor allem an die Feinschmecker unter den Fischköchen, nämlich an die Fischer und Sportangler. Ihr Buch war daher überwiegend auf die Zubereitung von Süßwasserfischen ausgerichtet.

Auch in der nun vorliegenden vierten, völlig neu bearbeiteten und erweiterten Auflage nehmen – im Sinne der verstorbenen Autorin – die Rezepte für Süßwasserfische einen breiten Raum ein. Gleichwertig wurden nun jedoch auch die Rezeptteile für Seefische sowie für Schal- und Krustentiere ausgearbeitet.

Heute steht uns ein außerordentlich großes und vielfältiges Angebot von Nahrungsmitteln aus Fluß und Meer zur Verfügung. Neben den Fängen aus unseren Flüssen und Seen, den Produkten aus Teichwirtschaften und den Anlandungen der Hochseefischerei können wir Meeresfrüchte aus weit entfernten Fanggebieten kaufen in einer Qualität und Frische, wie sie nur mit modernsten Transportmitteln und dank hochentwickelter Kühl- und Tiefkühltechnik möglich sind.

Für viele mag das reiche Angebot an Fisch jedoch auch verwirrend sein, und ehe man sich's versieht, trägt man das gleiche Fischfilet nach Hause wie immer, bereitet es zu, wie man es gewohnt ist und wie es der Familie eben schmeckt. Mit diesem Buch sollen Hausfrauen und Hobbyköche ermuntert werden, auch einmal einen ungewohnten Fisch zuzubereiten, die Artenvielfalt zu testen und vor allem neue Rezepte auszuprobieren.

Fisch in der Küche ist ein umfassendes Fischkochbuch. Es richtet sich sowohl an diejenigen, die noch wenig Erfahrung mit der Zubereitung von Fischgerichten haben, als auch an die Profis unter den Hausfrauen und Hobbyköchen. Das Buch ist eingeteilt in die Kapitel Süßwasserfische, Seefische, Schal- und Krustentiere. Den Rezepten sind Beschreibungen über die Fischarten und ihre Verwendung vorangestellt. Ein Kapitel Küchenpraxis vermittelt Kenntnisse, die für die Vor- und Zubereitung von Fisch wichtig sind. Im Anhang sind Standardrezepte zusammengefaßt: Fischsude, Fischfüllungen, spezielle Soßen, Buttermischungen und schließlich noch Rezepte für passende Beilagen.

Danken möchte ich an dieser Stelle meinem Fischhändler am Münchner Viktualienmarkt, der mir zum Ausprobieren der Rezepte nicht nur die Fische verkauft, sondern geduldig auch meine vielen Fragen beantwortet hat. Meine speziellen Wünsche, einen Fisch auch einmal nach bestimmten Methoden auszunehmen und vorzubereiten, hat er zwar freundlich erfüllt, doch konnte ich auch die Bemerkung hören, es handle sich da wohl um »ein ganz narrisches Rezept«. Ich verdanke ihm viele wertvolle Informationen über die Fische und den Fischhandel und manch speziellen Tip. Der Fischeinkauf für meine Versuchsküche war somit immer hochinteressant, ein kleines Abenteuer, und nicht selten trug ich einen anderen Fisch in der Einkaufstasche nach Hause als ich eigentlich gewollt hatte.
So wünsche ich viel Spaß und Erfolg mit FISCH IN DER KÜCHE.

Hedwig Stumpf

Küchenpraxis

Fisch in der Ernährung

Fisch in der Küche, das bedeutet für die menschliche Ernährung eiweißreiche, aber gleichzeitig kalorienarme Kost. Das Fleisch unserer meisten Speisefische ist nämlich arm an Fett, dagegen enthält es reichlich biologisch wertvolles, leicht verdauliches Eiweiß. Beim Verzehr von Fischfleisch werden dem Körper wichtige Mineralstoffe und Vitamine zugeführt. Seefische sind die bedeutendsten Lieferanten für das gegen Kropferkrankung wichtige Spurenelement Jod. Verschiedene Fischarten mit besonders magerem Fleisch, z. B. Kabeljau, Seelachs, Schellfisch, speichern ihr Fett in der Leber, die daher besonders reich an essentiellen Fettsäuren und fettlöslichen Vitaminen, vor allem Retinol und Vitamin D, ist und zu Lebertran verarbeitet wird.

Im Vergleich zu den Landtieren enthält Fischfleisch nur wenig Bindegewebe. Die Funktion des Bindegewebes übernimmt beim Fisch weitgehend der Wasserdruck, der ihn in seinem Element von allen Seiten umgibt. Fischfleisch ist deshalb besonders zart und leicht verdaulich. Der geringe Gehalt an Bindegewebe ist allerdings auch die Ursache dafür, daß Fischfleisch beim Kochen leicht zerfällt. Man darf Fisch deshalb nie in sprudelndem Wasser kochen, sondern läßt ihn bei geringer Hitze vorsichtig garziehen.

Durch seine leichte Verdaulichkeit und den niedrigen Kalorienwert kann Fischfleisch – mit Ausnahme der ausgesprochenen Fettfische – bei fettarmer Zubereitung als ideale Diät- und Schlankheitskost angesehen werden. Fette Fische sind Aal, Thunfisch, Makrele, Hering, Lachs, Karpfen.

Nach ihrem Vorkommen und Lebensraum unterscheidet man die beiden Hauptgruppen *Süßwasserfische* und *Seefische.*

Beide Gruppen werden wieder in Familien unterteilt.

Außerdem unterscheidet man zwischen *Rundfischen* und *Plattfischen.*

Rundfische ergeben zwei Filets, Plattfische ergeben vier Filets, zwei von jeder Seite.

Nähr- und Energiewerte der wichtigsten Fische und Fischprodukte

in 100 g eßbarem Anteil sind enthalten		Wasser g	Eiweiß g	Fett g	Kohlen-hydrate g	Jod mg	Kilo-Joule	Kilo-Kalorien
Süßwasserfische								
Aal	frisch	59,3	15,0	24,5	0,0	4,00	1250	299
	geräuchert	51,1	17,9	28,6	0,0	4,50*	1466	350
Barsch	frisch	79,5	18,4	0,8	0,0	4,00	371	89
Brachsen/Blei	frisch	76,7	16,6	5,5	0,0	•	524	125
Forelle	frisch	76,3	19,5	2,7	0,0	3,20*	468	112
Hecht	frisch	79,6	18,4	0,9	0,0	•	373	89
Karpfen	frisch	75,8	18,0	4,8	0,0	1,70*	522	125
Lachs/Salm	frisch	65,5	19,9	13,6	0,0	0,03	907	217
	in Öl	49,4	16,4	22,8	0,0	0,58	1208	289
Renke/Felche	frisch	77,7	17,8	3,2	0,0	•	455	109
Schleie	frisch	76,5	17,7	0,7	0,0	•	355	85
Wels/Waller	frisch	72,1	15,3	11,3	0,0	•	731	175
Zander	frisch	78,4	19,2	0,7	0,45	•	390	93
Seefische								
Flunder	frisch	81,4	16,5	0,7	0,0	0,03	332	79
	geräuchert	71,9	23,3	1,9	0,0	•	505	121
Gestreifter Seewolf/ Katfisch	frisch	80,3	15,8	2,8	0,0	•	402	96
	geräuchert	71,2	23,0	3,6	0,0	•	566	135
Heilbutt	frisch	76,1	20,1	2,3	0,0	0,05	461	110
	geräuchert	63,8	17,3	17,1	0,0	•	998	239
Hering	frisch	65,3	18,2	14,9	0,0	0,05	927	222
	Bischmarckhering	62,2	16,5	16,0	0,0	0,08	938	225
	Brathering	62,0	16,8	15,2	3,8	0,13	980	234
	Bückling	62,0	21,2	15,5	0,0	0,05	1006	241
	Matjeshering	54,4	16,0	22,6	0,0	•	1193	285
	Salzhering	48,8	19,8	15,4	0,0	•	977	233
Kabeljau/Dorsch	frisch	80,8	17,7	0,4	0,0	0,12	342	82
Lengfisch	frisch	79,4	19,0	0,6	0,0	•	372	89
Makrele	frisch	68,0	18,7	11,9	0,0	0,05	817	195
	geräuchert	62,3	20,7	15,5	0,0	•	997	238
Rotbarsch	frisch	76,9	18,2	3,6	0,0	0,07	479	114
	geräuchert	68,4	23,8	5,5	0,0	•	657	157
Roter Knurrhahn	frisch	74,2	17,5	6,3	0,8	•	416	99
Rotzunge	frisch	82,1	15,5	1,1	0,0	•	330	79

in 100 g eßbarem Anteil sind enthalten		Wasser g	Eiweiß g	Fett g	Kohlenhydrate g	Jod mg	Kilo-Joule	Kilo-Kalorien
Sardine	frisch	73,8	19,4	5,2	0,0	0,01	563	135
	in Öl	55,6	24,1	13,9	0,0	•	996	238
Schellfisch	frisch	80,8	17,9	0,1	0,0	0,42	334	80
	geräuchert	75,3	22,1	0,5	0,0	•	426	102
Scholle	frisch	80,7	17,1	0,8	0,0	0,19	347	83
Seeaal/Dornhai	frisch	68,3	23,0	8,5	0,0	•	762	183
	geräuchert	64,4	26,1	7,0	0,0	•	760	182
	Schillerlocken	52,5	21,3	24,1	0,0	•	1350	323
Seehecht	frisch	80,8	17,2	0,9	0,0	•	350	84
Seelachs	frisch	80,2	18,3	0,8	0,0	0,26	368	88
	geräuchert	73,6	22,8	0,8	0,0	•	452	108
	in Öl	62,8	19,5	8,0	0,0	0,08	677	162
Seeteufel	frisch	83,5	14,9	0,7	0,0	•	301	72
Seezunge	frisch	80,0	17,5	1,4	0,0	0,02	377	90
Steinbutt	frisch	80,4	16,7	1,7	0,0	•	376	90
Thunfisch	frisch	61, 5	21,5	15,5	0,0	0,05	1012	242
	in Öl	52,5	23,8	20,9	0,0	0,05	1269	303
Wittling/Merlan	frisch	76,8	20,0	0,6	0,0	•	368	88
Schal- und Krustentiere								
Auster		83,0	9,0	1,2	4,8	0,06	298	71
Fluß-/Edelkrebs		83,1	15,0	0,5	0,0	•	295	70
Garnele		78,4	18,6	1,4	0,0	0,13	400	96
Hummer		79,8	15,9	1,9	0,3	0,10	373	89
Jakobs-/Pilgermuschel		80,0	15,6	0,1	2,9	•	342	82
Mies-/Pfahlmuschel		83,2	9,8	1,3	3,9	0,13	303	72
Tintenfisch		81,0	16,1	0,9	1,0	•	322	79
Sonstige Fischprodukte								
Kaviar, echter		47,1	26,1	15,5	4,6	•	1177	281
Kaviar-Ersatz		71,2	14,0	6,5	2,8	•	563	135
Klippfisch		34,1	44,7	0,7	0,0	•	852	204
Sprotten		60,7	19,4	18,4	0,0	•	1089	260
Stockfisch		15,2	79,2	2,5	0,0	•	1557	372
Lebertran		0,0	0,0	99,8	0,0	0,86	3967	948

* Mikrogramm • gar nicht oder nur in Spuren vorhanden

nach: Souci/Fachmann/Kraut und Documenta Geigy

Zuordnung der wichtigsten Fische nach ihrem Fettgehalt

Sehr fett = 15 bis über 30% Fett	Fettreich = 6 bis 12% Fett	Fettarm = unter 5% Fett	Sehr mager = unter 2% Fett
Aal	Forelle (große)	Brachsen/Blei	Barsch
Dorschleber	Hering	Forelle (Portion)	Flunder
Lebertran	Karpfen (gemästet)	Karpfen (Natur-)	Hecht
Lachs	Lachs	Rotbarsch	Kabeljau/ Dorsch
	Makrele	Schleie	Lengfisch
	Sprotte	Seezunge	Schellfisch
		Heilbutt	Scholle
		Steinbutt	Seehecht
			Seelachs
			Wittling/Merlan
			Zander

Nach: AID

Einkauf

Fischfleisch ist durch seinen hohen Wassergehalt sehr leicht verderblich. Achten Sie deshalb beim Einkauf vor allem darauf, daß die Ware absolut frisch ist und auch nicht die Spur von unangenehmem Fischgeruch aufweist.

Frische- und Qualitätsmerkmale

Angenehmer Geruch; aufdringlicher Fischgeruch weist auf längere Lagerzeit hin.

Glänzende Haut; die Schleimhaut darf nicht schmierig sein.

Festsitzende Schuppen.

Die hellroten Kiemen liegen fest an.

Die Augen sind klar und glänzend.

Das Fleisch fühlt sich fest, aber elastisch an; auf Fingerdruck darf keine Delle bleiben.

Frisches Fischfilet sieht glasig aus und hat elastisch-festes Fleisch; zu lange gelagertes Fischfilet ist an den Rändern trocken und weist Spuren von Verfärbung auf.

Dank einer gut funktionierenden Kühlkette kommt heute Seefisch auch im Binnenland – in den Fachgeschäften auf frisches Eis gebettet – wirklich frisch zum Verkauf. In den modernen Fischereifahrzeugen mit Kühllagerräumen wird die Temperatur beständig bei 0 °C gehalten. Das ist gerade kühl genug, um das Fischfleisch von schädlichen Bakterien freizuhalten, andererseits bleiben bei dieser Temperatur Konsistenz und Aroma der Fische bestmöglich erhalten. Flußfische kauft man in der Regel lebend ein und läßt sie vom Fischhändler töten und ausnehmen. Man ist somit ganz sicher, frischen Fisch nach Hause zu tragen.

Heute steht uns ein reiches Angebot an fangfrisch eingefrorenem Fisch und Fischereierzeugnissen zur Verfügung. Tiefgefrorener Fisch steht unmittelbar nach dem Auftauen erstklassiger, eisgekühlter Ware nur wenig nach.

Beachten Sie beim Einkauf von ganzen Fischen, daß ein erheblicher Teil des Gewichtes für Abfälle anzusetzen ist. Man rechnet – nach Fischarten unterschiedlich – mit 40 bis 55 Prozent Abfall.

Durchschnittsbedarf pro Person

Als Hauptmahlzeit	
ganzer Fisch	350–500 g
Fisch mit Gräten (ohne Kopf)	250–350 g
Fischfilet	150–200 g
Als Vorspeise	
ganzer Fisch	250–300 g
Fischfilet	125–150 g

Lagerung

Frisch gefangenen Fisch kann man im Kühlschrank bis zu 24 Stunden lagern; eisgekühlte Ware bleibt im Kühlschrank bei +2 bis +3 °C sechs bis acht Stunden frisch, sollte aber stets so bald wie möglich zubereitet werden. Man wickelt den Fisch in Klarsichtfolie ein, damit sich der Geruch nicht auf die anderen Lebensmittel im Kühlschrank überträgt.
Bei zu langer Lagerung entstehen giftige Eiweißzersetzungsprodukte, die zu Fischvergiftung führen können. Es ist besser, einen zweifelhaften Fisch wegzuwerfen, als eine Fischvergiftung zu riskieren.
Zum Tiefgefrieren ist nur wirklich fangfrischer Fisch geeignet. Die Lagerzeit sollte möglichst kurz gewählt werden und vier Monate nicht überschreiten. Fette Fische sollte man besser nicht einfrieren oder nur für kurze Zeit.
Tiefgefrorenen Fisch nimmt man vor der Zubereitung rechtzeitig aus der Tiefkühltruhe bzw. dem Tiefkühlfach, um ihn im Kühlschrank langsam auftauen zu lassen. Portionsstücke läßt man nur so weit auftauen, daß man sie auseinandernehmen kann. Sie werden, noch leicht gefroren, gewürzt und, je nach Zubereitungsart, in Flüssigkeit pochiert, in der Pfanne gebraten oder fritiert.

Fische vorbereiten

Säubern

Jeder Fisch muß zuerst gesäubert, das heißt von den Flossen befreit, evtl. geschuppt, ausgenommen und gewaschen werden. Die Fänge der Hochseefischerei kommen bereits gesäubert auf den Markt; sie werden schon an Bord ausgenommen. Dagegen kommen die Fänge der Fischkutter und die Süßwasserfische meist unbearbeitet in den Handel. Man läßt sie vom Fischhändler schuppen und ausnehmen und je nach Verwendungszweck auch filetieren oder in Koteletts teilen.

Flossen und Kiemen entfernen
Bei großen Fischen werden zuerst die stacheligen Flossen mit einer Küchenschere abgeschnitten, damit man sich an ihnen nicht verletzt. Dann die Brust-, Bauch- und Afterflossen abschneiden. Dann entfernt man die Kiemen.

Schuppen
Geschuppt wird der Fisch stets vor dem Ausnehmen. Dazu den Fisch auf ein Holzbrett legen, den Schwanz festhalten (evtl. mit einem Tuch) und mit einem flach gehaltenen Messer oder einem Fischschupper in Richtung vom Schwanz zum Kopf – also entgegen der Wuchsrichtung – die Schuppen entfernen.

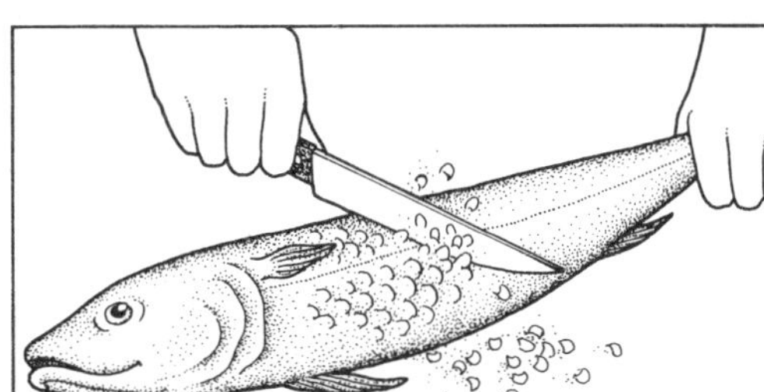

Man kann den Fisch zum Schuppen auch in eine Schüssel mit Wasser legen, dann wird die Küche nicht durch herumfliegende Schuppen verschmutzt. Der Fisch wird anschließend gründlich abgespült.
Geschuppt werden Fische immer, wenn man die Haut mitißt. Nicht geschuppt werden Fische, die vor der Zubereitung enthäutet werden. Fische, die »blau« gekocht werden sollen, dürfen keinesfalls geschuppt werden, damit der Schleim, der das »Blauwerden« bewirkt, nicht entfernt wird.

Ausnehmen

Rundfische durch den Bauch ausnehmen:

Das Ausnehmen durch den Bauch ist die übliche Art, einen Fisch auszunehmen. Man führt mit einem scharfen Messer oder der Küchen-

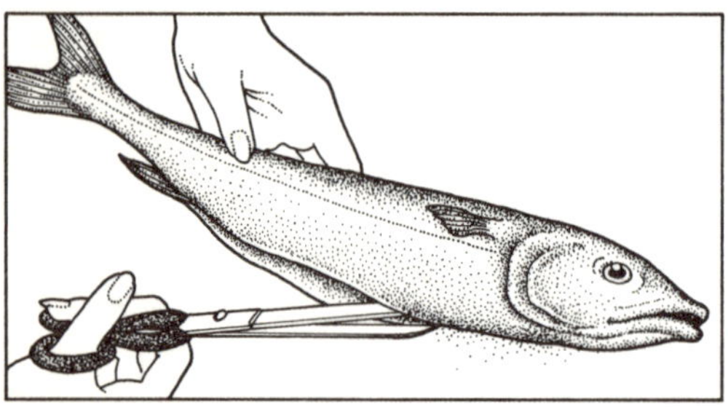

schere einen Schnitt vom Ausgang des Darmes in Kopfrichtung und nimmt die Eingeweide vorsichtig heraus. Die Galle darf dabei nicht

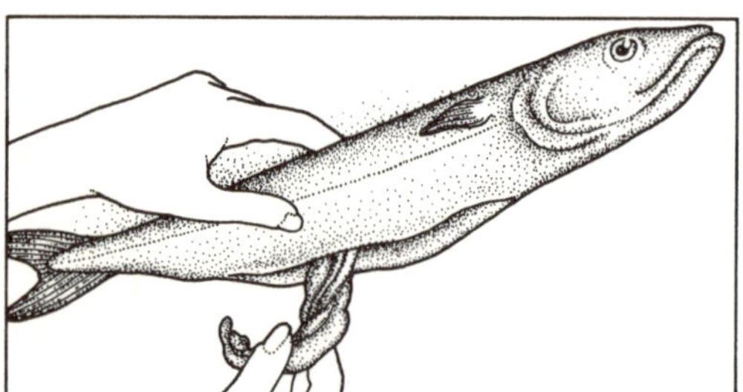

verletzt werden, ihr bitterer Inhalt würde beim Entleeren das Fischfleisch ungenießbar machen. Milch oder Rogen und die Leber kann man mitverwenden, die Galle wird weggeworfen.
Wenn man den Fisch weit öffnet, sieht man entlang der Hauptgräte einen dunklen Strang, die Fischniere. Sie muß zusammen mit der schwarzen und silbernen Bauchinnenhaut herausgeschabt werden.
Soll der Kopf entfernt werden, so trennt man ihn hinter der letzten Kiemenöffnung ab. Anschließend den Fisch unter fließendem Wasser gründlich waschen und aus der Bauchhöhle alle Haut- und Blutreste herausspülen.

Rundfische durch die Kiemen ausnehmen:

Fische, die gefüllt werden sollen, aber auch ganze Fische zum Kochen nimmt man vorteilhaft durch die Kiemen aus, weil dabei der Körper unverletzt bleibt. Diese Methode ist jedoch nicht anwendbar bei sehr kleinen Fischen, da die Kiemenöffnung zu klein ist.
Man macht einen Schnitt am Hals, fährt mit einem Finger durch die Kiemenöffnung und

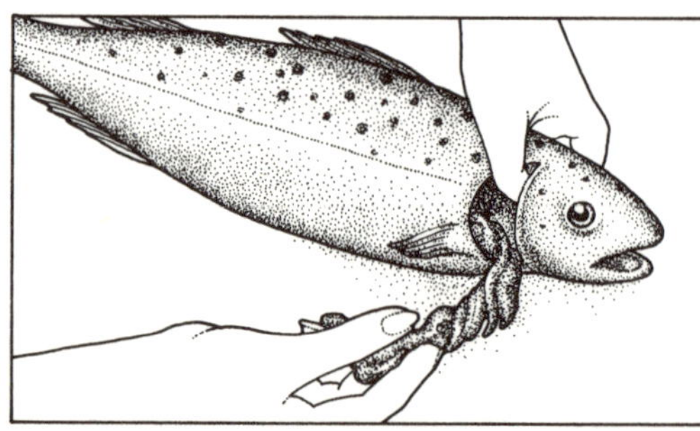

zieht die Eingeweide zusammen mit der Kieme in einem Stück heraus. Dies muß jedoch sehr behutsam geschehen, damit die Galle nicht verletzt wird. Der am Rückgrat entlang verbliebene dunkle Strang muß entfernt werden. Dazu führt man einen Kochlöffelstiel durch die Kiemenöffnung und fährt damit mehrmals kräftig am Rückgrat entlang, bis die Häutchen und alles Blutgerinnsel gelöst sind. Anschließend wird der Fisch unter fließendem Wasser gründlich ausgespült.

Plattfische ausnehmen und abziehen:
Bei Plattfischen macht man schräg unterhalb des Kopfes einen kurzen Schnitt und nimmt die Eingeweide heraus.
Bei Seezungen läßt sich die feste Haut leicht abziehen: Den Fisch mit der dunklen Seite nach oben auf ein Brett legen, die Haut am Schwanz einschneiden und so weit lösen, daß

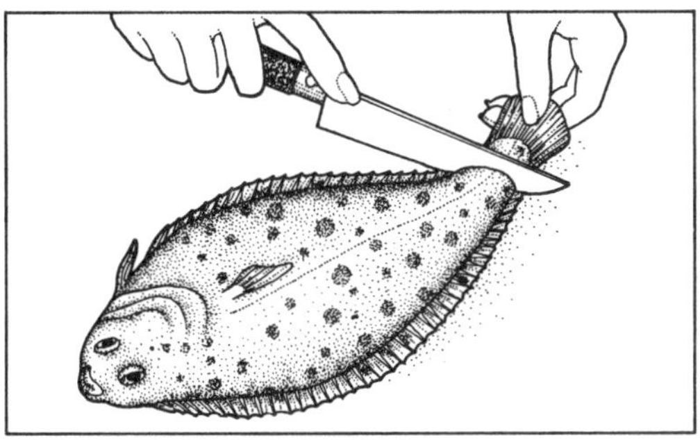

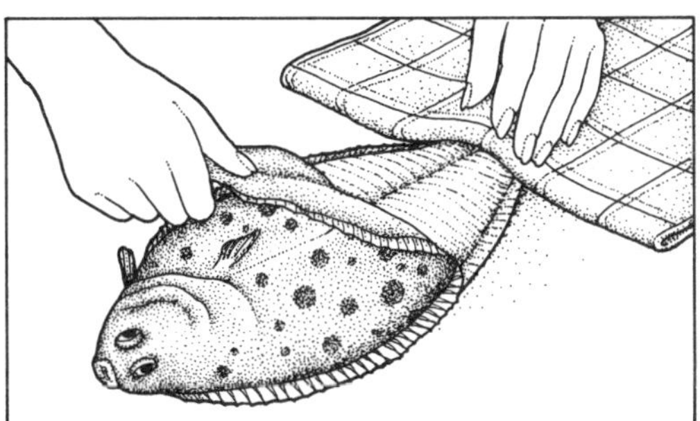

man sie gut anfassen kann. Mit einem Tuch den Schwanz auf das Brett drücken, mit der anderen Hand die Haut ergreifen und mit kräftigem Ruck zum Kopf hin abziehen bis zum Kiefer.

Soll die Seezunge filetiert werden, so dreht man sie um und zieht die helle Haut der Unterseite genauso ab. Wird sie jedoch im Ganzen zubereitet, so kann man die helle Haut auch daranlassen.

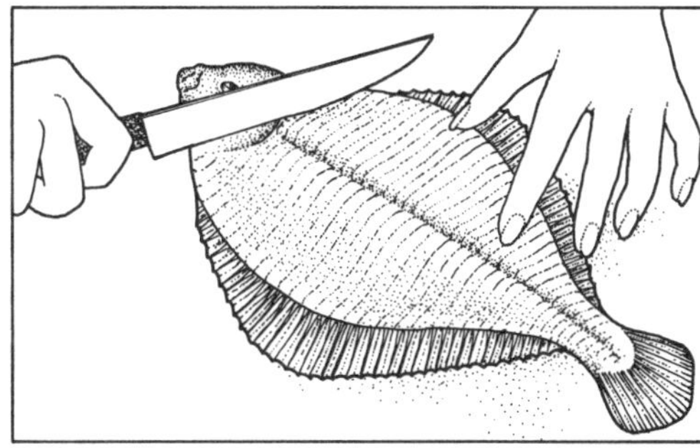

Man entfernt zunächst den Kopf, schneidet mit der Schere dann den rund um den Fisch verlaufenden Flossenkranz ab und stutzt zuletzt den Schwanz.

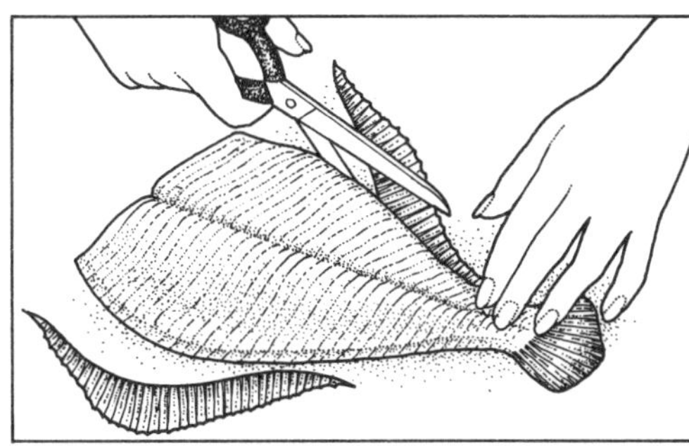

Die Haut der anderen Plattfische läßt sich vom rohen Fisch nur schwer abziehen; man enthäutet sie deshalb erst nach dem Garen. Die Filets kann man jedoch vorher enthäuten, indem man mit einem Messer zwischen Haut und Filet gleitet. Es empfiehlt sich, Plattfische an der Hauptgräte entlang rechts und links einzuschneiden, um ein gleichmäßiges Garen zu erreichen.

Filetieren

Am besten lassen sich Fische mit einem deutlich ausgeprägten, kräftigen Grätengerüst filetieren. Bei Fischen mit feinen Gräten bleiben oft kleine Gräten am Fleisch hängen, die man mit den Fingern oder dem Kartoffelschäler oder einer Pinzette herauszieht. Man benötigt zum Filetieren ein Messer mit einer langen, scharfen, biegsamen Klinge.

Rundfische filetieren

Von runden Fischen erhält man zwei Filets, eines von jeder Seite. Die Haut wird erst nach dem Filetieren abgezogen.
Den ausgenommenen, gesäuberten Fisch auf die Seite legen. Den Fisch mit der Hand auf das Brett drücken und mit dem Messer am Rückgrat entlang vom Kopf bis zum Schwanz so tief einschneiden, daß das Rückgrat freige-

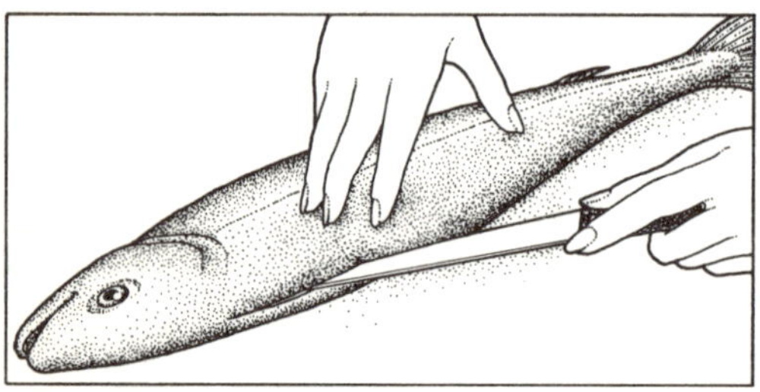

legt ist. Das obere Filet hinter den Kiemen bis an das Rückgrat wie ein Dreieck einschneiden und mit kurzen Schnitten der Länge nach von

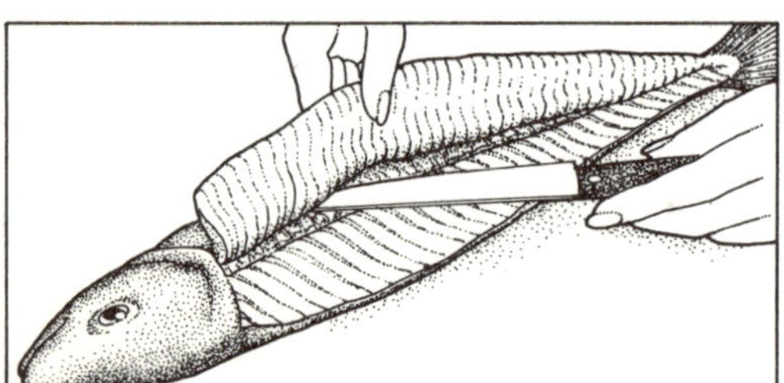

den Gräten lösen und abheben. Das freigelegte Rückgrat mit der Hand anfassen und die Brustgräten mit dem Messer vom unteren Filet lösen.

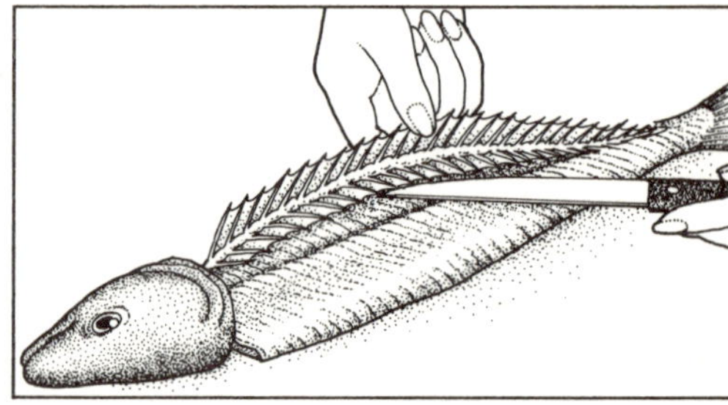

Die Haut abziehen: Das Filet mit der Hautseite nach unten auf das Brett legen. Am Schwanzende ein kleines Stückchen Fleisch von der Haut abschneiden, damit man den Schnitt ansetzen kann. Das Messer flach unter dem Fleisch ansetzen und das Filet von der Haut trennen. Das zweite Filet ebenso enthäu-

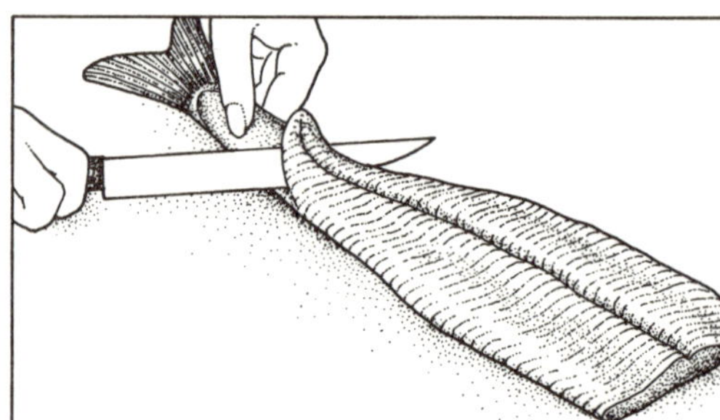

ten. Die Filets werden vor der Zubereitung in Form geschnitten.
Von frisch getöteten Fischen läßt sich die Haut nur schwer abziehen, da die Muskeln verkrampft sind und die Haut fest am Fleisch haftet. Es ist daher besser, die Fische einige Stunden gut gekühlt aufzubewahren, ehe man das Fischfleisch enthäutet.

Plattfische filetieren
Plattfische liefern vier Filets, zwei von der Ober- und zwei von der Unterseite.
Den Fisch mit den Augen nach oben auf ein Brett legen (Seezunge wird vorher enthäutet), zwischen den beiden Filets am Rückgrat entlang einschneiden. Das Messer am Kopfende zwischen Filet und Brustgräten flach ansetzen, das Filet – immer der Grätenstruktur folgend – mit kurzen Schnitten von den Gräten lösen und abheben. Das zweite Filet ebenso herauslösen. Den Fisch umdrehen und die beiden Filets der Unterseite herausschneiden.
Man hat nun vier Filets, die man vor der Zubereitung in Form schneidet. Das freigelegte Skelett wirft man nicht weg, sondern verwendet es mit den Fischköpfen für Fischbrühe oder Fischsuppe.

Entgräten eines rohen Fisches

Einen Fisch zu essen, ist vor allem für den Ungeübten kein reiner Genuß. Wer mühsam mit den Gräten kämpft, wird auch den bestzubereiteten Fisch nicht genießen können – schon weil er dabei viel zu schnell erkaltet. Dieses Problem kann man lösen, indem man den Fisch vor der Zubereitung entgrätet. Fische zum Füllen sollte man möglichst immer vorher entgräten. Aber auch Fisch in Gelee (Forelle in Gelee) beispielsweise ist ein größerer Genuß, wenn der Fisch vorher entgrätet wird. Vor dem Entgräten werden die Flossen abgeschnitten, evtl. der Schwanz gestutzt und der Fisch geschuppt.

Entgräten durch den Bauch
Den Fisch an der Bauchseite aufschneiden und ausnehmen, gründlich waschen, auf ein Holzbrett legen. Mit einem scharfen Messer die Brustflossen an den Kiemenöffnungen aus-

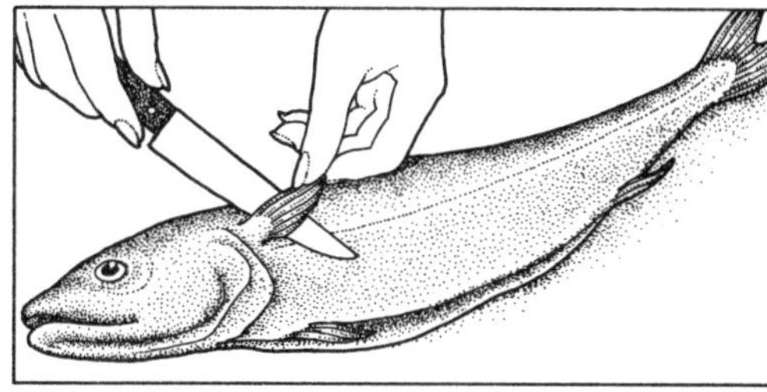

schneiden. Den für das Ausnehmen geführten Schnitt am Bauch bis zum Schwanzansatz verlängern und den Fisch auseinanderklappen, so daß Rückgrat und Gräten freiliegen. Nun wird

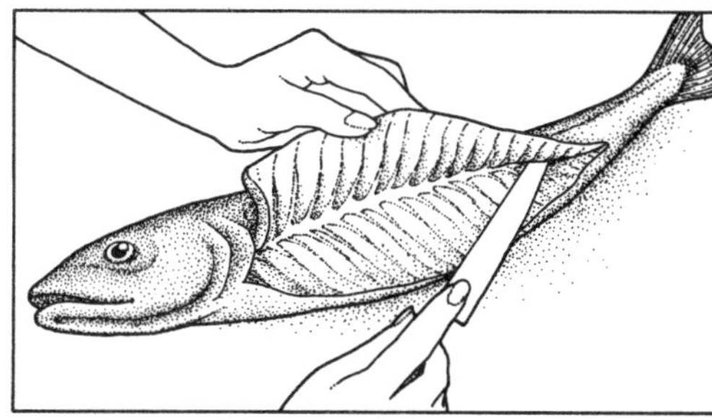

das Skelett vom Fleisch gelöst. Bei Fischen mit dickem Grätengerüst geht das recht einfach:

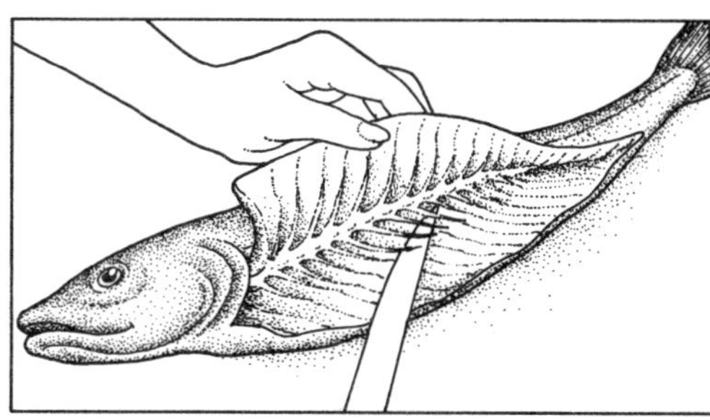

Das Fleisch mit einem Messer von den einzelnen Gräten lösen und die Gräten am Rückgrat abbrechen. Bei Fischen mit feinen Gräten, z. B. Forellen, müssen die Seitengräten behut-

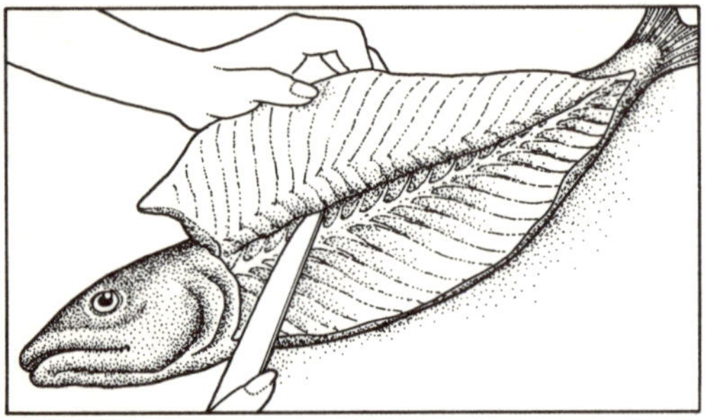

sam mit den Fingern gelöst werden, evtl. unter Zuhilfenahme eines Messers. Mit dem Messer rechts und links am Rückgrat entlang das Fleisch abtrennen, ohne den Rücken bis zur Haut zu durchschneiden. Das Rückgrat mit

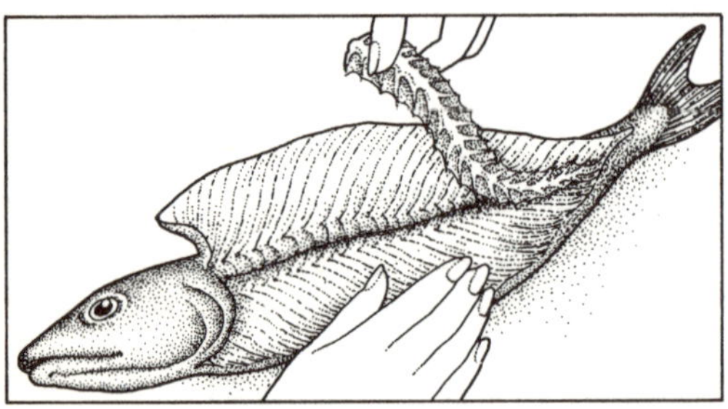

der Küchenschere dicht am Kopf durchtrennen, mit der Hand zum Schwanz hin herausziehen und dann abschneiden. Den Fisch wieder in Form bringen.

Entgräten durch den Rücken

Eine andere Möglichkeit, einen Fisch – beispielsweise eine Forelle – zum Füllen vorzubereiten, ist das Entgräten durch den Rücken. Ein so entgräteter Fisch kann durch die dabei entstehende Tasche viel mehr Füllung aufnehmen als die Bauchhöhle. Die gefüllten Fische werden dann, auf dem Bauch liegend, mit der Füllung nach oben, im Ofen gebraten. Das sieht beim Servieren außerdem hübsch aus.

Den Fisch mit einem spitzen, scharfen Messer beidseitig am Rückgrat entlang vom Kopf bis kurz vorm Schwanz aufschneiden, die beiden

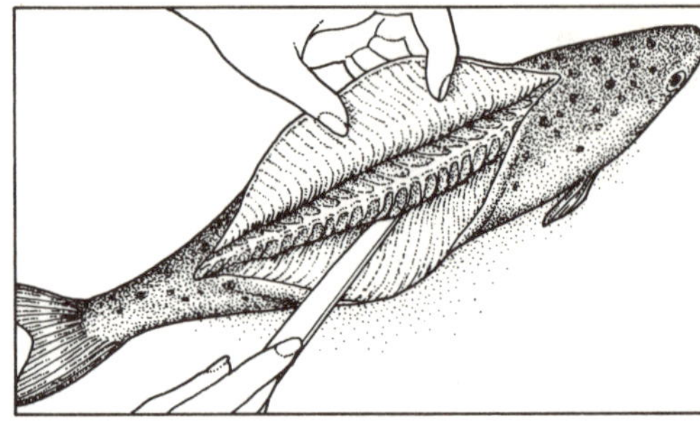

Filets sorgfältig vom Skelett lösen. Das Rückgrat mit der Küchenschere an Kopf und Schwanz durchtrennen und herausziehen. Da-

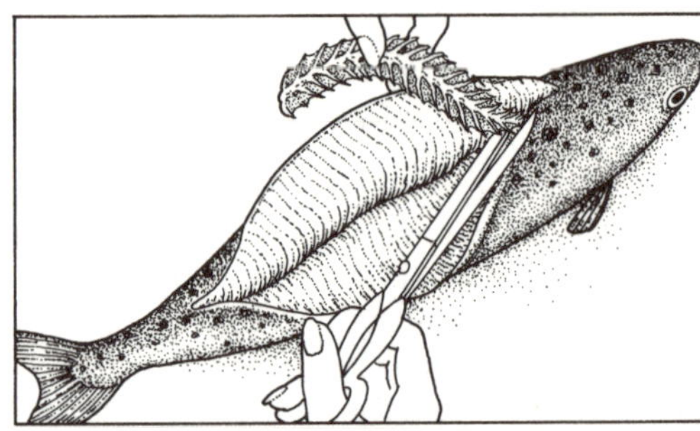

bei lösen sich auch die Eingeweide. Reste entfernt man mit den Fingern. Dann den Kopf des Fisches zurückbiegen und die Kiemen heraus-

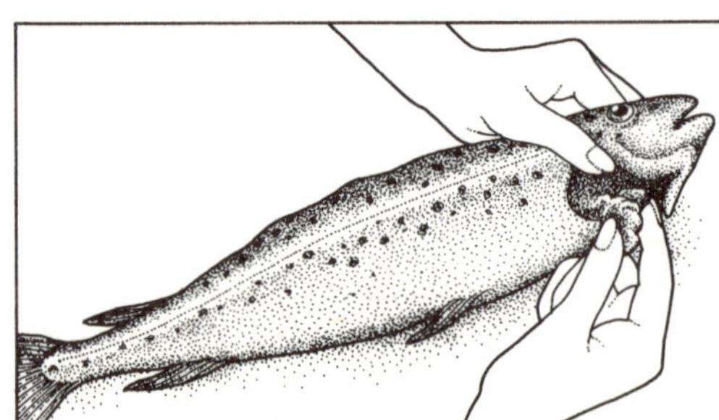

ziehen. Fische, die bereits durch die Kiemen ausgenommen wurden (Seite 14), kann man natürlich genauso durch den Rücken entgräten.

Hering entgräten
Ein ausgenommener Hering ohne Kopf wird bis zum Schwanzansatz aufgeschnitten. Man breitet ihn flach aus und löst die feinen Brust-

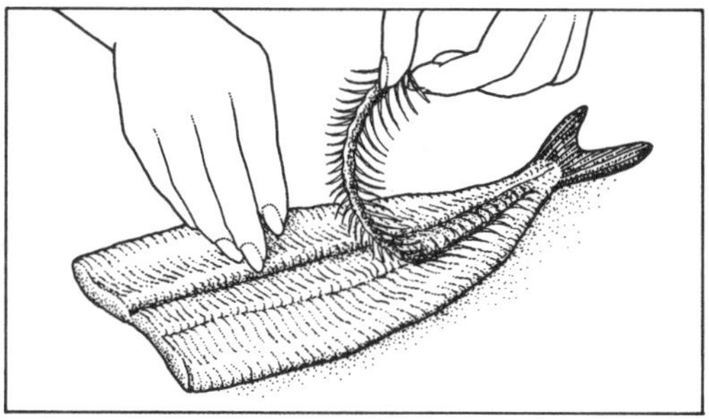

gräten mit der Hand aus dem Fleisch. Das Rückgrat läßt sich mit der Hand in Richtung vom Kopf zum Schwanz leicht herausziehen.

Die 3-S-Regel

Die 3-S-Regel »Säubern, Säuern, Salzen« gilt gleichermaßen für Süßwasser- wie für Seefische.

Säubern
Das bedeutet mehr, als den Fisch zu waschen; das heißt, den Fisch küchenfertig vorrichten und reinigen: Flossen abschneiden, Schuppen entfernen, den Fisch ausnehmen und gründlich waschen. Auf Seite 13 ff. wurde dieser erste Schritt zur Vorbereitung eines Fisches beschrieben. In der Regel erledigt das mit geübter Hand der Fischhändler, wenn Sie ihn darum bitten. Er wird auf Wunsch den Fisch auch filetieren oder in Koteletts schneiden. Der Fisch – auch Fischfilets, Fischstücke und Fischkoteletts – muß zu Hause noch kurz abgespült und mit Küchenkrepp trockengetupft werden.

Säuern oder marinieren
Der Fisch wird vor der Zubereitung mit Zitronensaft beträufelt. Das Fischfleisch wird durch die Zitronensäure weiß und bleibt in der Struktur fester, der Fischgeruch wird gebunden. Gleichzeitig kann man Gewürzkräuter, Pfeffer und andere Gewürze zugeben, den Fisch »marinieren«. Er kann je nach Fisch- und Zubereitungsart einige Minuten oder auch eine Stunde mariniert werden.

Salzen
Fisch soll erst kurz vor der Zubereitung gesalzen werden, damit dem Fischgewebe nicht unnötig Saft entzogen wird.

Die Grundzubereitungen

Fisch wird nach den gleichen Methoden zubereitet wie Fleisch: Man kann ihn kochen, dünsten, in der Pfanne braten, im Ofen braten, in Fett ausbacken (fritieren), grillen, in Folie garen. Man kann Fischfleisch durch den Fleischwolf drehen und daraus Füllungen, Frikadellen und Klößchen zubereiten.
Fisch benötigt jedoch in den meisten Fällen eine viel kürzere Garzeit als Fleisch. Durch seinen geringen Anteil an Bindegewebe ist Fischfleisch von Natur aus zart und in kurzer Zeit gar. Deshalb kocht oder dünstet man auch Gemüse, das gleichzeitig mit Fisch gegart werden soll (Fisch auf Gemüsebett), vorher fast gar, da es, vor allem Wurzelgemüse, längere Garzeit hat als Fisch.

Fische ziselieren: Große Fische werden gleichmäßig gar, wenn man sie vor dem Garen ziseliert, d. h. an den Seiten zur Mittelgräte hin mehrmals einschneidet. Dieses Verfahren

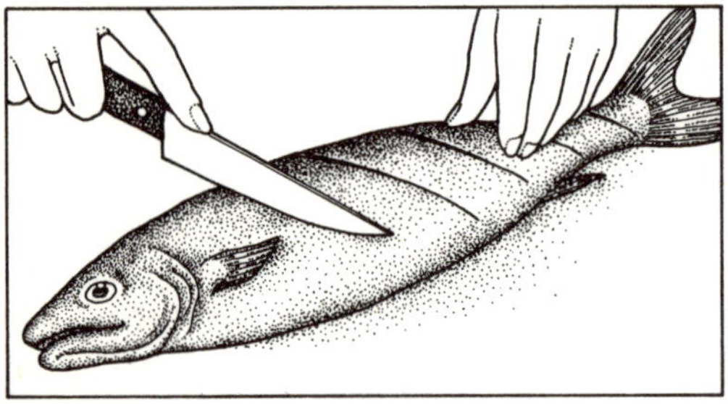

kann für alle Zubereitungsarten angewendet werden.

Den gleichen Zweck erreicht man, wenn man den Fisch am Rückgrat entlang einschneidet; er läßt sich bei Tisch schöner tranchieren als ein ziselierter Fisch.

Kochen oder Garziehen im Sud

Kochfisch wird in gewürztem Sud gegart. Er darf keinesfalls sprudelnd kochen, sonst reißt die Haut auf, der Fisch zerfällt. Er muß ganz behutsam bei einer Temperatur von 70–80 °C gegart werden. Man spricht deshalb von »Garziehen« oder »Pochieren«. Auch ein Garziehen im Ofen in wenig Flüssigkeit (Wein), mit gebuttertem Pergamentpapier oder Alufolie bedeckt, nennt man Pochieren.

Das Garen im Sud ist für Fische aller Arten geeignet.

Große Fische werden in kaltem Sud aufgesetzt. Sie sollen langsam zum Kochen gebracht werden, damit sie außen nicht schneller gar werden als innen. Nach dem Erreichen des Siedepunktes reduziert man die Hitzezufuhr und läßt den Fisch zugedeckt bei etwa 80 °C garziehen.

Kleine Fische und Fischstücke werden in heißem oder kochendem Sud aufgesetzt. Man läßt sie zugedeckt bei verminderter Hitze garziehen.

Die Garzeit beträgt pro Kilogramm Fisch am Stück etwa 20 Minuten. Für Portionsfische rechnet man je nach Größe 8 bis 12 Minuten.

Garprobe: Der Fisch ist gar, wenn das Fleisch blättrig-milchig-weiß aussieht und sich die Rückenflosse leicht herausziehen läßt. Kleine Fische sind gar, wenn die Augen perlig-weiß heraustreten.

Für kalte Fischgerichte läßt man den Fisch im Sud erkalten.

Fischkochkessel

Einen großen Fisch kocht oder dämpft man am besten in einem Fischkochkessel mit herausnehmbarem, gelochtem Einsatz. Der Fisch

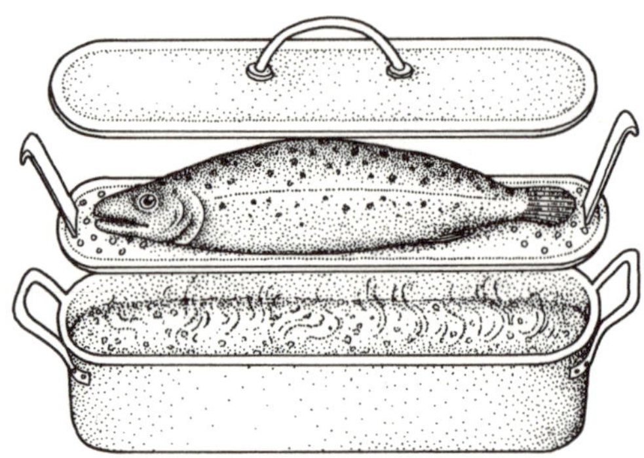

wird auf den Einsatz gelegt und in den leeren Fischkochkessel gestellt. Den Fischsud bereitet man nach Rezept zu und gießt ihn – bei kleinen Fischen heiß, bei einem großen Fisch nach dem Erkalten – durch ein Sieb über den Fisch. Der Fisch soll vollständig mit Sud bedeckt sein. Die richtige Gartemperatur ist erreicht, wenn sich die Flüssigkeit leicht bewegt, »simmert«. Nach beendeter Garzeit hebt man den Fisch

mit dem Einsatz heraus und läßt ihn vorsichtig auf die vorgewärmte Anrichteplatte gleiten.
Einen großen, durch den Bauch ausgenommenen Fisch sollte man binden, bevor man ihn auf den Einsatz des Fischkochkessels legt, damit er seine schöne Form behält. Zum Binden nimmt man Gaze- oder Baumwollbänder, keine Schnur; sie würde das Fischfleisch einschneiden. Tadellos kocht sich ein durch die Kiemen ausgenommener Fisch (Seite 14), da der Körper dabei nicht aufgeschnitten wird. Mit Ausnahme der einheimischen Flußfische kommen die meisten Fische allerdings ausgenommen in den Handel, also mit aufgeschnittenem Bauch.
Ein Bräter mit passendem Einsatz kann den Fischkochkessel ersetzen.

Fisch »stehend« garen

Bei Tisch läßt sich ein großer Fisch am besten zerlegen, wenn man ihn »stehend« serviert,

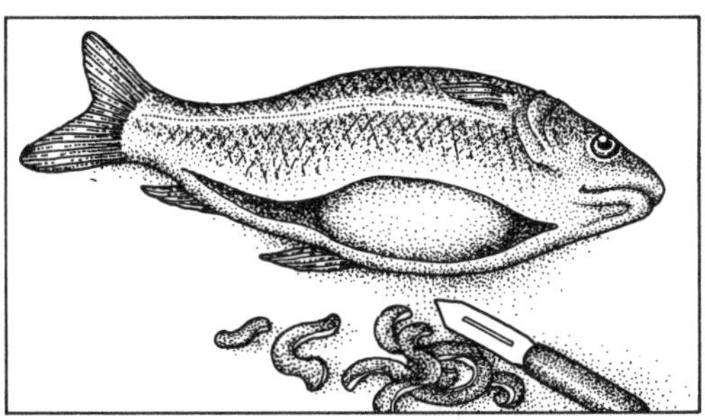

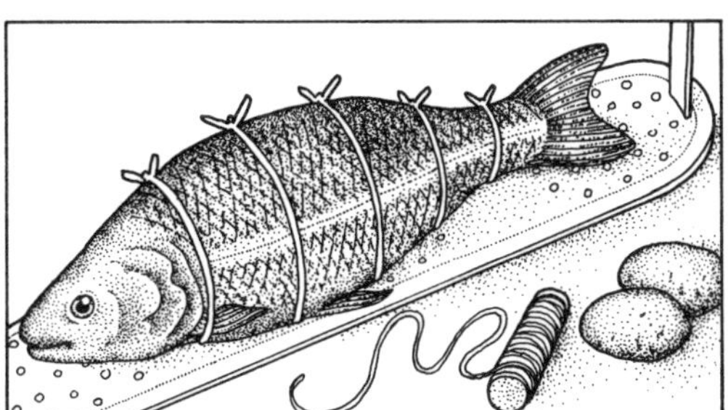

also mit dem Rücken nach oben. Um den Fisch stehend servieren zu können, muß man ihn schon in dieser Stellung garen. Für diesen Zweck gibt es ein verstellbares Fischgestell. Man kann sich aber auch behelfen: Rohe Kartoffeln schälen, in den Bauch des Fisches füllen, den Fisch evtl. binden, auf den Einsatz des Fischkochkessels stellen und in dieser Stellung garen.

Fischsud

Fischsud kann kräftig gewürzt werden; er wird gerne sauer abgeschmeckt. Die Grundzutaten sind Wasser, Salz und Essig *(Essigsud)* oder Wein *(Weinsud)*. Je nach Fischart und persönlichem Geschmack wird der Sud mit Gewürzen, Kräutern und feingeschnittenem Wurzelgemüse aromatisiert. Als Regel gilt: Je feiner der Fisch, desto weniger würzen.
Wurzelsud ist ein Essigsud mit reichlich und sehr fein geschnittenem Wurzelgemüse. Das Wurzelgemüse wird mit dem Fisch serviert und mitgegessen.
Blausud ist ein Essig- oder Weinsud zum Garen von lebendfrischen Portionsfischen, die »blau« zubereitet werden. Fische zum Blaukochen müssen vorsichtig behandelt werden, damit die Schleimschicht auf der Haut nicht verletzt wird, denn sie bewirkt das Blauwerden.
Weißer Sud, Milchsud ist ein milder Sud aus Wasser, Milch, geschälter Zitrone und Gewürzen. Er wird für Filet und Portionsstücke, aber auch für ganze Fische mit weißem Fleisch (Butte) verwendet. Das Fischfleisch bleibt schön weiß.
Fischbrühe ist ein konzentrierter Fischsud, in der Küchensprache »fumet« oder »Fischfumet« genannt. Rohe Fischreste, z. B. Skelette und Köpfe von entgräteten Fischen, werden mit Gewürzen und Wurzelgemüse in Salzwasser und Wein ausgekocht. Fumet kann aber

auch ein Fischsud sein, in dem bereits Fische gegart wurden; die eingekochte, konzentrierte Flüssigkeit ist besonders würzig und aromatisch. Der durchgeseihte, eingekochte Sud dient zum Aufgießen von Soßen und Suppen, zum Garen von Fisch und zarten Fischfilets. Klarer Fischfumet kann zu Aspik verwendet werden.

Dämpfen

Schonendes Garen in Dampf bei etwa 80 °C ist im Ergebnis dem Garziehen im Fischsud ähnlich. Dämpfen eignet sich für Fluß- und Seefische, vor allem für kleine und angeschnittene Fische und Fischfilet.
Im geschlossenen Topf kann man sowohl auf der Herdplatte als auch im Ofen dämpfen. Die Garzeiten sind nur wenig länger als beim Kochen oder Garziehen. Es wird ein aromatischer Fischsud zubereitet, den man nur einige Zentimeter hoch in den Fischkochkessel einfüllt. Den gewürzten Fisch oder ein großes Fischstück legt man auf den Einsatz und läßt zugedeckt garen. Bei dieser Methode kommt der Fisch nicht mit Flüssigkeit in Berührung.
Dämpfen auf Gemüse: Kleingeschnittenes Gemüse halbweich dünsten. Gewürzten Fisch oder Fischstücke auf das Gemüsebett legen und zugedeckt garen.
Schonendes Garen in Dampf wird gerne für Diät- und Schonkost angewandt.

Pochieren in wenig Flüssigkeit

Eine einfache und sehr empfehlenswerte Garmethode für Fischfilet und Fischschnitten sowie für ganze, kleinere Fische ist das Pochieren in wenig Flüssigkeit. Man verwendet eine feuerfeste Form, die der Größe der Fische entspricht. Die Fische oder Fischstücke sollen nebeneinander Platz haben. Der Boden der Form wird reichlich gebuttert und mit feingehackten Schalotten, nach Belieben auch mit Champignons, Karotten, Bleichsellerie, Knoblauch und Kräutern bestreut. Der innen und außen gewürzte Fisch wird in die Form gelegt und mit Zitronensaft beträufelt. Fischtranchen und Fischfilet bepinselt man mit Butter, damit sie nicht zusammenkleben. Der Fisch wird mit so viel Flüssigkeit aufgegossen, daß er eben nicht ganz bedeckt ist. Zum Aufgießen verwendet man Fischbrühe oder eine Mischung aus Fischbrühe und Wein.
Der Fisch wird mit gebuttertem Pergamentpapier oder Alufolie abgedeckt, sofern kein Dekkel für die Form vorhanden ist. Man kann ihn gleich in den Ofen schieben oder die angegossene Flüssigkeit zuerst auf dem Herd zum Sieden bringen. Im Ofen läßt man den Fisch unter mehrmaligem Begießen mit der angegossenen Flüssigkeit bei mäßiger Hitze garen. Der Fisch kann natürlich auch auf dem Herd im geschlossenen Topf oder in der Form pochiert werden. Wichtig ist, daß die Garflüssigkeit nicht sprudelnd kocht, sondern knapp unter dem Siedepunkt bleibt (nur garziehen lassen). Nach beendeter Garzeit wird der Fisch herausgenommen und warm gestellt, bis die Soße bereitet ist.
Die Garflüssigkeit passiert man durch ein Sieb, kocht sie bei starker Hitze auf die gewünschte Menge ein und bereitet daraus nach den jeweiligen Rezeptangaben die Soße. Das Einkochen der Garflüssigkeit bei starkem Feuer ist für die Qualität der Soße sehr wichtig. Während die Flüssigkeit verdampft, bleiben die aus dem Fisch und den Gräten gezogenen Geschmacksstoffe und gelatinehaltigen Substanzen in der auf einen kleinen Rest reduzierten Flüssigkeit voll erhalten und geben der daraus bereiteten Soße Bindung und Geschmack.

Schmoren

Große, ganze Fische sind zum Schmoren im Ofen am besten geeignet; häufig werden sie auch gespickt und gefüllt. In Scheiben geschnittene Gemüse (Zwiebeln, Karotten, Bleichsellerie, auch Champignons) werden in Butter angedünstet und auf den Boden des Fischkochkessels gestreut. Darauf gibt man den gelochten Einsatz. Der innen und außen gewürzte Fisch wird auf den Einsatz gelegt und bis zu einem Viertel seiner Höhe mit einer Mischung aus halb Wein, halb Fischbrühe aufgegossen. Man erhitzt die Flüssigkeit auf dem Herd bis zum Siedepunkt, deckt den Fischkochkessel zu und läßt den Fisch im vorgeheizten Ofen bei mäßiger Hitze schmoren. Es ist gut, den Deckel einen Spalt zu öffnen, damit ein Teil der Flüssigkeit verdunsten kann.
Der Fisch wird während der Garzeit häufig mit dem einkochenden Fond, der ja durch die ständige Verdunstung immer kräftiger wird, begossen, so daß die Haut gegen Ende der Garzeit glänzend wird und einen goldbraunen Schimmer bekommt. Man nennt diesen Vorgang *Glacieren.*
Der Fisch wird, nachdem er gar ist, herausgehoben und abgetropft. Man stellt ihn zugedeckt warm, bis die Soße bereitet ist.
Die Garflüssigkeit gießt man durch ein Sieb und kocht sie bei starker Flamme auf die gewünschte Menge ein. Sie wird als Hauptbestandteil für die begleitende Soße verwendet, die man nach den Angaben des jeweiligen Rezeptes fertigstellt.

Dünsten

Diese Garmethode wird vorzugsweise angewendet für Fischeintopfgerichte, Fischgulasch. Man verwendet oft mehrere Fischsorten (kleine ganze Fische, Fischstücke, auch Schaltiere) gleichzeitig. Sie werden gewürzt und meist zusammen mit Gemüse in reichlich Flüssigkeit gegart. Die sehr aromatische Brühe ist Teil des fertigen Gerichtes. Die berühmte Bouillabaisse, zubereitet aus verschiedenen einheimischen Fischen sowie Kräutern der Provence, ist ein gedünstetes Fischgericht.

Braten im Ofen

Im Ofen kann man große und kleine Fische braten, auch große Fischstücke, z. B. von Kabeljau oder Schellfisch. Es ist die bevorzugte Garmethode für gefüllte Fische, z. B. Forellen. Brät man den Fisch in einer hübschen, feuerfesten Form, so kann man ihn direkt daraus servieren. Das hat auch den Vorteil, daß er ofenheiß und unbeschädigt auf den Tisch kommt.
Einen großen Fisch, z. B. Karpfen, setzt man auf rohe, zurechtgeschnittene Kartoffeln und gart ihn stehend (Seite 21); so kann die Hitze gleichmäßig von allen Seiten einwirken, der Fisch sieht hübsch aus und vor allem läßt sich ein stehend gegarter Fisch bei Tisch besser tranchieren.
Fische müssen beim Garen in der trockenen Hitze des Backofens geschützt werden, damit sie nicht austrocknen. Man bestreicht die Bratform üppig mit Butter, streut – je nach Rezeptangabe – Schalotten, Kräuter oder Gemüse hinein, stellt oder legt den vorbereiteten, gewürzten Fisch in die Form, bedeckt ihn mit den gleichen Zutaten, mit denen die Form ausgestreut wurde, und gibt zerlassene Butter darüber. Unter einer dicken Schicht Gemüse behält selbst ein großer Fisch mit langer Bratzeit Saft und Aroma, das den Fisch umhüllende Gemüse gibt ihm sogar noch zusätzliche Feuchtigkeit. Eine andere Möglichkeit, den Fisch vor dem Austrocknen zu schützen, ist

das Abdecken mit gebuttertem Pergamentpapier oder Alufolie. Seefisch wird auch gerne mit einem Überzug aus Tomaten- oder Käsesoße gebraten.
Zum Braten gießt man nur wenig Flüssigkeit an, am besten würzige Fischbrühe oder Wein oder eine Mischung aus beiden. Der Fisch wird häufig mit der Bratflüssigkeit begossen.
Das zarte Fischfleisch benötigt im allgemeinen nur kurze Garzeit. Man verfährt genauso wie beim Braten von Fleisch: Große Fische mit längerer Garzeit brät man bei niedrigerer Temperatur, etwa 180 °C, kleine Fische oder Fischstücke mit kurzer Garzeit bei 200 °C oder sogar noch etwas höher. Der Ofen wird immer vorgeheizt.
Garprobe bei ganzen Fischen: Der Fisch ist gar, wenn sich die Rückenflosse leicht herausziehen läßt. Kleine Fische sind gar, wenn die Augen sich weiß vorwölben.
Die nur sparsam aufgegossene Flüssigkeit ergibt mit dem würzigen Aroma der Bratzutaten und dem Saft des Fisches eine ausgezeichnete kleine Soße, die man natur belassen oder, je nach Rezeptangabe, mit Sahne, Wein, Butter aufschlagen kann.

Braten in der Pfanne

Diese Methode eignet sich vor allem für kleine bis mittelgroße, ganze Fische (Portionsfische), aber auch für Fischfilets und Fischkoteletts. Größere Fische werden vorher ziseliert (Seite 20) oder am Rückgrat entlang eingeschnitten; sie werden dadurch aromatischer, saftiger und gleichmäßig gar. Beim Braten in heißem Fett wird der Fisch – im Gegensatz zum Garen in Flüssigkeit – hoher Temperatur ausgesetzt. Er ist daher in kurzer Zeit gar.
Fisch Müllerin Art ist ein auf der ganzen Welt bekanntes Pfannengericht. Es ist die bevorzugte Zubereitungsart für feine Portionsfische mit weißem, festem Fleisch, wie Seezunge, Forelle. Die gewürzten Fische werden, falls die Haut zu trocken ist, zuerst mit Milch angefeuchtet, dann in Mehl gewendet (Mehl = Müller) und in der Pfanne in heißem Öl auf beiden Seiten goldbraun gebraten. Die Fische werden scharf angebraten; die umhüllende Mehlschicht wird dabei sofort fest und es bildet sich eine Kruste. Das ist wichtig, denn bei zu geringer Hitze hängt die Haut an der Pfanne an. Bei verminderter, aber immer noch guter Hitze läßt man sie gar braten. Die Fische werden vor dem Servieren mit frisch gewaschener, noch etwas feuchter Petersilie bestreut und mit schaumigheißer, haselnußbrauner Butter übergossen, die man in der gleichen Pfanne erhitzt, in der die Fische gebraten wurden. Die heiße Butter schäumt heftig auf, wenn sie mit der leicht feuchten Petersilie in Berührung kommt. Die Fische müssen dann sofort serviert werden. Die Platte wird stets mit Petersiliensträußchen und Zitronenspalten angerichtet.
Im Ei braten ist eine geeignete Zubereitungsart vor allem für brüchiges Fischfleisch. Das gewürzte Fischfleisch wird gemehlt, durch verquirltes Ei gezogen und gebraten wie Müllerin Art.
Fisch paniert braten (backen) ist eine sehr beliebte Zubereitungsart für Fischfilet, Fischkotelett und kleine Portionsfische. Gewürzter Fisch oder Fischfilet wird in Mehl, verqirltem, gesalzenem Ei und Semmelbröseln paniert (wie Wiener Schnitzel) und in reichlich heißem, wasserfreiem Fett auf beiden Seiten goldbraun gebraten; man nennt diese Zubereitungsart allerdings meist nicht Braten, sondern Backen (Backfisch). Dicke Fische sind dafür nicht geeignet. Verwenden Sie so viel Fett, daß der Fisch nicht anhängt. Die Garzeit für panierten Fisch ist sehr kurz. Kleine Fische sind

gar, sobald die Kruste braun ist. Man vermeide jedoch zu starke Hitze, sonst verbrennt die Kruste und der Fisch ist innen noch nicht gar. Größere Fische und dicke Fischstücke werden, sobald die Kruste braun ist, bei reduzierter Hitze fertiggebraten.

Fritieren, Ausbacken schwimmend in Fett

Zum Fritieren eignen sich Fischfilet und Fischkotelett, kleine Portionsfische und die ganz kleinen Fische wie Weißfischchen, Sprotten oder Sardinen. Die Zubereitung ist ähnlich wie beim Braten oder Backen von paniertem Fisch, doch wird wesentlich mehr Fett benötigt.

Man verwendet eine elektrisch beheizte Friteuse, einen Fritiertopf oder einen schweren Stahltopf von entsprechender Größe. Der Topf darf nicht zu niedrig sein; man muß so viel Fett einfüllen können, daß der Fisch darin »schwimmen« kann, wenn der Topf halbvoll ist. Es darf nur wasserfreies Fett verwendet werden; am besten ist Öl geeignet, weil es sich am höchsten erhitzen läßt, ohne zu verbrennen.

Der Fisch wird zuerst mit Zitronensaft und Salz mariniert. Zum Fritieren bereitet man ihn ähnlich vor wie zum Braten in der Pfanne:

Natur fritieren: Den Fisch mit Milch anfeuchten, falls er sehr trocken ist, durch Mehl ziehen, überschüssiges Mehl abschütteln.

Im Ei fritieren: Den Fisch zuerst in Mehl wenden, Ei verquirlen und den Fisch dann durch das Ei ziehen.

Paniert fritieren: Den Fisch in Mehl wenden, überschüssiges Mehl abschütteln, dann durch verquirltes, gesalzenes Ei ziehen, abtropfen lassen, in Semmelbröseln wenden, die Panade andrücken.

Im Backteig fritieren: Einen Backteig anrühren (Seite 208), die Fische oder Fischstücke eintauchen und sofort in voller Friteuse fritieren. In der schützenden Umhüllung aus Backteig oder Panade bleibt der Fisch besonders saftig, Fischstücke zerfallen nicht. Sehr kleine Fischchen werden dagegen häufig nur in Mehl gewendet und fritiert.

Das Fett muß vor dem Fritieren auf die erforderliche Temperatur erhitzt werden, etwa 170–190 °C. Dann werden die gemehlten oder panierten oder in Backteig getauchten Fische oder Fischstücke eingelegt. Sobald die Kruste braun ist, sind sie gar. Beachten Sie die abkühlende Wirkung des Fritiergutes. Man legt nicht zuviel auf einmal ein, evtl. bei ansteigender Hitze weiter fritieren.

Das Fritierfett muß nach jedem Gebrauch gefiltert werden, um Rückstände von Mehl oder Panade zu beseitigen. Man kann es dann mehrmals wiederverwenden.

Grillen

Die starke, trockene Hitze des Strahlungsgrills oder des Holzkohlengrills ist vor allem für kleine oder mittelgroße, ganze Fische geeignet. Sie sollten absolut frisch sein. Fettreiche Fischarten, z. B. Lachs, Hering, Makrele, Aal, eignen sich besonders gut zum Grillen, da ihr Fleisch nicht so schnell trocken wird. Aber auch magere Fischarten mit besonders zartem Fleisch, z. B. Forelle, Saibling, Tintenfische und Plattfische, schmecken ganz vorzüglich vom Grill. Man bestreicht sie während des Grillens häufig mit Öl oder einer Ölmarinade, damit sie nicht austrocknen.

Größere Fische schneidet man an jeder Seite zwei- bis dreimal ein. Sie werden dadurch aromatischer und der Garprozeß wird durch gleichmäßige Hitzeeinwirkung erleichtert.

Schwanz und Flossen schneidet man vor dem Grillen ab, sie könnten sonst verbrennen. Man legt die Fische eine Stunde vor dem Grillen in eine würzige Ölmarinade.

aus. Fisch wird trocken, hart und faserig, wenn er zu lange gegrillt wird. Durch einen Einstich hinter den Kiemen oder der Rückenflosse kann man prüfen, ob er gar ist.

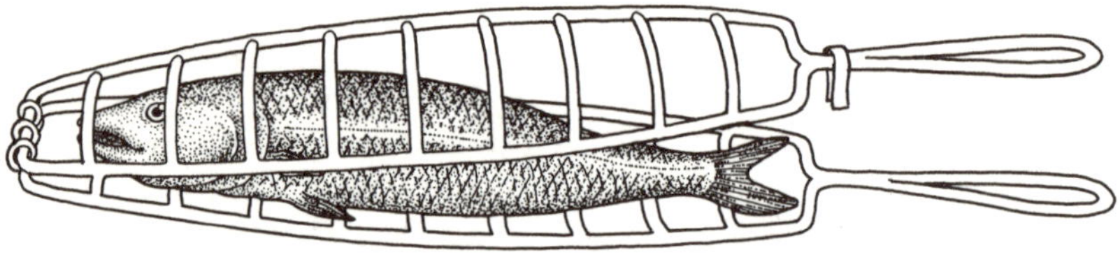

Der Grill muß vorgeheizt und der peinlich saubere Rost mit Öl bestrichen werden, damit der Fisch nicht anhängt. Alle Fische müssen während des Grillens häufig gewendet werden. Strahlt nämlich die Grillhitze zu lange von der gleichen Seite auf das Fischfleisch, so kann es trocken und faserig werden. Ein Wenderost ist gleichermaßen vorteilhaft für einen größeren Fisch wie auch für Portionsfische. Man kann so den Fisch bequem wenden, ohne seine Haut zu verletzen.

Die Garzeit ist abhängig von der Größe des Fisches, der Stärke der Hitze und der Entfernung des Grillgutes von der Hitzequelle oder der Glut. Es gilt die gleiche Regel wie beim Grillen von Fleisch: Je kleiner das Grillgut und je kürzer die Garzeit, desto näher an der Hitzequelle wird gegrillt. Ein großer Fisch wird in größerem Abstand von der Glut oder bei geringerer Hitze langsam gegrillt, damit er auch innen gar wird und außen nicht verbrennt. Setzt man nämlich den Fisch zu rasch einer sehr hohen Temperatur aus, so verbrennt die Oberfläche und bildet eine Art Schutzschicht, welche jedes weitere Eindringen der Hitze verhindert und somit das Garen des Fisches unmöglich macht. Die richtige Hitze und den optimalen Abstand zur Glut zu wählen, macht die eigentliche Kunst beim Grillen von Fisch

In Folie garen

Garen von Fisch in Folie ist eine sehr schonende und mit Recht in der Diät- und Krankenkost beliebte Zubereitungsart. Nährwert und Aroma bleiben voll erhalten. Der Fisch wird dabei im eigenen Saft gedünstet, ganz gleich, ob man den in Folie eingeschlagenen Fisch im Grillgerät unter Strahlungshitze grillt oder ob man ihn im Backofen mit Oberhitze oder Rundumhitze gart.

Kleine Fische oder Fischfilet und Fischkotelett sind am besten für das Garen in Folie geeignet. Der Fisch wird gewürzt und nach Rezeptangabe portionsweise in geölte oder gebutterte Alufolie locker eingeschlagen. Die Folie muß an den Rändern fest verschlossen werden, da-

mit der Saft nicht auslaufen kann. Die Folienpäckchen werden auf den Rost gelegt und bei starker Hitze gegart. Fischfilet ist gar, wenn sich die Folie wölbt. Vor dem Servieren schneidet man die Folie in der Mitte ein und serviert den Fisch in der Folie.
Auch gefüllte Fische lassen sich sehr gut in Folie garen. Die Garzeit ist dann natürlich etwas länger.

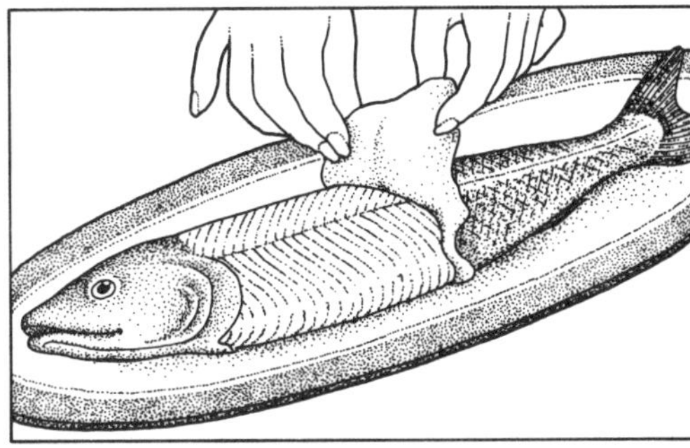

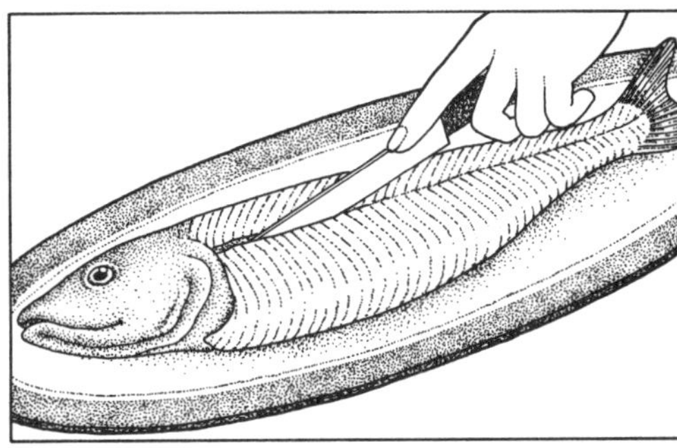

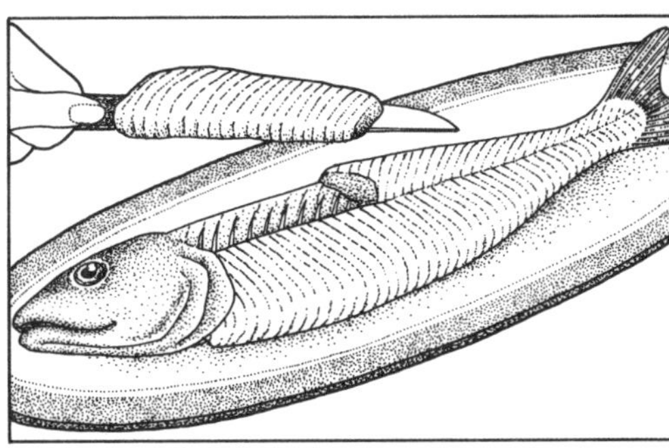

Fisch anrichten und servieren

Sorgen Sie für heiße Platten zum Anrichten und vorgewärmte Eßteller. Mit dem Fischgericht harmonierende Garnituren müssen schon vorbereitet sein, beispielsweise Petersilie, Tomaten, Kressesträußchen und vor allem Zitrone, die ja zu den meisten Fischgerichten paßt. Begleitende Soßen sowie alle Beilagen müssen fertig und schon angerichtet sein, bevor der Fisch auf die Platte kommt. Fischvorlegebesteck oder ein Messer zum Tranchieren sowie Teller für Haut und Gräten sind bereit.

Einen großen Fisch tranchieren

Zum Tranchieren stellt man die Platte mit dem Fisch auf eine Warmhalteplatte, am besten auf einem Beistelltischchen oder Servierwagen.
Die Haut abziehen: Am Rücken der Mittelgräte entlang und am Bauch vom Kopf bis zum Schwanz die Haut mit dem Fischmesser aufschneiden und abziehen. Das geht sehr leicht, solange der Fisch heiß und feucht ist.
Das obere Filet ablösen: Das Fischmesser an der gut erkennbaren Mittellinie der Breitseite ansetzen und entlangfahren, das Filet also in zwei Längshälften teilen. Die obere, dickere Filethälfte in Längsrichtung von den Gräten lösen, in Portionen teilen und servieren. Mit der unteren Filethälfte ebenso verfahren.
Das untere Filet ablösen: Nachdem das ganze obere Filet abgelöst und serviert ist, wird das Rückgrat mit den Gräten entfernt: Am Schwanz anfassen, hochziehen und mit dem Kopf des Fisches von der Platte entfernen. Das untere Filet mit dem Fischmesser ebenfalls der

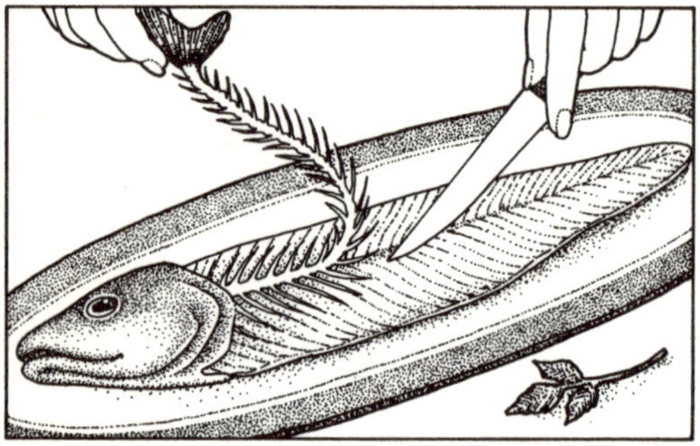

Länge nach in zwei Hälften teilen, von der Haut lösen, in Portionen teilen und servieren. Von einem Fisch, der »stehend« gegart (Seite 21) und angerichtet wurde, wird zuerst die Haut auf beiden Seiten abgezogen. Dann löst man das Filet von der einen Seite in Längsrichtung ab und serviert es portionsweise. Anschließend löst man das zweite Filet ab. Das Gerippe bleibt übrig und wird weggetragen.

Auf Seite 32 ist beschrieben, wie man einen Portionsfisch zerlegt und ißt.

Der Fisch muß schwimmen

Einer alten Regel zufolge muß der Fisch dreimal schwimmen: in Wasser, Sud und Wein.

Das Wasser, das dem Fisch von der Natur zum Leben zugeteilte Element, entscheidet neben anderen Faktoren über die Qualität des Fanges. Es liegt auf der Hand, daß Fische aus reinen Gewässern einen höheren Geschmacks- und Gesundheitswert haben als solche aus verschmutzten Gewässern.

Der Sud zum Garziehen soll dem Fischgericht entsprechend gewürzt werden. Der feine Eigengeschmack von edlen Fischen, z. B. Saibling, Forelle, Lachs, kommt in einem mild abgeschmeckten Sud besser zur Geltung; man säuert ihn daher besser mit Wein anstelle von Essig. Der Wein ist ja nicht verloren, wenn man den Sud für Suppen oder zum Aufgießen von Soßen verwendet. Man kann Fischsud auch in Behälter füllen und für spätere Verwendung einfrieren. Den Sud für sog. »Konsumfische« dagegen würzt man kräftig und kocht feingeschnittenes Suppengemüse mit.

Der Wein, das dritte nasse Element des Fisches, erhöht als begleitendes Getränk den Genuß eines Fischgerichtes. Zum einen macht Fischfleisch beim Essen einen leicht klebrigen Mund und daher durstig, und das ist gut so; die leichte Säure und Herbheit eines Weines bildet einen angenehmen Kontrast zu dem eher geschmacksneutralen oder leicht süßlichen Fleisch vieler Fischarten.

Das alte Gesetz, daß zu Fisch ausschließlich Weißwein getrunken wird, gilt zwar noch immer, aber mit Einschränkung. Zwar wird in Deutschland und in den meisten mitteleuropäischen Ländern zu Fischgerichten meist ein gut gekühlter, trockener Weißwein serviert, doch gibt es auch Ausnahmen. Ein Rosé, ein leichter, junger, gekühlter Rotwein sind hervorragende Begleiter für ein kräftig gewürztes Fischgericht mit ausgeprägtem Eigengeschmack. Sie machen keinen Fehler, wenn Sie zu Fisch auch einmal Rotwein servieren.

Fischgeruch vermeiden

Holzbretter, die bei der Vorbereitung von Fisch verwendet werden, spült man vorher mit kaltem Wasser ab.

Alles Fischgeschirr nach dem Gebrauch zuerst mit kaltem Wasser abspülen, ehe es zum Abwasch oder in die Spülmaschine kommt.

Fischabfälle nicht erst in den Küchen-Abfalleimer geben, sondern in Papier einschlagen und sofort in die Mülltonne werfen.

Süßwasserfische

Allgemeine Hinweise

Frisch gefangener Fisch ist eine unvergleichliche Delikatesse, das weiß jeder Feinschmekker. Es erübrigt sich daher, im vorliegenden Buch, das speziellen Fischliebhabern, Sportfischern und Anglern zugedacht ist, über die Vorzüge und kulinarischen Eigenschaften von frisch gefangenem Flußfisch viel zu sagen.

Allerdings wird der Lebensraum der Fische durch die allgemein zunehmende Umweltverschmutzung, insbesondere durch Gewässerverunreinigung, Verlandung usw., immer stärker eingeengt. Auf die Fische bezogen heißt das, daß z. B. die sog. Salmoniden (alle Forellenarten, Saiblingsarten, Äschen) immer weniger natürlichen Lebensraum vorfinden, der ihren hohen Sauerstoffansprüchen genügt.

In der Sportfischerei nehmen daher die sog. Weißfische an Bedeutung zu. Sie sind zwar wegen ihrer meist vielen, feinen Gräten in der Küche weniger beliebt, doch finden sich Sportfischer damit ab, auch öfters Weißfische zuzubereiten, einfach deshalb, weil immer mehr derartige Fische gefangen werden. Wir möchten Sportfischer ermuntern, den einfachen Weißfisch ebenso zu akzeptieren wie die edleren Exemplare eines Fanges. Wenn man ihn vor der Zubereitung filetiert, stören auch die vielen Gräten nicht.

Vorzüglich eignen sich Weißfische für die Zubereitung von Gerichten aus durchgedrehtem Fischfleisch, Fischhack. Beim Durchdrehen oder beim Pürieren im Mixer werden etwa im Fischfleisch verbliebene Gräten so gut zerkleinert, daß sie nicht mehr zu spüren sind. Im Kapitel »Fisch-Allerlei« (Seite 110 ff.) sind Vorschläge dazu aufgeführt. Im übrigen können Weißfische nach den Rezepten aller Flußfische zubereitet werden. Die ganz kleinen Exemplare werden gerne fritiert, beispielsweise kleine Barsche. Gebackene Mainfischchen sind eine Spezialität verschiedener Würzburger Lokale am Mainufer.

Sportfischer bringen ihre Beute häufig lebend nach Hause und geben sie bis zur Verwertung in einen Behälter mit Wasserzu- und -ablauf.

Süßwasserfische

Fische aus stehenden Gewässern verlieren ihren manchmal etwas modrigen Geschmack, wenn man sie einige Tage in einem Behälter mit Sauerstoffzufuhr hält.
Die Laichzeit ist bei den einzelnen Fischarten unterschiedlich. Der Geschmack des Fischfleisches ist außerhalb der Laichzeit entschieden besser.

Merkmale für gesunde lebende Fische

Sie bewegen sich lebhaft und schnappen im Wasser nach Luft; sie dürfen nicht auf der Seite oder gar auf dem Rücken liegen.
Sie haben klare, durchsichtige Augen, die nicht hervorgetreten sind.
Sie haben frischrote Kiemen und straffe Flossen.

Auch frisch gefangenen Flußfisch tötet man erst unmittelbar vor der Zubereitung bzw. man kauft den lebenden Fisch und läßt ihn vom Fischhändler töten und ausnehmen. Gerade diese Blutfrische, die im Landesinnern nur beim Flußfisch gegeben sein kann, ist ein besonderer Teil seiner Köstlichkeit.
Forellen, Saiblinge und andere Fische, die sofort nach dem Töten »blau« gekocht werden, sind nicht immer eine Augenweide, wenn sie auf den Tisch kommen. Ihre Haut reißt auf, die Bauchlappen biegen sich nach außen. Der Fisch wird auch bei schonendem Garziehen oft arg zerfetzt und recht unansehnlich. Für den Kenner mag das ein Qualitätsmerkmal für absolut frischen Fisch sein und er wird es nicht beanstanden oder mißbilligen. Für die Hausfrau jedoch, die einen sorgfältig zubereiteten Fisch auch schön servieren möchte, ist das ein halbes Unglück. Fische zum Blaukochen sollte man daher schon zwei Stunden vor der Zubereitung töten. Die Haut bleibt auch dann noch schön blau, reißt aber nicht so stark auf wie bei einem sofort nach dem Töten zubereiteten Fisch.

Fische töten

Zum Töten wird der Fisch mit einem Tuch fest angefaßt, damit er nicht aus der Hand gleiten kann. Dann schlägt man ihn mit kurzen, raschen Schlägen mit einem Holzschlegel mehrmals auf das Genick oder man schlägt den Fisch mit dem Nacken gegen eine harte Kante. Besonders lebhafte Fische, wie Aale oder auch Karpfen, werden noch zusätzlich mit einem Genickstich getötet. Es genügt, mit der Messerspitze dicht hinter dem Kopf die Hauptgräte zu treffen; auch ein tiefer Querschnitt im Nacken ist ausreichend. Wenn sich ein sachgemäß getöteter Fisch auch späterhin noch bewegt, so handelt es sich nur noch um eine Muskelreaktion. Auf jeden Fall ist es zweckmäßig, den Fisch in der Schüssel zuzudecken, damit er nicht durch Umsichschlagen die Umgebung verspritzt oder gar aus dem Behälter springt.
Der getötete Fisch wird nach der 3-S-Regel »Säubern, Säuern, Salzen« weiterbehandelt.
Säubern: Den Fisch, wenn nötig, schuppen, Flossen abschneiden, an der Bauchseite aufschneiden und ausnehmen, gründlich waschen.
Säuern: Mit Zitronensaft beträufeln, evtl. Kräuter und Gewürze dazugeben und marinieren.
Salzen: Erst kurz vor der Zubereitung.
Wie man einen Fisch säubert und ausnimmt sowie alles, was für die Vorbereitung und Zubereitung eines Fisches in der Küche wichtig ist, ist auf Seite 13 ff. ausführlich beschrieben.

Kochen im Blausud

Eine für Flußfische typische und sehr beliebte Zubereitungsart ist das Kochen (Garziehen, Pochieren) im Blausud. Vor allem die Edelfische, also alle Salmoniden (Forellen und ihre nächsten Verwandten), aber auch Aal, Hecht, Karpfen und Schleie werden vorteilhaft in einem Essig- oder Weinsud (Blausud) zubereitet. Fische zum Blaukochen müssen schonend behandelt werden, damit die Schleimhaut nicht verletzt wird, denn sie bewirkt das Blauwerden. Deshalb:

Fische nur mit nassen Händen anfassen.
Nicht schuppen.
Evtl. unter Wasser ausnehmen.
Außen nicht salzen.
Nur frische Fische eignen sich zum Blaukochen. Im Kühlschrank gelagerte oder tiefgefrorene Fische werden nicht blau.
Die Blaufärbung kann man noch unterstreichen, indem man die Fische vor dem Garen mit Essig übergießt.

Fische rundbinden

Ist kein genügend großer Topf bzw. Fischkochkessel vorhanden, in dem man Fische in ihrer ganzen Länge kochen kann, so bindet

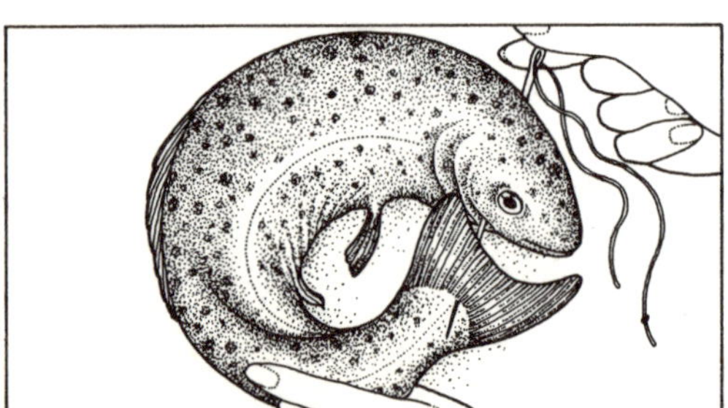

man sie rund, indem man eine Schnur durch die Kiemen und die Schwanzflosse zieht. Eine rundgebundene Forelle beispielsweise sieht beim Anrichten sehr hübsch aus.
Gekochte Portionsfische richtet man auf einer mit Papierspitzendeckchen oder Stoffserviette ausgelegten Platte an.

Fisch essen

Fisch ißt man mit dem Fischbesteck, oder – wenn ein solches nicht vorhanden ist – mit zwei Gabeln. Hering und Heringsmarinaden dagegen werden mit dem normalen Eßbesteck gegessen. Zum Vorlegen ist ein Fischvorlegebesteck mit Fischheber – eine Art Gabel mit breiten, stumpfen Zinken – vorteilhaft. Für die

Abfälle – Haut, Gräten, Fischköpfe – werden eigene Teller bereitgestellt oder man verwendet zum Eßgeschirr passende Grätenschalen.
Der Fisch wird mit dem Kopf nach links so auf den Eßteller gelegt, daß die Bauchseite dem Esser zugewandt ist.

Oben: *Forelle, auf Gemüse gedämpft, Rezept Seite 38*

Unten: *Renke Müllerin Art, Rezept Seite 61*

Soll man die Haut mitessen oder nicht? Bei in Fett gebratenen und fritierten Fischen kann sie auf jeden Fall mitgegessen werden; es wäre schade drum. Natürlich müssen solche Fische immer geschuppt werden (Ausnahme grätenlose Fische). Bei gekochten Fischen wird die Haut meist entfernt: Am Rücken entlang und am Bauch die Haut mit dem Fischmesser aufschneiden, ablösen und auf den bereitgestellten Grätenteller legen.

Das obere Seitenfilet ablösen: Bei kleinen Portionsfischen kann man das Seitenfilet im Ganzen ablösen. Mit dem Fischmesser an der Schwanzflosse ansetzen, der Hauptgräte entlang zum Kopf fahren und dabei das Filet im Ganzen abheben. Bei größeren Fischen ist an der Breitseite eine leicht eingebuchtete Mittellinie deutlich erkennbar. Man fährt mit dem Fischmesser an der Mittellinie entlang und teilt das Filet in zwei Längshälften, hebt zuerst die vordere oder untere Filethälfte ab, dann die obere, die man leicht am Rückgrat entlang abtrennen kann. Natürlich achtet man darauf, daß nicht zu viele feine Gräten mitgehen. Die abgelösten Filets legt man an den vorderen Tellerrand.

Das Grätengerüst entfernen: Zuerst holt man die von Feinschmeckern geschätzten Bäckchen, die Kaumuskeln, aus dem Kopf. Sie liegen als weißes Fleischstückchen von der Größe eines kleinen Bohnenkernes rechts und links unter der Kiemenplatte, die man nur leicht anheben muß. Dann fährt man mit dem Fischmesser, beim Schwanz beginnend, unter die Hauptgräte, hebt sie ab und entfernt sie gleichzeitig mit dem Kopf. Gräten und Kopf wandern auf den Grätenteller.

Gebackener Karpfen, Rezept Seite 73

Das untere Seitenfilet liegt nun frei. Es wird – bei einem größeren Fisch – ebenfalls in zwei Längshälften geteilt; die Haut wird abgelöst und auf den Grätenteller gelegt. Die Abfälle sollten jetzt weggetragen werden.

Auf dem Teller liegen nun die abgelösten Filets. Jetzt erst träufelt man Zitrone über das Fischfleisch und bedient sich mit den bereitgestellten Zutaten wie Buttersoße, Kartoffeln, Gemüse oder Salat.

Fischabgänge

Wir möchten das Wort »Fischabfälle« vermeiden, denn Abfälle sind im allgemeinen etwas Schlechtes, Ungenießbares. Die beim Ausnehmen und Filetieren von Fischen übrigbleibenden Teile sind jedoch alles andere als Abfall und in der Küche sehr gut zu verwerten. Wir wählen dafür den Begriff »Fischabgänge«.

Die Gräten und Köpfe von rohen Fischen, die beim Filetieren übrig bleiben, sollte man sich vom Fischhändler immer mitgeben lassen. Von den Köpfen entfernt man die Kiemen, denn sie sind ja Wasserfilter und daher meist schmutzig. Die Gräten hackt man in kleine Stücke und wässert sie einige Stunden. Man kocht sie mit Wurzelgemüse und Gewürzen in Salzwasser, dem man auch etwas Wein zugeben kann, gut aus. Diese gehaltvolle Fischbrühe (Seite 205) kann man in der Fischküche sehr gut verwenden für Suppen, Soßen, Gelee, zum Aufgießen beim Dünsten, Braten und Pochieren von Fischgerichten. Vor allem für Zubereitungen von Fischfilet in Flüssigkeit ist eine aromatische Fischbrühe beinahe unerläßlich.

Die Fischleber kann man in der Küche genauso verwerten wie die Leber von Schlachttieren und Geflügel. Als ausgesprochene Delikatesse gilt die Leber der Rutte. Sie ist zart wie Gänseleber und kann auch wie diese zubereitet werden. Fischleber muß allerdings immer völlig durchgegart werden, da sie mit Finnen behaftet sein kann. Selbstverständlich muß beim Ausnehmen der Fische schon darauf geachtet werden, daß die an der Leber hängende Galle nicht verletzt wird. Sie muß sorgfältig von der Leber getrennt und weggeworfen werden. Platzt die Galle, so wird nicht nur die Leber, sondern womöglich der ganze Fisch ungenießbar, wenn sich ihr bitterer Inhalt darüber ergießt.

Der Rogen, das sind die Eier des geschlechtsreifen weiblichen Fisches, den man Rogener nennt, kann für Suppen und Füllungen verwendet werden. Besonders fein schmeckt Karpfenrogen, den man, mit Mayonnaise vermischt, roh servieren kann. Karpfenrogen kann man vor der Laichzeit in Fischgeschäften kaufen. Eine Delikatesse ist der Rogen verschiedener Störarten des Schwarzen und des Kaspischen Meeres. Als Kaviar kommt er, gesalzen und in kleine Döschen verpackt, in den Handel. Aus dem Rogen von Seehasen stammt der preiswerte deutsche Kaviar.

Die Fischmilch, das ist das Samenpaket des geschlechtsreifen männlichen Fisches, den man Milchner nennt, wird in der Familienküche meist in der Pfanne gebraten oder in etwas Flüssigkeit pochiert. Sie muß vorher gut gewässert und die Häutchen müssen entfernt werden. Besonders geschätzt ist die Karpfenmilch. Vor der Laichzeit kann man sie in Fischgeschäften kaufen.

Fischbeschreibungen und Rezepte

Forelle

Die Forelle gilt neben dem Saibling als der edelste Süßwasserfisch. Sie gehört zur großen Gruppe der Salmoniden (Lachsfische) und kommt in verschiedenen Formen vor. Alle Forellenarten haben auf dem Schwanzstiel zwischen Rücken- und Schwanzflosse die für diese Gattung typische Fettflosse, eine kleine Hautfalte ohne Flossenstrahlen.

Bachforelle

Die Bachforelle lebt in kalten, klaren, schnellfließenden und sauerstoffreichen Bächen und Flüssen sowie in Seen mit Kies- und Geröllgrund in ganz Europa. In den Alpen trifft man sie bis in über 2500 m Höhe an. Sie ist ein Standfisch, der sich nie längere Zeit von seinem Standort entfernt. Die Bestände können heute oft nur durch Besatz aufrechterhalten werden.

Der Körper der Bachforelle ist torpedoförmig, die Schwanzflosse bei jungen Tieren eingebuchtet, bei alten fast gerade. Sie erreicht eine mittlere Länge von 25–40 cm; in nahrungsarmen Gewässern oft nur 15–20 cm (Steinforelle). Der Rücken ist je nach Wohngewässer olivgrün bis bräunlich, die Seiten heller mit dunklen Tupfen. Entlang und unterhalb der Seitenlinie befinden sich rote, hellumrandete Flecken. Die Schuppen sind sehr klein. Laichzeit Oktober bis Januar.

Die Bachforelle paßt sich in der Farbe der jeweiligen Umgebung an und erhält dadurch wieder verschiedene Namen, die auch Rück-

schlüsse auf eine besondere Fleischqualität zulassen (Wald-, Gebirgs-, Steinforelle).
Weißes, besonders delikates Fleisch haben Bachforellen aus schnellfließenden Gewässern, also Stein- und Gebirgsforellen. Lebendfrische Bachforellen werden vorzugsweise blaugekocht. Gelagerte Fische sollte man besser braten (nach Müllerin Art) oder panieren und in Fett ausbacken. Man kann sie außerdem im Ofen braten, in Flüssigkeit pochieren und mit einer delikaten Soße servieren.

Seeforelle

Die Seeforelle bewohnt die großen, tiefen Seen der Alpen und des Voralpengebietes bis in 1800 m Höhe, z. B. Chiemsee, Walchensee, Bodensee, auch Stauseen. Aber auch in Skandinavien, Schottland, Wales und Irland ist sie verbreitet.
Die Farbe des Rückens ist meist blaugrün oder braungrau. Die Flanken weisen unterschiedlich große, unregelmäßig geformte, schwarze Flecken auf mit braunen bis rötlichen Punkten. Die Seeforelle erreicht eine mittlere Länge von 40–80 cm. Laichzeit Oktober bis Dezember.
Das Fleisch der Seeforelle ist sehr fein und wohlschmeckend. Kleine Fische bereitet man wie Bachforelle zu, große wie Lachs. Die Seeforelle eignet sich gut für kalte Gerichte.

Lachsforelle oder Meerforelle

Die Lachsforelle oder Meerforelle ist auch unter dem Namen *Silberlachs* bekannt. Sie ist ein Wanderfisch. Nach 1–5 Jahren Aufenthalt im Süßwasser wandern die Jungfische ins Meer ab, wo sie sich in Küstennähe aufhalten. Zwischen Juli und November steigen die geschlechtsreifen Tiere zum Ablaichen in die Flüsse auf.
Die Lachsforelle unterscheidet sich vom Lachs durch die stumpfe Schnauze und die gedrungene Körperform. Die blaugraue Rückenfärbung geht nach der Bauchseite zu ins Silbergraue oder Silberweiße über; daher auch der Name Silberlachs. Sie erreicht ein durchschnittliches Gewicht von 1–5 kg; die maximale Länge ist 80–100 cm. Laichzeit Dezember bis März.
Die Lachsforelle hat äußerst delikates, leicht rötliches Fleisch. Sie wird gerne als ganzer Fisch pochiert, geschmort oder gebraten, häufig auch gefüllt. Ihr feines Fleisch eignet sich besonders gut für kalte Gerichte. Lachsforelle gibt es auch geräuchert im Handel.

Regenbogenforelle

Die Regenbogenforelle stammt ursprünglich aus Amerika. Sie wurde Ende des 19. Jahrhunderts in Europa eingeführt. Dank ihrer Widerstandskraft gegen Krankheiten und ihres schnellen Wachstums bei intensiver Fütterung ist sie heute der bedeutendste Fisch in allen europäischen Forellenzuchtbetrieben. Meist wird sie bis zur Größe einer Portionsforelle herangezogen. In freien Gewässern kann sie eine Größe bis zu 60 cm erreichen.
Charakteristisch ist der in den Regenbogenfarben schillernde Seitenstreifen vom Kopf bis zum Schwanz und viele kleine, schwarze Flekken auf Kopf, Körper, Rücken-, Fett- und Schwanzflosse. Laichzeit Dezember bis Mai.
Die Regenbogenforelle ist ein sehr beliebter Speisefisch von großer wirtschaftlicher Bedeutung. Das Fleisch kann durch sachgemäße Fütterung sehr wohlschmeckend und von guter Qualität sein. Man verwendet sie wie die Bachforelle.

Forelle blau

Nach diesem Rezept können alle lebendfrischen Flußfische zubereitet werden. Nur frisch getötete Fische werden richtig »blau«.
Große Fische kocht man am besten im Fischkochkessel mit Einsatz. Ist kein genügend großer Topf vorhanden, in dem man sie in ihrer ganzen Länge kochen kann, so bindet man sie rund, indem man eine Schnur durch die Kiemen und die Schwanzflosse zieht (Seite 32).
Achten Sie darauf, daß die Schleimschicht erhalten bleibt, denn sie bewirkt das Blauwerden. Fassen Sie die Fische nur mit nassen Händen an, nehmen Sie sie evtl. unter Wasser aus. Nicht schuppen!

4 lebendfrische Portionsforellen, 4 EL Essig zum Übergießen, Blausud (Seite 203).
Zum Anrichten: *2 Zitronen, krause Petersilie.*

Die Forellen säubern (Flossen abschneiden, ausnehmen, gründlich waschen). Die Fische auf eine Platte legen und mit Essig übergießen; das unterstreicht die blaue Farbe.
Den Blausud zubereiten. Die Forellen in den heißen Sud geben, knapp zum Sieden bringen, abschäumen und dann sofort die Hitze reduzieren oder den Topf zur Seite ziehen. Die Fische dürfen nicht kochen, nur ziehen. Garzeit je nach Größe 8–12 Minuten. Die Fische sind gar, wenn die Augen perlig-weiß heraustreten, die Bauchlappen sich etwas nach außen biegen und die Rückenflosse sich leicht herausziehen läßt. Die Forellen aus dem Sud nehmen, abtropfen lassen, auf vorgewärmter Platte, die mit einer Stoffserviette oder einem Papierspitzendeckchen ausgelegt sein soll, anrichten. Mit Zitronenhälften und Petersiliengrün garnieren.
Beilagen: Salzkartoffeln, zerlassene Butter.

Forelle blau in Alufolie

Die Forellen vorbereiten wie zum Blaukochen (nebenstehend). Innen mit Salz und Pfeffer würzen und ein Dillzweiglein in den Bauch legen, außen nicht würzen.
Alufolie in entsprechende Größe schneiden, so daß man die Fische einschlagen kann (jeden Fisch einzeln). Die Folie mit zerlassener Butter bestreichen, die Fische darauflegen. Eine halbe Tasse Essig mit einer halben Tasse Salzwasser und einigen Zwiebelscheiben 10 Minuten kochen. Einige Eßlöffel der Flüssigkeit über die Forellen gießen, bis die Haut gleichmäßig feucht und blau ist. Die Folienpäckchen verschließen und so falzen, daß kein Saft austreten kann. Die Folienpäckchen auf die Grillpfanne legen und in den auf 240 °C vorgeheizten Ofen schieben. Nach 5 Minuten die Hitze auf 200 °C reduzieren. Garzeit 15–20 Minuten.

Forelle, auf Gemüse gedämpft

Foto Seite 33

Für 2 Personen

Alle kleinen Flußfische können nach diesem Rezept zubereitet werden.

2 Forellen, 2 EL Essig, 30 g Butter, 1 Zwiebel und 300 g Wurzelgemüse (gelbe Rüben, Sellerie, Petersilienwurzel, Lauch), in Scheiben geschnitten, Salz, Pfeffer, $^1/_8$–$^1/_4$ l trockener Weißwein.

Die Forellen vorbereiten wie zum Blaukochen (nebenstehend); die Schleimschicht soll erhalten bleiben, damit die Fische schön blau werden. Die Forellen rundbinden, auf eine Porzellanplatte legen, mit Essig übergießen.

In einem flachen Topf die Butter zergehen lassen, die Zwiebel und das Wurzelgemüse halbweich dünsten, ohne daß es Farbe nimmt, leicht salzen und pfeffern. Die Forellen auf das Gemüsebett legen. Seitlich nur so viel Wein (oder halb Wein, halb Wasser) angießen, daß der Topfboden 1 cm hoch mit Flüssigkeit bedeckt ist. Die Fische zugedeckt zum Kochen bringen, dann an der Herdseite bei milder Hitze etwa 15 Minuten im Dampf garen.
Beilagen: Salzkartoffeln, zerlassene Butter.

Forelle, mit Pilzen gefüllt

Oder Saibling, Renke, Äsche, Schleie, Barsch, Rutte; nur kleine Fische bis zu Portionsgröße.

Es ist empfehlenswert, die Fische vor der Zubereitung zu entgräten (siehe Seite 17).

4 kleine Forellen, 4 EL Zitronensaft, Salz, Pfeffer, 1 EL frische Kräuter, gehackt, Pilzfülle (Seite 206), einige EL Milch,
Mehl zum Wenden, reichlich Öl zum Braten,
4 Zitronenspalten, krause Petersilie.

Die Fische mit Zitronensaft, Salz, Pfeffer und Kräutern marinieren. Pilzfülle nach Rezept zubereiten; bei sehr kleinen Fischen genügt die halbe Rezeptmenge. Die Fische füllen, den Bauch mit Rouladennadeln zustecken. Die Forellen mit Milch anfeuchten, in Mehl wenden, überschüssiges Mehl abschütteln.
In einer Stielpfanne ½–1 cm hoch Öl erhitzen, die Fische auf beiden Seiten goldbraun braten. Die Rouladennadeln entfernen, die Forellen auf einer vorgewärmten Platte anrichten, mit Zitronenspalten und Petersiliensträußchen garnieren.

Pochierte Forelle in Kräutersahne

Für diese Zubereitung ist es vorteilhaft, die rohen Fische zu entgräten. Wie man das macht, ist auf Seite 17 beschrieben.

4 Portionsforellen, 4 EL Zitronensaft,
Salz, Pfeffer, Worcestersauce,
30 g Butter für die Form,
50 g Schalotten, gehackt,
etwa ¼ l trockener Weißwein,
10 g Mehlbutter,
je 1 EL grüne Petersilie
und Estragon, gehackt,
1/10 l geschlagene Sahne.

Die entgräteten Forellen innen und außen mit Zitronensaft, Salz, Pfeffer und Worcestersauce marinieren. In einer feuerfesten Form die Butter zergehen lassen, mit den Schalotten ausstreuen, die Forellen hineinlegen. Den Wein angießen. Die Form mit Alufolie bedecken, im vorgeheizten Ofen zunächst bei starker Hitze gerade zum Sieden bringen, dann bei 200 °C etwa 15 Minuten pochieren. Die Forellen herausnehmen, vorsichtig enthäuten, auf einer vorgewärmten Platte anrichten und warm stellen.
Die Garflüssigkeit durch ein Sieb in den Soßentopf gießen, bei starkem Feuer rasch auf die gewünschte Menge einkochen, mit Mehlbutter leicht binden. Petersilie und Estragon einige Minuten in der Soße ziehen lassen, abschmecken. Die geschlagene Sahne darunterziehen. Die angerichteten Forellen mit der Soße überziehen, so daß Kopf und Schwanz noch zu sehen sind.
Beilagen: Butterkartoffeln, Salat.
Garnierungsvorschlag: Die Platte mit gedünsteten Champignons und erwärmten Krebsschwänzchen (Scampi) garnieren.

Forelle in Weincreme

Alle Flußfische können nach diesem Rezept zubereitet werden.

Es ist vorteilhaft, die rohen Fische zu entgräten. Wie man das macht, ist auf Seite 17 beschrieben.

4 Portionsforellen, Weinsud (Seite 204).
Für die Weincreme: *2–3 Eigelb,*
1 EL Speisestärke, 1 Tasse Fischsud, ½ Tasse trockener Weißwein, 50 g kalte Butter,
1 kleine Prise Muskat, Salz nach Bedarf.

Weinsud zubereiten. Die Fische in den heißen Sud geben, vorsichtig garziehen lassen (nicht kochen). Garzeit je nach Größe 8–12 Minuten. Die Fische aus dem Sud nehmen, vorsichtig enthäuten. Auf einer tiefen, vorgewärmten Platte anrichten und warm stellen. Den Fischsud bei starkem Feuer kurz einkochen.
Die Weincreme wird über Dampf oder im Wasserbad abgeschlagen: Eigelb und Speisestärke mit dem Schneebesen verquirlen, nach und nach Fischsud und Wein darunterschlagen und langsam erhitzen, aber nicht zum Kochen kommen lassen. Die Butter flöckchenweise darunterschlagen. Mit Muskat würzen und abschmecken. Die Weincreme über die angerichteten Forellen gießen, so daß Kopf und Schwanz noch zu sehen sind.
Beilagen: Salzkartoffeln, grüner Salat.

Forelle Müllerin Art

Diese Zubereitung ist für alle kleinen Fische bis zu Portionsgröße anwendbar.

Fische mit Schuppen müssen geschuppt werden, da die Haut mitgegessen wird.

4 Portionsforellen, 5 EL Zitronensaft, Salz,
4 EL Petersilie, gehackt, Mehl zum Wenden,
Öl zum Braten, 4 Zitronenspalten,
krause Petersilie, 80 g Butter zum Übergießen.

Die Forellen innen und außen mit 4 EL Zitronensaft und Salz einreiben, innen mit 2 EL Petersilie ausstreuen. Falls die Haut zu trocken ist, feuchtet man sie mit etwas Milch an. Die Fische in Mehl wenden, überschüssiges Mehl abschütteln.
In einer Stielpfanne etwa ½ cm hoch Öl stark erhitzen. Die Forellen zunächst scharf anbraten, dann bei etwas verminderter, aber immer noch guter Hitze goldbraun braten. Die Fische wenden und die andere Seite ebenso braten. Die Forellen auf vorgewärmter Platte anrichten, die Platte mit Zitronenspalten und Petersiliensträußchen garnieren, die Fische mit einigen Tropfen Zitronensaft beträufeln und mit gehackter Petersilie bestreuen. In der Pfanne, in der die Fische gebraten wurden, die Butter erhitzen bis sie haselnußbraun wird, über die Forellen gießen und sofort servieren; die Butter muß noch schäumen, wenn die Platte aufgetragen wird.
Beilagen: Salzkartoffeln oder Butterkartoffeln, Salat.

Variationen

Forelle nach Grenobler Art: Die Forellen werden gebraten, mit Petersilie bestreut und mit brauner Butter übergossen. Man läßt je-

doch etwas Butter in der Pfanne zurück, um darin die Würfelchen einer geschälten, entkernten Zitrone und 2 EL kleine Kapern kurz durchzuschwingen. Diese Zitronen-Kapern-Butter gießt man über die angerichteten Fische.
Gebratene Forellen mit Champignons: Die Forellen werden nach Müllerin Art gebraten und angerichtet. 200 g aufgeblätterte Champignons dünstet man 8 Minuten in 30 g Butter und etwas Zitronensaft, würzt mit Salz, Pfeffer und gehackter Petersilie und garniert die angerichteten Fische damit.

Spanische Forellen

4 kleine Portionsforellen, 4 EL Zitronensaft, Salz, gehacktes Petersiliengrün, Mehl zum Wenden, Öl zum Braten.
Für das Schmorgemüse: *4 EL Olivenöl, 2 Zwiebeln, 1 gelbe Rübe, 1 Petersilienwurzel oder 2 Stangen Bleichsellerie, alles in Scheiben geschnitten, 1 durchgepreßte Knoblauchzehe, 2 Tomaten, geschält und gewürfelt, Salz, Pfeffer, 1 Prise Zucker, 1 TL Zitronensaft, je 1 EL gehacktes Petersiliengrün und Basilikum, 100 g gekochte Krabben oder 1 kleine Dose Langustenfleisch.*

Zunächst das Schmorgemüse zubereiten: Das Olivenöl in einem flachen Topf erhitzen, die Zwiebeln und das Gemüse 10 Minuten andünsten. Dann den Knoblauch und dic Tomatenwürfel zugeben, mit Salz, Pfeffer, Zucker und Zitronensaft würzen. Petersiliengrün und Basilikum dazugeben, das Gemüse 20–30 Minuten weich schmoren. Erst kurz vor dem Anrichten die Krabben oder das zerpflückte Langustenfleisch mit kaltem Wasser überbrausen, zum Gemüse geben und erhitzen.

Die Forellen innen und außen mit Zitronensaft und Salz einreiben, innen auch mit gehackter Petersilie würzen. Die Fische in Mehl wenden, überschüssiges Mehl abschütteln. In heißem Öl auf jeder Seite etwa 6 Minuten braten. Die gebratenen Forellen mit dem Schmorgemüse auf einer tiefen, vorgewärmten Platte anrichten.
Beilage: Stangenweißbrot.

Gebackene Forelle

Alle kleinen Fische bis zu Portionsgröße kann man panieren und in Fett ausbacken. Fische mit Schuppen müssen geschuppt werden, da die Haut mitgegessen wird. Größere Fische halbiert man oder schneidet sie in Scheiben; nach Möglichkeit sollte man dabei die Gräten entfernen.

4 Portionsforellen, 4 EL Zitronensaft, Salz, Pfeffer, 2 EL Petersilie, gehackt, einige EL Mehl, 2 verquirlte, gesalzene Eier, Semmelbrösel, reichlich Öl zum Backen, 4 Zitronenviertel, krause Petersilie.

Die Forellen innen und außen mit Zitronensaft, Salz, Pfeffer und gehackter Petersilie marinieren. Die Fische in Mehl wenden, überschüssiges Mehl abschütteln, durch die Eimasse ziehen, überschüssige Eiflüssigkeit abstreifen, in Semmelbröseln panieren und die Panade gut andrücken.
Eine Stielpfanne etwa 2 cm hoch mit Öl füllen und erhitzen, die Forellen auf beiden Seiten goldbraun backen. Auf vorgewärmter Platte anrichten, mit Zitronenvierteln und Petersilie, die man einige Sekunden im Fritierfett ausbakken kann, garnieren.

Gebratene Forelle

Alle Flußfische können nach diesem Rezept zubereitet werden.

4 Forellen, 4 EL Zitronensaft, Salz, Pfeffer, 40 g Butter für die Form, 2 EL Schalotten und 3 EL Petersilie, gehackt, 40 g Butterflocken, 1/8 l trockener Weißwein, 2–3 EL Crème fraîche, nach Belieben 1–2 TL Senf.

Die Forellen innen und außen mit Zitronensaft, Salz und Pfeffer marinieren, innen auch mit Petersilie ausstreuen.
In einer feuerfesten Form die Butter zergehen lassen, mit der Hälfte der Schalotten-Petersilien-Mischung ausstreuen, leicht andünsten. Die Fische Kopf an Schwanz hineinlegen und in der Butter wälzen. Die restliche Schalotten-Petersilien-Mischung über die Forellen streuen, mit Butterflocken belegen. Seitlich den Wein angießen, die Form mit Alufolie abdecken. In den auf 200 °C vorgeheizten Ofen schieben, die Hitze dann auf 180 °C reduzieren und die Fische etwa 20–30 Minuten braten. 10 Minuten vor beendeter Garzeit die Folie abnehmen, die Fische mit Bratsaft begießen und offen fertigbraten. Die Forellen auf einer vorgewärmten Platte anrichten und warm stellen.
Die Garflüssigkeit in den Soßentopf gießen, mit Crème fraîche aufkochen, nach Belieben mit Senf abschmecken. Die Soße gesondert zum Fisch servieren.
Beilagen: Butterkartoffeln, Salatplatte.

Gebratene Forelle mit Mandeln

4 Portionsforellen, Salz, 4 EL Zitronensaft, einige EL Milch, Mehl zum Wenden, Öl zum Braten, 80 g Butter, 20 g gehobelte Mandeln, 4 Zitronenspalten.

Die Forellen innen und außen mit Salz und Zitronensaft marinieren. Die Fische mit Milch anfeuchten, in Mehl wenden, überschüssiges Mehl abschütteln.
In der Stielpfanne 1/2 cm hoch Öl stark erhitzen, die Forellen auf beiden Seiten goldbraun braten, herausnehmen und warm stellen. Die Butter in der Pfanne erhitzen, die Mandelblättchen hellbraun rösten und zum Schluß die gebratenen Forellen in den Mandeln wenden, auf einer vorgewärmten Platte anrichten, die heiße Butter mit den Mandeln über die Fische gießen. Mit Zitronenspalten garnieren.

Gebratene Forelle mit Spinatfüllung

Oder Saibling, Äsche, Renke.

Für diese Zubereitung werden die Fische durch den Rücken entgrätet und ausgenommen, so daß der Bauch unverletzt bleibt (siehe Seite 18).

4 mittelgroße Forellen, Salz, Pfeffer, 4 EL Zitronensaft, Spinatfülle (Seite 206), 100 g Butter, 50 g Schalotten, gehackt, 1/8 l trockener Weißwein, 4 EL Crème fraîche.

Die Forellen innen und außen mit Salz, Pfeffer und Zitronensaft marinieren. Spinatfülle (oder beliebige andere Fülle) zubereiten; für große Fische benötigt man evtl. die 1 1/2fache Rezeptmenge, da durch den Rücken entgrätete Fische

viel Fülle fassen können. In jeden Fisch ein Stückchen Butter geben und die Bauchhöhle mit dem Spinatpüree füllen.
In einer Auflaufform 30 g Butter zergehen lassen, mit den Schalotten ausstreuen und leicht andünsten. Die Forellen mit dem Bauch nach unten in die Form setzen, die restliche Butter auf die Füllungen verteilen. Seitlich den Wein

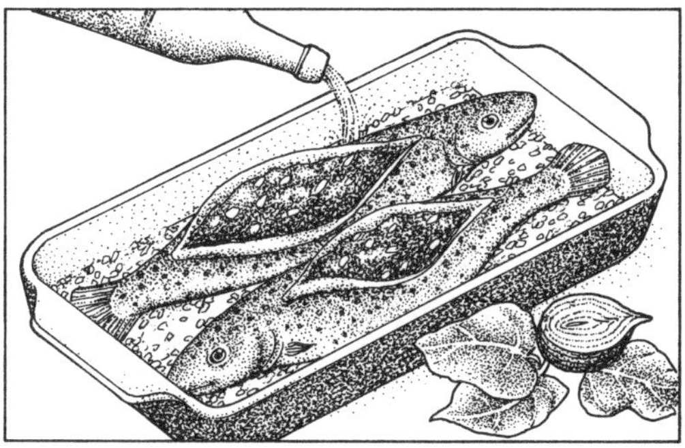

angießen. Die Form mit gebuttertem Pergamentpapier oder mit Alufolie abdecken. Im vorgeheizten Ofen bei 200 °C je nach Größe der Fische 15–25 Minuten braten. 5 Minuten vor beendeter Garzeit das Pergamentpapier oder die Alufolie abnehmen, auf jeden Fisch

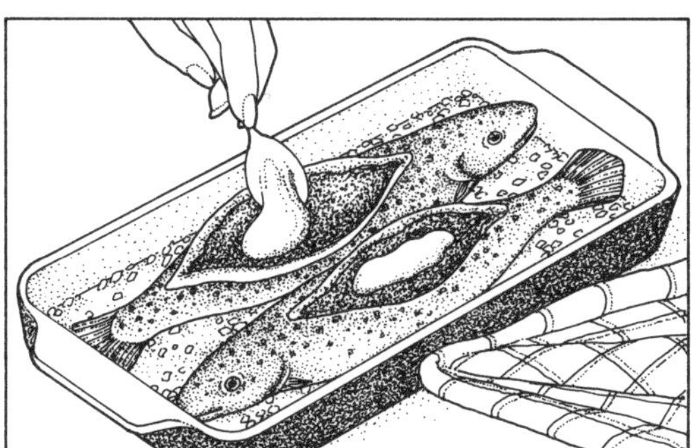

1 EL Crème fraîche geben und offen fertigbraten. Die Forellen in der Form servieren.
Beilage: Salzkartoffeln.

Gebratene Forellenfilets

Oder Filets von Saibling, Huchen, Äsche, Renke, Barsch (Egli), Zander.

4 Forellen, filetiert und enthäutet,
4 EL Zitronensaft, Salz, Mehl zum Wenden,
80 g Butter zum Braten, 1 EL Petersilie, gehackt.

Die Fischfilets mit Zitronensaft und Salz würzen, in Mehl wenden, überschüssiges Mehl abschütteln. In einer Stielpfanne die Butter erhitzen, die Forellenfilets auf beiden Seiten goldbraun braten. Die Filets auf einer vorgewärmten Platte anrichten, mit gehackter Petersilie bestreuen. Die restliche Bratbutter darübergießen.
Beilagen: Petersilienkartoffeln, Salatplatte.

Variation
Forellenfilets mit Krabbensoße: Die angerichteten Forellenfilets mit aufgeschlagener Krabbensoße (Seite 213) übergießen.

Gegrillte Forelle

Nach diesem Rezept kann man alle Portionsfische grillen.

Die Fische müssen üppig mit Öl bestrichen werden, damit sie nicht anhängen. Spezielle fischförmige Wenderoste, in die man jeden einzelnen Fisch hineinpaßt, erleichtern das Grillen vor allem am Holzkohlengrill.

4 mittelgroße Forellen, Salz, Pfeffer,
4 EL Zitronensaft, 4 EL grüner Dill oder Petersilie, fein gewiegt, 6 EL Öl, nach Belieben 1 zerdrückte Knoblauchzehe.

Salz, Pfeffer, Zitronensaft, Kräuter, Öl und nach Belieben Knoblauch verquirlen. Die Forellen etwa eine halbe Stunde marinieren. Größere Fische schneidet man an den Seiten mehrfach ein; sie werden würziger und auch gleichmäßiger gar.
Die Fische auf den vorgeheizten, geölten Rost legen, bei nicht zu starker Hitze auf jeder Seite etwa 10 Minuten grillen. Mehrmals mit Marinade bestreichen. Die Garzeit ist abhängig von der Größe der Fische, der Heizleistung des Grills und dem Abstand zur Glut oder Heizquelle. Durch einen Einstich hinter den Kiemen oder der Rückenflosse kann man die Garprobe machen.
Beilagen: Brot, Kräuterbutter oder Knoblauchmayonnaise, Salat.

Forellenfrikassee in Champignonsoße

Foto Seite 86

800 g Forellenfilet, Salz, Pfeffer,
2 EL Zitronensaft, 3 EL Mehl, 60 g Butter.
Für die Champignonsoße: *40 g Butter,*
2 Schalotten und 1–2 Knoblauchzehen, gehackt, 250 g Champignons, in Scheiben geschnitten, Salz, Pfeffer, 1 kleine Prise Safranfäden, 1/8 l trockener Weißwein,
1/8 l Fischbrühe (Seite 205), 200 g Crème fraîche,
2 TL Zitronensaft, 10 g Mehlbutter,
30 g frische Butter, einige Blättchen Basilikum, in Streifen geschnitten.

Aus den Gräten und Köpfen, die beim Filetieren der Fische übriggeblieben sind, kocht man eine kleine Brühe und stellt sie für die Soße bereit.
Die Forellenfilets in mundgerechte Stücke schneiden, mit Salz, Pfeffer und Zitronensaft würzen. Das Fischfleisch mit Mehl bestäuben, in einem Sieb durchschütteln, um überschüssiges Mehl zu entfernen. In einer Bratpfanne die Butter erhitzen, die Forellenfilets unter häufigem Wenden goldgelb braten.
Für die Soße in einem flachen Topf die Butter erhitzen, Schalotten und Knoblauch glasig dünsten. Die Champignons dazugeben, mit Salz und Pfeffer würzen, die Safranfäden dazugeben und die Pilze einige Minuten dünsten. Den Wein und die Fischbrühe angießen, etwa 8 Minuten dünsten. Crème fraîche dazugeben, aufkochen, mit Zitronensaft abschmecken. Die Soße mit Mehlbutter leicht binden. Den Topf zur Seite ziehen, ein Stückchen frische Butter daruntermischen.
Die Forellenfilets in die Soße geben und noch 2 Minuten ziehen lassen. Zum Schluß Basilikum unter das Frikassee mischen.
Beilagen: Reis oder Butterkartoffeln, Salat.

Forelle in Folie

Nach diesem Rezept kann man alle Portionsfische, auch Fischkoteletts oder Fischfilet, zubereiten.

4 mittelgroße Forellen, Salz, Pfeffer,
4 EL Zitronensaft, 2 EL grüne Kräuter (Dill, Petersilie), fein gewiegt, 60 g Butter,
8 EL Weißwein, 8 Zitronenscheiben, geschält.

Die Forellen innen und außen mit Salz, Pfeffer, Zitronensaft und Kräutern eine halbe Stunde marinieren. Für jeden Fisch ein Stück Alufolie von entsprechender Größe zurechtschneiden, so daß man den Fisch einschlagen und die Ränder falzen kann. Die Folien mit Butter bestreichen, die Forellen darauflegen, mit Wein beträufeln und mit Butterflocken belegen, auf jeden Fisch zwei Zitronenscheiben legen. Die Folie falzen, so daß kein Saft austreten kann. Unter dem vorgeheizten Grill (oder im Ofen bei 240 °C) 15–25 Minuten garen. Die Folie oben leicht einschneiden, die Fische in der Folie servieren. *Beilagen:* Petersilienkartoffeln, Kressesalat.

Forellenklößchen

Die Klößchen können auch aus anderem Fischfleisch zubereitet werden, z. B. aus Filet von Saibling, Zander, Renke, Rutte, Barsch oder beliebigem Weißfisch.

250 g Forellenfilet, enthäutet, 2 TL Salz,
1/8–2/10 l Sahne, je 1 Prise Pfeffer und Muskat.
Für die Soße: *30 g Butter, 40 g Mehl,*
3/8 l Fischbrühe (S. 205), 1/8 l trockener Weißwein,
1/10 l Sahne, Salz, Pfeffer, 30 g frische Butter.

Aus den Gräten und Köpfen, die beim Filetieren der Fische übriggeblieben sind, kocht man eine kleine Brühe und stellt sie für die Soße bereit. Alle Zutaten müssen sehr kalt sein.
Die Forellenfilets in Würfel schneiden, mit Salz im Mixer pürieren. Nach und nach die Sahne darunterrühren, mit Pfeffer und Muskat würzen. Vor der weiteren Verarbeitung wird das Püree für eine Stunde auf eine mit gestoßenem Eis gefüllte Schüssel in den Kühlschrank gestellt. Aus der Masse mit dem Löffel kleine Klößchen formen, in kochendes Salzwasser einlegen, etwa 8 Minuten ziehen lassen. Aus Butter und Mehl eine helle Einbrenne anrühren, mit Fischbrühe und Wein aufgießen, auf zwei Drittel einkochen. Die Sahne dazugießen und nochmals gut durchkochen. Die Soße mit Salz und Pfeffer abschmecken und mit der frischen Butter abziehen. Die Forellenklößchen in der Soße servieren.

Forelle in Gelee

Oder Saibling, Äsche, Renke.

Für dieses Rezept der Kalten Küche werden die Forellen durch den Bauch entgrätet. Wie man das macht, ist auf Seite 17 erklärt.

4 lebendfrische Bachforellen, entgrätet,
4 EL Essig, Blausud (Seite 203), 1 Eiweiß und die zerkleinerte Eierschale zum Klären.
Für das Gelee: *3/4 l eingekochter Fischsud,*
9 Blatt Gelatine.
Zum Garnieren: *Petersiliensträußchen oder Kresse, Zitronenschnitzchen, Tomatenviertel.*

Die entgräteten Forellen wieder in Form bringen, mit Essig übergießen. Blausud zum Kochen ansetzen, die Fischgräten dazugeben und den Sud mit allen Zutaten 30 Minuten leise kochen lassen, abseihen. Den Sud wieder zum Siedepunkt bringen, die Forellen hineingeben, abschäumen, bei reduzierter Hitze je nach Größe der Fische 8–12 Minuten garziehen lassen. Die Forellen herausnehmen, abtropfen, nebeneinander auf eine Porzellanplatte legen. Den Fischsud bei starker Hitze auf etwa zwei Drittel einkochen. Ein Sieb mit einem feinen Tuch auslegen und den Sud durchseihen. Falls ein besonders klares Gelee gewünscht wird, muß man den *Sud klären:* Den Fischsud leicht erwärmen. Das Eiweiß halbsteif schlagen, mit der gewaschenen, zerkleinerten Eierschale in den Sud geben und unter ständigem Hochziehen mit dem Schneebesen zum Kochen bringen. Den Topf vom Feuer nehmen und 10 Minuten stehen lassen, bis die Eiweißhaut aufreißt. Den Sud durch ein feines Sieb gießen, das mit mehrlagigem Nesseltuch ausgelegt wurde.

Für das Gelee die Gelatine 10 Minuten in kaltem Wasser einweichen. 3/4 Liter Fischsud erhitzen, säuerlich pikant abschmecken, die eingeweichte Gelatine darin auflösen und durchschlagen, über die Forellen gießen. Einige Stunden kalt stellen, bis das Gelee steif ist. Vor dem Anrichten die Platte mit Petersiliensträußchen oder Kresse, Zitronenschnitzchen und Tomatenvierteln garnieren.
Beilagen: Brot, Tatarensoße.

Forelle in Portweingelee

Die Forellen werden zubereitet wie im vorstehenden Rezept. Man verwendet für das Gelee jedoch halb Fischsud und halb Portwein und schmeckt mit Zitronensaft, einer Prise Zucker, Salz und Pfeffer fein-würzig ab. Die Flüssigkeit wird mit eingeweichter Gelatine gebunden und über die blaugekochten Forellen gegossen.
Beilagen: Brot, Meerrettichsahne.

Geräuchertes Forellenfilet

Als Vorspeise rechnet man pro Person 1–2 geräucherte Forellenfilets. Man kann sie längs halbieren. Die Forellenfilets werden auf einer Platte oder portionsweise auf Tellern angerichtet. Man garniert mit Zitronenscheiben, Tomatenschnitzchen und geriebenem Meerrettich, auf Salatblättern hübsch angeordnet.
Beilagen: Toastbrot, Butter, Meerrettichsahne.
Garnierungsvorschlag: Die Haut der Filets fast bis zum Ende abziehen und wie eine Locke aufrollen. Meerrettichsahne in Eiswürfelbehältern gefrieren, die Würfel mit Zitronenscheiben und Tomatenschnitzchen auf Salatblätter legen und die Forellen damit garnieren.

Gefüllte Lachsforelle

Zum Füllen der Lachsforelle reicht etwa die halbe Rezeptmenge Fischmousseline. Kochen Sie aus dem Rest feine Fischklößchen, die Sie zum Garnieren des Fisches verwenden oder auch einfrieren können.

1 Lachsforelle von 1–1,2 kg, Fischmousseline (Seite 207), 4 EL Zitronensaft, Salz, Pfeffer.
Zum Braten: *60 g Butter, 2 Schalotten und 1 EL Petersilie, gehackt, 1/8 l Weißwein.*
Für die Soße: *1/10 l Weißwein, 1/8 l Sahne, 10 g Mehlbutter, 40 g frische Butter, 1 Eigelb, mit 2 EL Sahne verrührt.*

Die Lachsforelle vom Fischhändler durch die Kiemen ausnehmen lassen. Mit dem Kochlöffelstiel durch die Kiemenöffnung fahren und am Rückgrat entlang kräftig reiben, um die Häutchen und alles Blutgerinnsel zu entfernen. Anschließend gründlich auswaschen.
Fischmousseline zubereiten, die Lachsforelle durch die Kiemen damit füllen. Den Fisch außen mit Zitronensaft, Salz und Pfeffer würzen.
In einer feuerfesten Form oder im Bräter die Butter zergehen lassen, mit Schalotten und Petersilie ausstreuen, leicht andünsten. Die gefüllte Lachsforelle hineinlegen und in der Butter wälzen. Seitlich den Wein angießen, die Form mit Alufolie abdecken, in den auf 200 °C vorgeheizten Ofen schieben, den Fisch etwa 35 Minuten braten. Während der Bratzeit mehrmals mit der Garflüssigkeit begießen. Nach 20 Minuten die Folie abnehmen und den Fisch offen fertigbraten. Die Lachsforelle auf einer Platte anrichten und warm stellen.
Die Garflüssigkeit durch ein Sieb in den Soßentopf gießen. Den Wein dazugießen, kurz einkochen, dann die Sahne dazugießen. Mit Mehlbutter leicht binden, durchkochen, mit

Salz und Pfeffer abschmecken. An der Herdseite ein Stückchen frische Butter unter die Soße rühren, mit Eigelb und Sahne legieren.
Beilagen: Petersilienkartoffeln, Spargel, grüner Salat.
Garnierungsvorschlag: Krebsschwänze (Scampi), gedünstete Champignonköpfe, Nußkartoffeln, mit Petersilie bestreut.

Lachsforelle in Weinsud

1 Lachsforelle von etwa 1200 g, Weinsud (Seite 204), mit Rotwein zubereitet.
Für die Soße: *Eingekochter Fischsud, Mehlbutter, 1/10 l Sahne, 30–50 g frische Butter.*

Den Weinsud zubereiten. Den vorbereiteten Fisch auf den Einsatz des Fischkochkessels legen oder stellen. Den abgekühlten Weinsud durch ein Sieb über den Fisch gießen, gerade zum Kochen bringen, abschäumen. Die Lachsforelle zugedeckt an der Herdseite 20–25 Minuten garziehen lassen (nicht kochen!). Den Fisch herausnehmen, abtropfen lassen, auf die vorgewärmte Platte gleiten lassen, die Haut abziehen. Mit Pergamentpapier bedeckt warm halten.
Den Fischsud in den Soßentopf seihen, bei starkem Feuer auf etwa zwei Drittel einkochen. Die für die Soße gewünschte Menge Sud mit Mehlbutter binden; man rechnet auf 1/10 l Sud 10–12 g Mehlbutter. Die Soße mit Sahne aufgießen, nochmal durchkochen und abschmecken. Abseits vom Feuer flöckchenweise frische Butter darunterschlagen. Die angerichtete Lachsforelle mit einem Teil der Soße übergießen, die restliche Soße dazu servieren.
Beilagen: Salzkartoffeln, mit Petersilie bestreut, Blattsalat.
Garnierungsvorschlag: Krebsschwänzchen (Scampi), gedünstete Champignonköpfe, glasierte Zwiebelchen.

Lachsforelle mit Tomatenüberzug

Oder Zander, Hecht, Huchen.

1 Lachsforelle von 1–1,2 kg, 4 EL Zitronensaft, Salz, Pfeffer, 40 g Butter für die Form.
Für den Tomatenüberzug: *3 EL Öl, 2 Zwiebeln, in Scheiben geschnitten, 2–3 vollreife Tomaten, enthäutet, entkernt und gewürfelt, Salz, Pfeffer, einige Blättchen Basilikum, gehackt.*
Für die Käsesoße: *1/8 l Sahne, 100 g Chester Käse, Salz, Pfeffer, 1 EL Wein.*

Die Lachsforelle innen und außen mit Zitronensaft, Salz und Pfeffer einreiben. Die Butter in einer feuerfesten Form schmelzen, den Fisch hineinlegen und in der Butter wälzen.
Für den Tomatenüberzug das Öl erhitzen, die Zwiebelscheiben halbweich dünsten, ohne daß sie Farbe nehmen. Dann die Tomatenwürfel dazugeben, mit Salz, Pfeffer und Basilikum würzen, bei milder Hitze schmoren, bis die Flüssigkeit verdampft ist. Die Lachsforelle mit den Tomaten bedecken, in den auf 200 °C vorgeheizten Ofen schieben und 30 Minuten braten.
Die Sahne erwärmen, den Chester Käse darin schmelzen lassen, mit Salz, Pfeffer und Wein abschmecken. Die Käsesoße über den Fisch gießen und noch 15 Minuten überbacken.

Geräucherte Lachsforelle in Dampf

Oder beliebiger geräucherter Fluß- oder Seefisch, z. B. Bach-, See- oder Regenbogenforelle, Renke, Goldbarsch, Makrele, Hering, Heilbutt, Flunder. Am besten schmecken ganz frisch geräucherte Fische.

2 große oder 4 kleine Lachsforellen, frisch geräuchert, 1 Zwiebel und 200 g Wurzelgemüse, in Scheiben geschnitten, Saft einer Zitrone, 3/8–1/2 l Salzwasser.
Zum Anrichten: *Zitronenscheiben, 100–120 g Kräuterbutter (Seite 216).*

Auf den Boden des Fischkochkessels die Zwiebel und das Wurzelgemüse streuen. Zitronensaft und Salzwasser darübergießen, etwa 15 Minuten kochen lassen. Die Lachsforellen auf den gelochten Einsatz legen und in den Fischkochkessel hängen; die Fische sollen dabei nicht mit Flüssigkeit in Berührung kommen. Den Topf zudecken und die Lachsforellen bei milder Hitze etwa 10 Minuten im Dampf ziehen lassen.
Die Fische auf einer vorgewärmten Platte anrichten. Zitronenscheiben mit Kräuterbutter belegen und die Lachsforellen damit garnieren.
Beilage: Brot.

Variation
Zum Dämpfen halb Weißwein und halb Salzwasser verwenden. Den durchpassierten Sud rasch auf die Hälfte einkochen. 100 g Crème fraîche dazugeben, nochmals gut durchkochen. Ein Stückchen frische Butter und 1 TL feingewiegte Kräuter darunterrühren. Die Soße abschmecken, zum Fisch servieren.

Saibling

Bachsaibling

Der Bachsaibling oder Bachrötel wird auch als Amerikanischer Saibling bezeichnet. Der Name weist auf seine Heimat Nordamerika hin, von wo er Ende des vorigen Jahrhunderts – wie die Regenbogenforelle – eingeführt und in geeignete Gewässer eingesetzt wurde. Er lebt in kalten, sauerstoffreichen Fließgewässern, aber auch in klaren Seen. Der Bachsaibling wird auch in Teichwirtschaften gezogen.
Die Körperform ist – ähnlich wie beim Seesaibling – forellenartig, am Anfang langgestreckt, später gedrungen. Sehr weite, bis weit hinter die Augen reichende Mundspalte. Rükken und Rückenflosse sind braun und oliv marmoriert, der Bauch rötlich. Typisch sind die gelben und roten Punkte an den Flanken. Weiß-schwarzer Saum am Vorderrand der paarigen Flossen und der Afterflosse. Der in der Laichzeit besonders prächtig gefärbte Bachsaibling ist einer der schönsten Lachsfische. Durchschnittliche Länge 30–40 cm bei einem Gewicht von 500–1000 g.
Der Bachsaibling hat sehr feines, äußerst schmackhaftes Fleisch. Bei der Zubereitung sollte man mit Gewürzen sparsam umgehen, um den feinen Eigengeschmack nicht zu überdecken. Man bereitet ihn wie Forelle zu.

Seesaibling

Man kennt den Seesaibling auch unter den regionalen Bezeichnungen *Rötel, Rotforelle, Ritter, Schwarzreuter, Wildfangsaibling.* Er bewohnt – mit zahlreichen Lokalformen, darunter auch Zwergformen – kalte, sauerstoffreiche Seen im Alpengebiet nördlich des Zentral-

kamms bis in über 2000 m Höhe. Sein Verbreitungsgebiet erstreckt sich auf die gesamte nördliche Halbkugel.
Der Körper des Seesaiblings ist forellenartig, in der Jugend langgestreckt, im Alter gedrungener. Zwischen Rücken- und Schwanzflosse hat er die typische Fettflosse der Lachsfische. Sehr kleine Schuppen. Die Färbung ist je nach Standort unterschiedlich, am Rücken graugrün, blaugrün oder braun, die Seiten heller, der Bauch weiß bis gelblich. An den Flanken befinden sich helle, runde Punkte. Leuchtend weißer Saum am Vorderrand der paarigen Flossen und der Afterflosse.
Man unterscheidet den schnellwüchsigen *Wildfangsaibling,* der sich als Raubfisch von anderen Fischen ernährt und einige Kilogramm schwer werden kann, und den *Normalsaibling,* der nur ein Gewicht von einigen 100 Gramm erreicht. Schwarzreuter und andere Zwergformen werden höchstens 25 cm lang. Hauptlaichzeit September bis Januar.
Der Seesaibling hat feines, äußerst schmackhaftes Fleisch, das leicht rötlich ist. Kleine Fische bereitet man wie Forelle zu, größere wie Lachs oder Lachsforelle. Aus dem filetierten, enthäuteten Fleisch kann man eine feine Fischmousseline zubereiten, die man zum Füllen von Fisch, Fischröllchen, Fischklößchen oder Fischpasteten verwendet. Geräucherte Schwarzreuter gelten als besondere Delikatesse.

Gekochter Saibling

Verwenden Sie zum Kochen dieses edlen Fisches einen mild abgeschmeckten Sud; so kommt sein feiner Eigengeschmack am besten zur Geltung. »Blau« bereitet man ihn zu wie Forelle (Seite 38).

4 kleine Saiblinge, 4 EL Essig zum Übergießen.
Für den Sud: *1¾ l Wasser, ¼ l trockener Weißwein, 1 Zitrone, geschält und in Scheiben geschnitten, 2 EL Salz, 1 TL Zucker, 2 Salbeiblättchen oder 1 kleiner Zweig Estragon, 1 kleiner Zweig Zitronenmelisse.*

Die Fische mit Essig übergießen, um die blaue Farbe zu unterstreichen. Das Wasser mit allen Zutaten zum Kochen bringen, 15 Minuten leise kochen lassen, abseihen. Die Saiblinge in den heißen Sud geben, gerade zum Sieden bringen, abschäumen und den Topf sofort zurückziehen. Die Fische je nach Größe 8–12 Minuten ziehen lassen (nicht kochen!).
Beilagen: Salzkartoffeln, zerlassene Butter oder Schaumsoße.

Saibling mit Zitronensoße

Zutaten wie gekochter Saibling.
Für die Soße: *Saft einer Zitrone, 1 Prise Salz, 6 EL Olivenöl, 1 EL Petersiliengrün, fein gewiegt.*

Die Saiblinge in einem mild abgeschmeckten Sud kochen, auf vorgewärmter Platte anrichten.
Für die Soße den Zitronensaft mit Salz, Olivenöl und Petersiliengrün sämig rühren. Die Soße zu den Fischen servieren.
Beilage: Brot oder Butterkartoffeln.

Variation

Enthäuten Sie die Fische nach dem Kochen, solange die Haut noch feucht ist. Lassen Sie die Saiblinge mit einem Pergamentpapier bedeckt erkalten und gießen Sie vor dem Servieren die Zitronensoße darüber (die Soße kann man auch mit Estragon abschmecken).

Gebratener Saibling

4 kleine oder 2 große Saiblinge, Salz,
4 EL Zitronensaft, 80 g Butter,
100 g Frühlingszwiebeln (nur das Weiße), in Scheibchen geschnitten, 50 g Egerlinge, gehackt, 3 EL grüne Kräuter (Estragon, Kerbel, Petersilie), gehackt,
1/10 l trockener Weißwein.

Die Fische mit Salz und Zitronensaft marinieren. In einer Auflaufform die Hälfte der Butter schmelzen lassen, mit Frühlingszwiebeln und den Pilzen ausstreuen. Die Saiblinge hineinlegen, mit den Kräutern bestreuen, mit 40 g Butterflocken belegen. Seitlich den Wein angießen, die Fische mit gebuttertem Pergamentpapier bedecken. Im vorgeheizten Ofen bei 200 °C etwa 20 Minuten braten; während der Garzeit mehrmals mit dem Bratsaft begießen. Bringen Sie die Fische ofenheiß in der Form zu Tisch. Die gehaltvolle Soße mit Zwiebeln und Pilzen beläßt man am besten natur. Man kann sie mit etwas Crème fraîche leicht binden und nach Belieben mit Senf pikant abschmecken.

Saiblingfilets in Weinsoße

4 Saiblinge, filetiert und enthäutet, 30 g Butter, 1 Schalotte, gehackt, 1/8–1/4 l Fischbrühe (Seite 205).
Für die Soße: *20 g Speisestärke, 2 Eigelb, mit 2 EL Sahne verquirlt, 1/4 l Flüssigkeit (halb Fischbrühe, halb trockener Weißwein), 50 g Butter, Salz bei Bedarf, weißer Pfeffer, 1 Prise Zucker, 2 EL Zitronensaft.*

Aus den Abgängen, die beim Filetieren der Fische übriggeblieben sind (Gräten, Köpfe ohne Kiemen), kocht man eine gehaltvolle Fischbrühe, die man zum Pochieren der Filets verwendet.
Die Butter in einer feuerfesten Form schmelzen lassen, die Schalotte leicht andünsten. Die Saiblingfilets hineinlegen und so viel Fischbrühe angießen, daß die Filets knapp bedeckt sind. Mit Alufolie abdecken, in den auf 200 °C vorgeheizten Ofen schieben und etwa 10 Minuten pochieren. Die Filets herausnehmen, abtropfen lassen, auf einer Platte anrichten und warm stellen.
Die Garflüssigkeit durch ein Sieb in den Soßentopf gießen und kurz einkochen. In einem kleinen Topf Speisestärke mit Eigelb und etwas Sahne verquirlen, 1/4 l Flüssigkeit (Wein und abgekühlte Garflüssigkeit) dazugießen. Unter beständigem Rühren mit dem Schneebesen im Wasserbad erhitzen, bis die Masse dicklich wird, sie darf jedoch nicht kochen. Nach und nach flöckchenweise die kalte Butter darunterschlagen. Die Soße bei Bedarf salzen, mit Pfeffer, Zucker und Zitronensaft abschmecken. Die Soße über die Saiblingsfilets gießen.
Beilagen: Butterreis, zarte Salate.

Variation
Die Soße kann man beliebig abschmecken mit in Streifen geschnittenem Sauerampfer, fein gewiegtem Dill oder gemischten grünen Kräutern, mit Curry, Kapern, gehackten Champignons.

Oben: *Gebeizter Lachs, Gravlax, Rezept Seite 56*

Unten: *Lachsschnitten in Sauerampfersoße, Rezept Seite 55*

Lachs oder Salm

Das Verbreitungsgebiet des Lachses umfaßt die Küstengewässer und die einmündenden Flüsse auf beiden Seiten des Nordatlantiks. Er ist ein typischer Wanderfisch, der zur Fortpflanzung vom Meer ins Süßwasser zieht. Die Bestände sind teilweise stark zurückgegangen. Lachs wird heute auch künstlich gezüchtet.
Typisch ist der langgestreckte, seitlich etwas abgeflachte Körper mit dem relativ kleinen, spitzschnauzigen Kopf. Zwischen Rücken- und Schwanzflosse hat er die typische Fettflosse der Lachsfische. Die Färbung ausgewachsener Lachse ist am Rücken graugrün, die Flanken silberglänzend, der Bauch weißglänzend. Zur Laichzeit legt sich der Lachs ein prächtiges Hochzeitskleid zu mit bläulichem und rötlichem Schimmer sowie roten und schwarzen Flecken und Tupfen.
Der Laichaufstieg in die Flüsse findet zu sehr unterschiedlichen Zeiten statt (Sommerlachs und Winterlachs). Laichzeit September bis Februar. Die Junglachse verbleiben, je nach Laichgewässer, 1–5 Jahre im Süßwasser und wandern dann ins Meer ab. Gefischt werden sie im Meer entlang der Küsten oder in den Flüssen beim Laichaufstieg. Das durchschnittliche Gewicht europäischer Lachse beträgt 6–8 kg bei einer Länge von etwa 60 cm.
Der Lachs gehört zu unseren feinsten Speisefischen. Von den europäischen Fängen sind die schottischen, irischen und norwegischen Lachse am meisten geschätzt. Die guten Lachse aus dem Rhein (Rheinsalm) und der Loire haben keine wirtschaftliche Bedeutung mehr. Das hellrote, fettreiche Fleisch der die Flüsse aufsteigenden männlichen Lachse ist am schmackhaftesten. Männliche Lachse erkennt man am hakenförmigen Fortsatz des Unterkiefers (als Hakensalm oder -lachs bezeichnet).
Lachs kommt frisch, gefroren, in Dosen konserviert, geräuchert und gebeizt (Gravlax) auf den Markt. Frischer Lachs schmeckt am besten gekocht mit einer feinen Soße. Lachsscheiben werden gerne gegrillt oder in wenig Flüssigkeit pochiert. Besonders delikat ist gekochter, kalter Lachs (als Krönung eines kalten Buffets).

Lachs vom Grill, Rezept Seite 55

Lachs im Weinsud

Man kocht einen ganzen Lachs oder ein schönes Mittelstück. Einen ganzen, großen Lachs schneidet man am Rückgrat entlang 1 cm tief ein, damit er gleichmäßig gar wird. Der Fisch bleibt schön in Form, wenn man zwei bis drei Fäden um den Bauch bindet.

1 kg Lachs, 4 EL Zitronensaft, Weinsud (Seite 204), 8 Zitronenscheiben.

Den Fisch eine halbe Stunde vor der Zubereitung mit Zitronensaft säuern. Den Weinsud zubereiten, durchseihen.
Den Fisch im kalten (ganzer Fisch) oder heißen Sud (angeschnittener Fisch) zusetzen und gerade zum Kochen bringen, abschäumen. Den Topf zurückziehen, den Fisch etwa 20 Minuten garziehen lassen (nicht kochen!). Der Lachs ist gar, wenn sich die Rückenflosse leicht herausziehen läßt oder – beim angeschnittenen Fisch – das Fleisch von der Mittelgräte löst. Den Lachs aus dem Sud nehmen, abtropfen lassen. Auf einer vorgewärmten, mit Serviette ausgelegten Platte anrichten. Mit Zitronenscheiben garnieren.
Beilagen: Neue Kartoffeln, zerlassene Butter, aufgeschlagene Dillsoße, Holländische Soße.

Kalter Lachs mit Mayonnaise

Für 8 Personen

Dies ist eine feine Vorspeise für ein festliches Essen.

Zutaten wie Lachs im Weinsud (Seite 53).
200 g Mayonnaise, Salatblätter,
Tomatenscheiben, Kapern.

Den Lachs in Weinsud garen und im Sud erkalten lassen. Den Fisch aus dem Sud nehmen, abtropfen lassen. Haut und Gräten entfernen, das Fleisch in acht Portionen teilen. Glasschälchen mit Salatblättern auslegen, das Lachsfleisch darauflegen, mit Mayonnaise überziehen. Mit Tomatenscheiben und Kapern garnieren.
Beilagen: Toastbrot oder aufgebackenes Stangenweißbrot, Butter.

Pochierte Lachsschnitten

4 Lachsschnitten von je 250 g,
4 EL Zitronensaft, Salz, 40 g Butter,
2 Schalotten, gehackt, etwa ¼ l Flüssigkeit
(Weißwein oder Fischbrühe oder eine
Mischung aus beiden).
Für die Soße: *10–20 g Mehlbutter, 1 Eigelb,*
6 EL Sahne, 30 g frische Butter, 1 EL Estragon
oder Dill, fein gewiegt.

Die Lachsschnitten mit Zitronensaft säuern, kurz vor der Zubereitung salzen. In einer feuerfesten Form die Butter zergehen lassen, mit den Schalotten ausstreuen. Die Lachsschnitten nebeneinander in die Form legen. So viel Flüssigkeit angießen, daß die Schnitten knapp bedeckt sind, mit gebuttertem Pergamentpapier abdecken. Die Form in den auf 200 °C vorgeheizten Ofen schieben, etwa 8–10 Minuten garen. Die Lachsschnitten sind gar, wenn sich das Fleisch von der Mittelgräte löst. Die Schnitten mit dem Schaumlöffel herausnehmen, abtropfen lassen, die Mittelgräte entfernen. Auf vorgewärmter Platte anrichten und warm stellen. Die Garflüssigkeit durch ein Sieb in den Soßentopf gießen und kurz einkochen. Mit Mehlbutter leicht binden, mit verquirltem Eigelb und Sahne legieren. An der Herdseite ein Stückchen frische Butter und Estragon oder Dill darunterrühren. Die Lachsschnitten mit je 1 Eßlöffel Soße überziehen, die restliche Soße gesondert dazu servieren.
Beilagen: Schön geformte Salzkartoffeln oder Reis, Stangenspargel oder Salat.
Garnierungsvorschlag: Die Lachsschnitten mit Scampi, gedünsteten Zwiebelchen, Champignonköpfen, auch mit Trüffel- und Langustenscheiben garnieren, wenn es etwas aufwendiger sein darf.

Lachsschnitten mit Grüner Soße

Zutaten wie Pochierte Lachsschnitten,
Grüne Soße (Seite 215).

Die Lachsschnitten pochieren, abtropfen lassen, die Mittelgräte entfernen. Auf einer Platte oder portionsweise auf Tellern anrichten. Mit der Grünen Soße überziehen. Man kann die Lachsschnitten warm oder kalt servieren.
Beilagen: Toastbrot oder aufgebackenes Stangenweißbrot, Butter.

Variation
Die Grüne Soße kann durch Tatarensoße, Kräutermayonnaise oder Sauce Vinaigrette ersetzt werden.

Lachsschnitten in Sauerampfersoße

Foto Seite 51

4 Scheiben Lachs von je 250 g,
2 EL Zitronensaft, Salz, Pfeffer,
40 g Butter, 2 Schalotten, gehackt,
225 g Sauerampferblätter, gewaschen und abgetropft, 1/8 l Fischbrühe (oder helle Fleischbrühe), 1/8 l trockener Weißwein,
3/10 l Sahne, Salz, Pfeffer, 10 g Mehlbutter,
30 g frische Butter.

Die Lachsscheiben mit Zitronensaft, Salz und Pfeffer würzen. In der heißen Butter die Schalotten andünsten, ohne daß sie Farbe nehmen. Die Hälfte der Sauerampferblätter dazugeben und 3 Minuten mitdünsten, bis sie zusammengefallen sind. Die Brühe, den Wein und die Hälfte der Sahne angießen, unter häufigem Umrühren 5 Minuten kochen.
Den Topf zur Seite ziehen, die Lachsscheiben in die Soße geben, zugedeckt etwa 7 Minuten pochieren. Die Lachsscheiben herausnehmen, auf einer vorgewärmten Platte anrichten und warm stellen.
Den restlichen Sauerampfer in die Soße geben, mit Salz und Pfeffer würzen, etwa 5 Minuten kochen. Die restliche Sahne an die Sauerampfersoße gießen, mit Mehlbutter leicht binden, nochmal 5 Minuten kochen. Den Topf zur Seite ziehen und ein Stückchen frische Butter unter die Soße rühren. Die Lachsscheiben mit der Sauerampfersoße überziehen und sofort servieren.
Beilage: Butterkartoffeln oder Salzkartoffeln.

Gebratene Lachsschnitten mit Estragonsoße

4 Lachsschnitten von je 200 g,
2 EL Zitronensaft, Pfeffer, Salz,
Mehl zum Wenden,
60–80 g Butter zum Braten,
Aufgeschlagene Estragonsoße (Seite 214),
4 Artischockenböden (aus der Dose).

Die Lachsschnitten mit Zitronensaft, Pfeffer und Salz marinieren, in Mehl wenden, überschüssiges Mehl abschütteln. In heißer Butter auf jeder Seite etwa 4 Minuten braten. Die Schnitten auf einer vorgewärmten Platte anrichten.
Aufgeschlagene Estragonsoße zubereiten. Auf jede Lachsscheibe einen Artischockenboden setzen und mit Estragonsoße füllen, die restliche Soße extra servieren.
Beilagen: Nußkartoffeln, Stangenspargel.

Lachs vom Grill

Foto Seite 52

4 Scheiben Lachs von etwa 250 g,
4 EL Zitronensaft, 4 EL Öl, Salz,
4 Zitronenspalten, 1 Bund grüner Dill.

Die Lachsscheiben 30 Minuten in Zitronensaft und Öl marinieren. Im vorgeheizten Grill oder auf dem Rost bei guter Hitze grillen, evtl. einmal wenden. Grillzeit insgesamt etwa 8 Minuten. *Garprobe:* Wenn man die Mittelgräte mit der Messerspitze leicht herausnehmen kann, ist der Fisch gar. Die Lachsscheiben auf heißer Platte oder portionsweise auf Tellern anrichten, leicht salzen. Mit Zitronenspalten und grünem Dill garnieren.
Beilagen: Butterkartoffeln, frische Erbsen, Kräuterbutter, Meerrettichsahne.

Lachsragout im Reisrand

Für dieses Rezept kann man Lachsabschnitte oder ein Kopf- oder Schwanzstück verwenden.

500 g gekochtes Lachsfleisch,
200 g Champignons, in Scheiben geschnitten,
30 g Butter, 1 EL Zitronensaft, Salz, Pfeffer,
Legierte Weiße Soße (Seite 211), 150 g Scampi oder Krabben ohne Schale, Reisrand (Seite 219), Petersilie, gehackt.

Das Lachsfleisch von Haut und Gräten befreien, in kleine Stücke zerpflücken. Die Champignons in heißer Butter mit Zitronensaft 5 Minuten dünsten, mit Salz und Pfeffer würzen. Legierte weiße Soße zubereiten; zum Aufgießen verwendet man den Sud, in dem das Lachsfleisch gegart wurde. Die überbrausten, abgetropften Krabben oder Scampi, die gedünsteten Champignons und das Lachsfleisch in die Soße geben.
Reis in der Randform zubereiten, auf eine runde Platte stürzen. Das Ragout in den Reisrand füllen, mit Petersilie bestreuen.

Gebeizter Lachs, Gravlax

Foto Seite 51

Diese nordische Spezialität ist, ebenso wie geräuchter Lachs, eine geschätzte Delikatesse der Kalten Küche. Lassen Sie vom Fischhändler den Lachs längs halbieren und die Gräten auslösen. Auch alle feinen Gräten müssen entfernt werden. Die Haut bleibt daran.

1 kg Lachs (Mittelstück), entgrätet und halbiert,
6 EL Salz, 2 EL Zucker, 1 EL weiße Pfefferkörner, gestoßen, 4 Bund Dill, fein gewiegt, 1 Bund Dill zum Garnieren.

Die beiden Lachshälften mit der Hautseite nach unten auf eine Platte legen. Die Innenseiten mit der Mischung aus Salz, Zucker und Pfeffer einreiben. Den Dill darüberstreuen. Die beiden Lachshälften aufeinanderlegen, Hautseite nach außen. Den Lachs mit Klarsichtfolie oder einer dicken Lage Pergamentpapier abdecken, ein flaches Brett darüberlegen und mit Gewichten oder Steinen oder Konservendosen beschweren. An einem kühlen Ort zwei Tage beizen lassen. Den Fisch täglich mehrmals mit der sich bildenden Beizflüssigkeit begießen, gelegentlich umdrehen.
Den Lachs abtropfen lassen, trockentupfen. Mit der Hautseite nach unten auf ein Brett legen. Den Dill abschaben. Mit einem langen, dünnen Messer leicht schräg in sehr dünne Scheiben schneiden. Auf einer Platte anrichten, mit Dillstrauß garnieren.
Beilagen: Toastbrot, Butter, Senfmayonnaise mit feingewiegten grünen Kräutern, Meerrettichsahne, Kapern. Zu gebeiztem Lachs schmecken auch neue Kartoffeln, in der Schale gekocht, oder Butterkartoffeln.

Variation

Gravlax mit Senfsoße: In Schweden serviert man zu Gravlax folgende Senfsoße: 1½ EL mittelscharfen Senf, 1½ EL Zucker und 1½ EL Weinessig mit dem Schneebesen sämig rühren, nach und nach 6 EL Öl darunterschlagen. Die Soße mit ½ TL Salz und frisch gemahlenem Pfeffer abschmecken. Zum Schluß 1 TL Wasser und 1 EL gehackten Dill darunterrühren.

Räucherlachs

Pro Person etwa 50 g Räucherlachs.
Zum Garnieren: *Zitronenscheiben, Kapern, Aspik.*

Hauchdünn geschnittene Scheiben von Räucherlachs auf einer Platte anrichten. Mit Zitronenscheiben, Kapern und gehacktem Aspik garnieren.
Beilagen: Toastbrot, Butter.

Huchen

Der Huchen, auch Donaulachs genannt, gehört zur Familie der Lachsfische. Man findet ihn nur im Stromgebiet der oberen und mittleren Donau, wo er in kühlen, schnellfließenden, sauerstoffreichen Gewässern mit kiesigem Untergrund lebt. Leider trifft man ihn heute nur noch selten an. Man führt dies, wie auch den Rückgang der anderen Edelfischbestände, auf die zunehmende Verschmutzung der Gewässer zurück.
Der Huchen hat einen langgestreckten, runden Körper und einen langen, abgeflachten Kopf mit weiter Mundspalte. Die Farbe des Rückens ist bräunlich oder grünlichgrau. Typisch ist die Färbung der Seiten in rötlichem Kupferglanz; regional wird er daher auch Rotfisch genannt. Er erreicht einen mittlere Länge von 60–120 cm, maximal 150 cm. Laichzeit März bis April.
Der Huchen hat weißes, festes, wohlschmeckendes Fleisch. Es kann wie Lachs (siehe Seite 53 ff.) zubereitet werden. Filets werden gerne wie Schnitzel in der Pfanne gebraten. Besonders gut geeignet ist das Fleisch auch für Gerichte aus durchgedrehtem Fischfleisch.

Geschmorter Huchen

1,5 kg Huchen (ganzer Fisch oder ein Mittelstück), Salz, 4 EL Zitronensaft, 30 g Butter, 300 g Wurzelgemüse (Zwiebel, Karotten, Sellerie, Lauch), in Scheiben geschnitten, etwa 1 l Flüssigkeit (halb Weißwein, halb Fischbrühe), Kräutersoße (Seite 210), 8 Zitronenspalten, krause Petersilie.

Den gesäuberten Huchen am Rückgrat entlang 1 cm tief einschneiden oder an den Seiten einige schräge Einschnitte machen, um das Garen zu erleichtern. Eine Stunde vor der Zubereitung mit Zitronensaft und Salz marinieren.
Das Gemüse in heißer Butter andünsten, auf den Boden des Fischkochkessels streuen. Den gelochten Einsatz daraufgeben. Den Fisch auf den Einsatz legen oder – um ihn standfest zu machen – mit geschälten Kartoffeln füllen und auf den Einsatz stellen. So viel Wein und Fischbrühe aufgießen, daß der Fisch bis zu einem Viertel seiner Höhe in Flüssigkeit liegt. Die Flüssigkeit auf dem Herd zum Kochen bringen, den Fischkochkessel zudecken, in den auf 200 °C vorgeheizten Ofen schieben. Während der Garzeit den Deckel einen Spalt offen lassen, damit ein Teil der Flüssigkeit verdunsten kann; der Fisch muß häufig mit der einkochenden Flüssigkeit begossen werden, damit er feucht bleibt und die Haut schön glänzend wird. Garzeit etwa 40 Minuten; der Fisch ist gar, wenn sich die Rückenflosse leicht herausziehen läßt. Auch durch einen Stich hinter die Kiemen kann man prüfen, ob er gar ist.
Den Fisch nach beendeter Garzeit herausnehmen und auf die vorgewärmte Anrichteplatte gleiten lassen, zugedeckt warm halten.
Die Garflüssigkeit bei starker Hitze kurz ein-

kochen, durchpassieren und zum Aufgießen der Kräutersoße verwenden. Man reicht sie gesondert zum Fisch. Den Huchen mit Zitronenspalten und Petersiliensträußchen garnieren.
Beilagen: Salzkartoffeln, Salat.

Huchen im Speckhemd

1,5 kg Huchen (ganzer Fisch oder ein schönes Mittelstück), Salz, Pfeffer, 4 EL Zitronensaft, 40 g Butter, 1 Zwiebel und 3 EL Petersilie, gehackt, 6 dünne Scheiben durchwachsener Räucherspeck, 1/8–1/4 l Weißwein, 3 EL Crème fraîche.

Den Fisch am Rückgrat entlang 1 cm tief einschneiden oder ziselieren. Eine Stunde vor der Zubereitung mit Salz, Pfeffer und Zitronensaft marinieren.
In einer feuerfesten Form die Butter erhitzen, mit der Hälfte der Zwiebel-Petersilien-Mischung ausstreuen, den Fisch hineinlegen, in der Butter wälzen. Den Rest der Zwiebel-Petersilien-Mischung über den Fisch streuen, die Speckscheiben darüberlegen. Seitlich 1/8 l Wein angießen. In den auf 200 °C vorgeheizten Ofen schieben und braten. Den Fisch während der Garzeit häufig mit der Bratflüssigkeit begießen; bei Bedarf noch etwas Wein angießen. Garzeit etwa 40 Minuten. Der Fisch ist gar, wenn sich die Rückenflosse leicht herausziehen läßt.
Den Huchen herausnehmen und warm halten. Den Speck abnehmen, klein schneiden und in die Soße geben. Die Soße mit Pfeffer und Crème fraîche abschmecken. Den Fisch wieder in die Bratform geben und in der Soße servieren.
Beilagen: Salzkartoffeln, Salat.

Gefüllter Huchen

1 Huchen von etwa 1,5 kg, Salz, Pfeffer, 4 EL Zitronensaft, Fischpüree mit Champignons (Seite 208), 40 g Butter, 1/2 Zwiebel und 1 EL Petersilie, gehackt, 30 g Butterflocken, 1/8–1/4 l trockener Weißwein.
Für die Soße: *1/8 l Sahne, 10 g Mehlbutter, 1 EL Senf.*

Den gesäuberten Huchen am Rückgrat entlang 1 cm tief einschneiden. Eine Stunde vor der Zubereitung innen und außen mit Salz, Pfeffer und Zitronensaft marinieren. Fischpüree mit Champignons zubereiten. Den Fisch mit der Masse füllen, den Bauch mit Rouladennadeln zustecken. Falls von der Fülle etwas übrig bleibt, kocht man Klößchen davon und garniert den Fisch damit.
Im Bräter oder in einer feuerfesten Form Zwiebel und Petersilie in heißer Butter kurz andünsten, den Fisch hineinlegen und in der Butter wälzen. Butterflocken über den Fisch verteilen. Seitlich 1/8 l Wein angießen, den Fisch mit gebuttertem Pergamentpapier abdecken. Im vorgeheizten Ofen bei 200 °C braten. Während der Bratzeit häufig mit der Soße begießen; bei Bedarf noch etwas Wein angießen. Garzeit etwa 40 Minuten. Den Fisch auf einer vorgewärmten Platte anrichten, zugedeckt warm halten.
Die Soße durchpassieren, mit Sahne auffüllen, durchkochen. Mit Mehlbutter leicht binden, mit Senf pikant abschmecken. Die Soße gesondert zum Fisch servieren.
Beilagen: Petersilienkartoffeln, Salat.

Huchenschnitzel

4 nicht zu dicke Huchenschnitzel,
2 EL Zitronensaft, Salz, Pfeffer,
einige EL Mehl, 2 Eier, verquirlt und gesalzen,
Semmelbrösel, reichlich Fett zum Backen,
4 Zitronenschnitzchen, krause Petersilie.

Das Fischfleisch mit Zitronensaft, Salz und Pfeffer marinieren. Die Schnitzel in Mehl wenden, überschüssiges Mehl abklopfen, durch die Eimasse ziehen, abtropfen lassen, in Semmelbröseln panieren, die Panade andrücken. Die Schnitzel in reichlich heißem Fett auf beiden Seiten goldbraun backen. Mit Zitronenschnitzen und Petersilie anrichten.
Beilagen: Tatarensoße, gemischter Salat.

Renke oder Felchen

Renken gedeihen in Mitteleuropa in fast allen größeren, tiefen Seen mit klarem, sauerstoffreichem Wasser. Die Fische aus den Holsteiner und den oberbayerischen Seen heißen *Renken,* im Bodensee nennt man sie *Felchen.* Man kennt sie auch unter der Bezeichnung Maräne, Reinanke, Blaufelchen. Renken werden auch künstlich gezüchtet.
Der langgestreckte, torpedoförmige, leicht zusammengedrückte Körper ist silberglänzend und mit großen Schuppen bedeckt. Es gibt zahlreiche, schwer unterscheidbare Arten. Alle haben die sog. Fettflosse ohne Flossenstrahlen zwischen Rücken- und Schwanzflosse. Die Laichzeit ist bei den meisten Renkenarten im Spätherbst und im Winter.
Die Renke hat weißes, sehr schmackhaftes, aber etwas trockenes Fleisch. Am besten schmecken Renken gebraten auf Müllerin Art oder gebacken, mit viel Butter zubereitet. Renkenfilets kann man pochieren und in feiner Soße servieren oder ebenfalls in Butter braten. Klein- und Zwergrenken werden am besten fritiert. Im übrigen können sie wie Forellen zubereitet werden. Sehr geschätzt ist auch die geräucherte Renke.

Pochierte Renke

4 Renken, Salz, Pfeffer,
4 EL Zitronensaft, 30 g Butter,
1/2 Zwiebel und 1 EL Petersilie,
gehackt, etwa 1/4 l Weißwein.
Für die Soße: *1 EL Mehlbutter, 1 Eigelb,*
4 EL Sahne, 2 TL Zitronensaft,
30 g frische Butter, 1 EL Petersilie, gehackt.

Die Renken mit Salz, Pfeffer und Zitronensaft marinieren. Eine feuerfeste Form üppig mit Butter ausstreichen, mit Zwiebel und Petersilie ausstreuen. Die Fische in die Form legen, so viel Wein angießen, daß sie nicht ganz bedeckt sind. Mit gebuttertem Pergamentpapier oder Alufolie abdecken. Auf dem Herd gerade zum Sieden bringen, dann in den vorgeheizten Ofen schieben und bei 200 °C etwa 20 Minuten pochieren. Die Renken herausnehmen, die Haut abziehen, auf vorgewärmter Platte anrichten und warm stellen.
Die Garflüssigkeit bei starker Hitze kurz einkochen, durchpassieren. Mit Mehlbutter leicht binden, noch 5 Minuten kochen. Die Soße vom Feuer nehmen, mit Eigelb und Sahne legieren, mit Zitronensaft würzen und abschmecken. Ein Stückchen frische Butter und Petersilie darunterrühren. Die Soße über die angerichteten Renken gießen, so daß Kopf und Schwanz noch zu sehen sind.
Beilagen: Salzkartoffeln, Feldsalat mit Speck.

Gekochte Renke

4 Renken, Einfacher Fischsud (Seite 203), 8 Zitronenscheiben, 1 EL Petersilie, gehackt.

Fischsud kochen, die Renken in den warmen Sud geben, gerade zum Kochen bringen, abschäumen. Den Topf zur Seite ziehen und die Fische 8–12 Minuten garziehen lassen; die Renken sind gar, wenn die Augen perlig-weiß heraustreten und sich die Rückenflosse leicht herausziehen läßt. Die Fische aus dem Sud nehmen, abtropfen lassen, auf einer vorgewärmten Platte mit Zitronenscheiben anrichten. Mit dem abgetropften Gemüse aus dem Fischsud garnieren, das Gemüse mit Petersilie bestreuen.
Beilagen: Salzkartoffeln, zerlassene Butter oder Holländische Soße.

Renkenfilets mit Pilzen und Tomaten

8 Renkenfilets, Salz, Pfeffer, 2 EL Zitronensaft, 40 g Butter für die Form, 50 g Schalotten, gehackt, 150 g Champignons oder Egerlinge, in Scheiben geschnitten, 150 g Tomaten, geschält, entkernt und in Würfel geschnitten, 2 EL gemischte grüne Kräuter (Basilikum Thymian, Petersilie), gehackt, 40 g Butterflocken, 4 EL Weißwein.

Die Renkenfilets mit Salz, Pfeffer und Zitronensaft marinieren. In einer feuerfesten Form die Butter zergehen lassen, die Schalotten und die Pilze hineingeben, leicht andünsten. Die Renkenfilets ziegelartig hineinlegen. Die Tomatenwürfel darüberstreuen. Mit Salz und Pfeffer würzen, die Kräuter darüberstreuen, mit Butterflocken belegen. Den Wein angießen. Im vorgeheizten Ofen bei 200 °C 15 Minuten braten. Bringen Sie die Renkenfilets in der Form im eigenen Saft zu Tisch.
Beilagen: Salzkartoffeln, Käsesoße.

Renkenfilets in Kräutersoße

8 Renkenfilets, Salz, Pfeffer, 2 EL Zitronensaft, 30 g Butter, 50 g Schalotten, gehackt, etwa 2/10 l trockener Weißwein.
Für die Soße: *1/8 l Sahne, 10 g Mehlbutter, 3 EL grüne Kräuter (Petersilie, Kerbel, Estragon, Dill), gehackt, Salz, Pfeffer.*

Die Renkenfilets mit Salz, Pfeffer und Zitronensaft marinieren. In einem flachen Topf oder einer feuerfesten Form die Butter zergehen lassen, die Schalotten leicht andünsten. Die Fischfilets falten und in die Form legen. So viel Wein angießen, daß die Renkenfilets knapp bedeckt sind. Bei schwacher Hitze zugedeckt 5–8 Minuten pochieren. Die Filets herausnehmen, abtropfen lassen, auf vorgewärmter Platte anrichten und zugedeckt warm halten.
Die Garflüssigkeit durch ein Sieb in den Soßentopf gießen und bei starkem Feuer kurz einkochen. Die Sahne dazugießen, auf zwei Drittel einkochen, mit Mehlbutter leicht binden. Die Kräuter darunterrühren. Die Soße abschmecken, über die angerichteten Renkenfilets gießen.
Beilagen: Salzkartoffeln oder Reis, Salat.

Renke Müllerin Art

Foto Seite 33

*4 kleine Renken, 5 EL Zitronensaft, Salz,
2 Bund Petersiliengrün, gehackt,
einige EL gesalzene Milch, Mehl zum Wenden,
reichlich Öl zum Braten, 4 Zitronenspalten zum Anrichten, 80 g Butter zum Übergießen.*

Die Renken werden geschuppt und gesäubert. Größere Fische schneidet man an den Seiten mehrmals schräg ein, damit sie gut durchbraten.
Die Renken mit 4 EL Zitronensaft und Salz marinieren, innen mit 2 EL Petersilie ausstreuen. Die Fische mit gesalzener Milch anfeuchten, in Mehl wenden, überschüssiges Mehl abschütteln.
In einer Stielpfanne gut 1/2 cm hoch Öl stark erhitzen. Die Renken auf beiden Seiten goldbraun braten. Auf einer vorgewärmten Platte anrichten, die Fische mit einigen Tropfen Zitronensaft beträufeln, mit Petersilie bestreuen und mit Zitronenspalten garnieren. In der Pfanne, in der die Renken gebraten wurden, die Butter erhitzen und über die angerichteten Fische gießen.
Beilagen: Petersilienkartoffeln, gemischter Salat.

Renke nach Tessiner Art

*4 kleine Renken, geschuppt und gesäubert,
4 EL Zitronensaft, Salz,
einige EL gesalzene Milch, Mehl zum Wenden,
reichlich Öl zum Braten.*
Für das Schmorgemüse: *3 EL Olivenöl,
1–2 Zwiebeln, gehackt, 2 Knoblauchzehen, zerdrückt, 8 schwarze Oliven, entsteint,
1 süßsaure Gurke, gewürfelt,
3 EL Petersilie, gehackt, Salz, Pfeffer.*

Zunächst das Schmorgemüse zubereiten: In heißem Öl Zwiebel, Knoblauch, Oliven, Gurke und Petersilie einige Minuten glasig dünsten, mit Salz und Pfeffer würzen.
Die Renken mit Zitronensaft und Salz einreiben, kurz einziehen lassen. Die Fische durch gesalzene Milch ziehen, in Mehl wenden, überschüssiges Mehl abschütteln. In einer Stielpfanne gut 1/2 cm hoch Öl erhitzen, die Renken auf beiden Seiten goldbraun braten, je Seite etwa 6 Minuten. Die Fische auf einer vorgewärmten Platte mit dem Schmorgemüse anrichten.

Renke, in Butter gebraten

*4 Renken, geschuppt und gesäubert,
Salz, weißer Pfeffer, 4 EL Zitronensaft,
2 EL Kerbel, gehackt, 4 EL Öl,
Mehl zum Wenden,
100 g Butter für die Form,
2 EL Petersilie, gehackt,
2 Zitronen, quer halbiert.*

Die Renken innen und außen mit Salz, Pfeffer und Zitronensaft marinieren, innen mit Kerbel ausstreuen. Die Fische rundum einölen, in Mehl wenden, überschüssiges Mehl abschütteln.
Die Butter in einer feuerfesten Form erhitzen, die Fische Kopf an Schwanz hineinlegen, in der Butter wälzen. In den vorgeheizten Ofen schieben, bei 200 °C etwa 20 Minuten braten. Während der Bratzeit häufig mit der Bratbutter begießen. Die Fische einmal umdrehen, damit beide Seiten schön braun werden. Die gebratenen Renken mit Petersilie bestreuen. Man serviert halbierte Zitronen dazu.
Beilagen: Salatplatte, Knoblauchmayonnaise oder Tatarensoße.

Gebratene Renke

4 Renken, geschuppt und gesäubert, Salz, Pfeffer, 4 EL Zitronensaft, 80–100 g zerlassene Butter, ½ Zwiebel und 3 EL Petersilie, gehackt, 2 EL Semmelbrösel.
Für die Soße: *etwas Weißwein, 2 TL Senf, 2 EL Crème fraîche.*

Die Fische flach auseinanderlegen und vorsichtig Rücken- und Seitengräten auslösen. Mit Salz, Pfeffer und Zitronensaft einreiben. Eine feuerfeste Form üppig mit Butter ausstreichen, mit der Hälfte der Zwiebel-Petersilien-Mischung ausstreuen. Die Renken mit der Haut nach oben hineinlegen. Zuerst die restliche Zwiebel-Petersilien-Mischung, dann die Semmelbrösel darüberstreuen, mit der restlichen Butter beträufeln. Im vorgeheizten Ofen bei 200 °C etwa 15 Minuten braten.
Man kann die Fische im eigenen Saft anrichten, oder, falls Soße gewünscht wird, den Bratensatz mit etwas Wein aufgießen, kurz einkochen und mit Senf und Crème fraîche pikant abschmecken.
Beilagen: Butterkartoffeln, grüner Salat.

Renkenfilets mit warmer Kräuterbutter

8 Renkenfilets, Salz, weißer Pfeffer, 2 EL Zitronensaft, 2 gesalzene Eier, 2 EL Öl, Semmelbrösel, 80–100 g Butter zum Braten, 80 g Kräuterbutter (S. 216), 4 Zitronenspalten.

Die Renkenfilets mit Salz, Pfeffer und Zitronensaft würzen. Die Eier salzen, mit dem Öl verquirlen, die Fischfilets durch die Eimasse ziehen, abtropfen lassen, in Semmelbröseln wälzen, die Panade andrücken.

Die Filets in nicht zu heißer Butter auf beiden Seiten goldbraun braten. Auf vorgewärmter Platte anrichten. Die Kräuterbutter erwärmen und über die Filets gießen. Mit Zitronenspalten garnieren.

Gefüllte Renke

Anstelle der hier angegebenen Fülle aus eingeweichter Semmel und Pilzen können Sie eine beliebige andere Fülle wählen. Vorschläge dazu finden Sie auf Seite 206 ff.

4 Renken, geschuppt und gesäubert, 4 EL Zitronensaft, Salz, Pfeffer.
Für die Füllung: *1 Semmel, in Würfel geschnitten, etwas lauwarme Milch zum Einweichen, ½ Zwiebel und 2 EL Petersilie, gehackt, 100 g Pilze, gehackt, 30 g Butter, 1 Ei, Salz, Semmelbrösel bei Bedarf.*
Zum Braten: *60 g Butter, 50 g Frühlingszwiebeln, gehackt, 1 Knoblauchzehe, Salz, Pfeffer, 3 Stengel Petersilie, 2 vollreife Tomaten, geschält, 3 EL Öl, 1 Msp Suppenwürze.*

Die Renken flach auseinanderlegen, vorsichtig die Rückengräte und die Seitengräten auslösen. Die Fische mit Zitronensaft, Salz und Pfeffer würzen.
Für die Füllung die Semmelwürfel in so viel lauwarmer Milch einweichen, daß sie gut angefeuchtet sind. Zwiebel, Petersilie und Pilze in heißer Butter kurz andünsten, zu den Semmelwürfeln geben. Das Ei daruntermischen, mit Salz abschmecken. Falls die Masse zu weich ist, bindet man sie mit Semmelbröseln. Die Renken füllen, den Bauch mit Rouladennadeln zustecken.

In einer feuerfesten Form die Butter zergehen lassen, mit den Frühlingszwiebeln ausstreuen. Die Fische hineinlegen und in der Butter wälzen. Knoblauch mit Salz, Pfeffer und Petersilienblättchen im Mörser zerstoßen, die Tomaten dazugeben und zerdrücken, Öl und Suppenwürze daruntermischen. Die Fische mit dieser Masse bedecken. Im vorgeheizten Ofen bei 200 °C etwa 25 Minuten braten. Die Fische in der Form servieren.
Beilagen: Petersilienkartoffeln, Blattspinat, gedünstete Zucchini.

Äsche

Die Äsche kommt in kühlen, klaren, schnellfließenden Gewässern in fast ganz Europa vor. Leider sind die Bestände teilweise sehr stark zurückgegangen.
Man erkennt die Äsche an ihrer ungewöhnlich hohen und langen, violettrot und schwarz marmorierten Rückenflosse (Fahne). Der Kopf ist klein, keilförmig, mit spitzer Schnauze und kleiner Mundspalte. Zwischen Rücken- und Schwanzflosse hat sie die kleine Fettflosse ohne Flossenstrahlen. Die Schuppen sind klein, hart und mitunter schwer zu entfernen. Die Äsche erreicht eine mittlere Länge von 25–50 cm. Laichzeit März bis Juni.
Die Äsche hat sehr feines, wohlschmeckendes Fleisch, das einen charakteristischen, an Thymian erinnernden Geruch aufweist; daher der wissenschaftliche Name Thymallus. Den Thymiangeschmack unterstreicht man bei der Zubereitung noch durch Beigabe von frischem Thymian.
Kleine Äschen bereitet man wie Forelle zu, die großen können wie Lachsforelle verwendet werden.

Gekochte Äsche in Thymiansoße

4 Äschen, gesäubert, 1½ l Wasser, ½ l trockener Weißwein, 1 Zitrone, geschält und in Scheiben geschnitten, 2 EL Salz, 1 TL Zucker, je 1 Zweig Thymian und Petersilie.
Für die Soße: *30 g Butter, 30 g Mehl, ⅜ l Flüssigkeit (halb Fischsud, halb Milch), Salz, weißer Pfeffer, 1 Eigelb, 6 EL Sahne, 30 g frische Butter, Thymian, fein gewiegt.*

Das Wasser mit allen Zutaten 15 Minuten kochen. Die Fische in den heißen Sud geben, gerade zum Kochen bringen, abschäumen, den Topf zur Seite ziehen und die Äschen 8–12 Minuten garziehen lassen. Sie sind gar, wenn die Augen perlig-weiß heraustreten und sich die Rückenflosse leicht herausziehen läßt. Die Fische aus dem Sud nehmen, abtropfen lassen, die Haut abziehen. Zugedeckt warm stellen, bis die Soße zubereitet ist.
Aus Butter und Mehl eine helle Einbrenne anrühren, mit Fischsud und Milch aufgießen. Mit Salz und Pfeffer würzen, die Soße gut durchkochen. Eigelb mit Sahne verquirlen und die Soße damit legieren, ein Stückchen frische Butter darunterrühren. Die Soße dezent mit fein gewiegtem Thymian abschmecken. Einen Teil der Soße über die angerichteten Äschen gießen, so daß Kopf und Schwanz noch zu sehen sind. Die restliche Soße extra servieren.

Pochierte Äsche in Weinsoße

4 Äschen, gesäubert, Salz, Pfeffer,
4 EL Zitronensaft, 4 kleine Zweige Thymian,
30 g Butter, 50 g Schalotten und
1 EL Petersilie, gehackt,
etwa ¼ l trockener Weißwein.
Für die Soße: *3 Eigelb, 50 g Butter.*

Die Äschen mit Salz, Pfeffer und Zitronensaft marinieren, in den Bauch jeweils einen Thymianzweig legen.
In einer feuerfesten Form die Butter zergehen lassen, mit Schalotten und Petersilie ausstreuen. Die Fische in die Form legen. So viel Wein angießen, daß sie knapp bedeckt sind. Mit gebuttertem Pergamentpapier oder Alufolie abdecken. Auf dem Herd gerade zum Sieden bringen, dann in den vorgeheizten Ofen schieben und bei 200 °C etwa 15 Minuten pochieren. Die Äschen herausnehmen, abtropfen lassen, die Haut abziehen, zugedeckt warm stellen.
Die Garflüssigkeit bei starker Hitze auf zwei Drittel einkochen, durchpassieren. Die Eigelb mit etwas Sud verquirlen und mit dem Schneebesen in die heiße, jedoch nicht kochende Flüssigkeit rühren. Ein Stückchen frische Butter darunterschlagen. Die Fische auf einer vorgewärmten Platte anrichten, mit der Soße überziehen. Köpfe und Schwänze sollen jedoch noch zu sehen sein.
Beilagen: Petersilienkartoffeln, grüner Salat, Tomatensalat.

Äsche, in Ei gebraten

4 kleine Äschen, geschuppt und gesäubert, Salz, Pfeffer, 4 EL Zitronensaft, je 1 EL Petersilie und Thymian, gehackt, Mehl zum Wenden, 2 Eier, verquirlt und gesalzen, reichlich Öl zum Braten, 1 EL Zitronensaft zum Beträufeln, 80 g Butter zum Übergießen, krause Petersilie.

Die Äschen innen und außen mit Salz, Pfeffer und Zitronensaft einreiben, innen mit Petersilie und Thymian ausstreuen. Die Fische in Mehl wenden, überschüssiges Mehl abschütteln, durch die Eimasse ziehen, abtropfen lassen.
In der Stielpfanne in reichlich heißem Öl auf beiden Seiten braten, je Seite etwa 6 Minuten. Die Fische auf vorgewärmter Platte anrichten, mit Zitronensaft beträufeln, mit schaumigheißer Butter übergießen. Die Platte mit Petersilie garnieren.

Variation
Äsche Müllerin Art: Sie wird zubereitet wie Forelle (Seite 40).

Gebratene Äschenfilets

8 Äschenfilets, Salz, Pfeffer, 2 EL Zitronensaft,
Mehl zum Wenden, 100 g Butter,
2 EL Petersilie, gehackt,
4 Zitronenspalten, krause Petersilie,
nach Belieben 20 g gehobelte Mandeln.

Die Äschenfilets mit Salz, Pfeffer und Zitronensaft marinieren. In Mehl wenden, überschüssiges Mehl abschütteln.
Die Filets in der Stielpfanne in 70 g heißer Butter auf beiden Seiten goldbraun braten. Auf vorgewärmter Platte anrichten, mit ge-

hackter Petersilie bestreuen. Die Platte mit Zitronenspalten und Petersiliensträußchen garnieren. Ein Stückchen frische Butter in die Pfanne geben, gehobelte Mandeln darin anbräunen, über die angerichteten Äschenfilets gießen.

Gratinierte Äsche

750 g Fleisch von gekochten oder pochierten Äschen, 5 EL Zitronensaft, 150 g kleine Champignons, 1/10 l Wasser, 1 Prise Salz, 20 g Butter, Käsesoße (Seite 211), 30 g Butter für die Form, 2 EL geriebener Käse, 30 g Butterflocken.

Das Fischfleisch von Haut und Gräten befreien, mit 4 EL Zitronensaft säuern. Die Champignons in einem Sud aus gesalzenem Wasser, Butter und 1 EL Zitronensaft etwa 5 Minuten dünsten. Eine leichte Käsesoße zubereiten.
Eine flache Auflaufform mit Butter ausstreichen, ein wenig von der Käsesoße hineingeben. Das Fischfleisch und die Champignons darauf verteilen, die restliche Soße darübergießen. Mit Käse bestreuen und mit Butterflokken belegen. Im vorgeheizten Ofen bei 230 °C etwa 15 Minuten gratinieren.

Variation
Verwenden Sie anstelle der Käsesoße eine Weißweinsoße und überbacken Sie die Speise im Ofen.

Gefüllte Äsche

Es können auch andere Füllungen als die hier angegebene verwendet werden (Rezeptvorschläge Seite 206 ff.). Es empfiehlt sich, die Fische vor dem Füllen zu entgräten.

4 kleine Äschen, geschuppt und gesäubert, Salz, Pfeffer, 4 EL Zitronensaft, 2 TL Thymian, gehackt.
Für die Füllung: *30 g Butter, 1/2 Zwiebel, 2 EL Petersilie, 2 EL Mixed Pickles, 3–4 Sardellenfilets, 50 g gekochter Schinken, alles fein gehackt, 1 Ei, etwa 3 EL Semmelbrösel.*
Einige EL Milch, Mehl zum Wenden, reichlich Öl zum Braten, 4 Zitronenspalten, 3 EL Petersilie zum Bestreuen, 80 g Butter zum Übergießen.

Die Äschen mit Salz, Pfeffer und Zitronensaft marinieren, innen mit Thymian würzen.
Für die Füllung die Butter schaumig rühren, mit Zwiebel, Petersilie, Mixed Pickles, Sardellen, Schinken und Ei vermischen. So viel Semmelbrösel daruntermischen, daß die Masse ausreichend gebunden ist. Die Fische füllen, wieder in Form bringen, mit Rouladennadeln zustecken. Die Äschen mit Milch anfeuchten, in Mehl wenden, überschüssiges Mehl abschütteln.
In einer Stielpfanne gut 1/2 cm hoch Öl erhitzen. Die Äschen auf jeder Seite etwa 6 Minuten goldbraun braten. Die Fische auf einer vorgewärmten Platte mit Zitronenspalten anrichten, mit Petersilie bestreuen. Mit brauner Butter übergießen und sofort servieren.
Beilagen: Salzkartoffeln, mit knusprig gebratenen Speckwürfelchen bestreut, Feldsalat, Endiviensalat, Kressesalat. Auch Kartoffelsalat und Remouladensoße passen dazu.

Äsche vom Grill

Hat man größere Äschen zu grillen, so schneidet man sie vor dem Marinieren an den Seiten mehrmals schräg ein. Sie werden würziger und außerdem gleichmäßiger und schneller gar.

4 mittelgroße Äschen, geschuppt und gesäubert.
Für die Marinade: *Salz, Pfeffer, 4 EL Zitronensaft, 1–2 EL grüne Kräuter (Thymian, Petersilie, Rosmarin), fein gewiegt, 1/2 TL Streuwürze, 1 zerdrückte Knoblauchzehe, 6 EL Öl, 4 Thymianzweige.*

Salz, Pfeffer, Zitronensaft, Kräuter, Streuwürze, Knoblauch und Öl verquirlen. Die Fische innen und außen mit der Marinade einreiben. In jeden Fisch einen kleinen Thymianzweig legen. Eine Stunde einziehen lassen.
Den Grill vorheizen, die Fische auf den geölten Rost legen. Bei nicht zu starker Hitze auf jeder Seite etwa 10 Minuten grillen; mehrmals mit der Marinade bestreichen.
Beilagen: Knoblauchmayonnaise, Fladenbrot.

Karpfen

Der Karpfen gedeiht in stehenden oder langsam fließenden, warmen Gewässern mit Schlamm- oder Sandgrund und Pflanzenbewuchs. Als Teichfisch wurde er schon im frühen Mittelalter in Europa eingeführt.
Durch Zucht und Auslese wurden aus der Stammform, dem Schuppenkarpfen, verschiedene Karpfenstämme gezüchtet, sowohl hochrückige als auch gestreckte, breitrückige Formen. Nach der Beschuppung unterscheidet man: *Schuppenkarpfen,* mit vollständigem Schuppenkleid; *Spiegelkarpfen,* mit nur wenigen großen, unregelmäßig verteilten »Spiegelschuppen«; *Zeilkarpfen,* mit einer Reihe gleichgroßer Schuppen entlang der Seitenlinie; *Nackt- oder Lederkarpfen,* schuppenlos oder mit nur wenigen Schuppen.
Der Karpfen hat als wichtiger Zuchtfisch der Teichwirtschaft große wirtschaftliche Bedeutung. Bei zusätzlicher Fütterung werden die Fische im dritten Sommer 1–2 kg schwer. Die Laichzeit ist Mai bis Juli.
Der Karpfen ist ein beliebter Speisefisch. Sein Fleisch ist sehr schmackhaft, doch etwas fett und ziemlich grätenreich. Im Herbst werden die Karpfenteiche abgelassen und die Fische regelrecht »geerntet«. Alle Teichkarpfen sollten vor dem Töten einige Zeit in fließendem Wasser gehalten werden, um den Schlammgeruch zu beseitigen; die Kiemen werden vor der Zubereitung aus dem gleichen Grund entfernt.
Lebendfrische Karpfen von mittlerer Größe werden gerne blaugekocht. Man kann sie auch in Rotwein dünsten, im Ofen braten, füllen, in Folie garen. Sehr beliebt ist gebackener Karpfen. Die Karpfenmilch, das Samenpaket des männlichen Fisches, gilt als besondere Delikatesse. Man kann sie in Butter braten oder in wenig Flüssigkeit pochieren. Den Karpfenrogen verwendet man für Suppe oder roh, mit Mayonnaise vermischt.

Karpfen blau

Karpfen zum Blaukochen muß ganz frisch sein. Die Schleimschicht auf der Haut nicht verletzen! Den Fisch also nicht schuppen, mit nassen Händen anfassen, evtl. unter Wasser ausnehmen. Rogen oder Karpfenmilch legt man für spezielle Zubereitung beiseite.
Zum Blaukochen im Ganzen eignen sich kleine Karpfen am besten. Einen sehr dicken

Karpfen schneidet man am Rückgrat entlang 1–2 cm tief ein oder ziseliert ihn, damit das Fischfleisch gleichmäßig gar wird. Hat man einen sehr großen Karpfen zu kochen, so schneidet man ihn quer in Portionsstücke oder teilt ihn der Länge nach in zwei Teile.

1 lebendfrischer Karpfen von 1–1,5 kg, 4 EL Essig zum Übergießen, Blausud (Seite 203), 8 Zitronenspalten, krause Petersilie.

Den Karpfen auf eine Platte legen und mit Essig übergießen, damit er recht schön blau wird. Den Blausud zubereiten. Einen ganzen Karpfen setzt man im kalten Sud zu, Stücke gibt man in den heißen Sud.
Den Fisch gerade zum Kochen bringen, dann den Topf zurückziehen und bei reduzierter Hitze garziehen lassen (nicht kochen!). Die Garzeit beträgt etwa 20 Minuten; für einen sehr großen, im Ganzen gekochten Karpfen können auch 40 Minuten nötig sein. Karpfenstücke sind in 8–10 Minuten gar. Den Karpfen aus dem Sud nehmen, abtropfen. Auf vorgewärmter Platte anrichten. Mit Zitronenspalten und Petersiliensträußchen garnieren.

Karpfen blau in Alufolie

Einen Karpfen vorbereiten wie zum Blaukochen. Innen mit Salz und Pfeffer würzen, außen nicht würzen. Eine starke Alufolie in entsprechende Größe schneiden, so daß man den Fisch einschlagen und die Ränder falzen kann.
Die Folie mit zerlassener Butter bestreichen. Den Karpfen mit einer geschälten Kartoffel füllen und auf die Folie stellen. Eine halbe Tasse Essig mit einer halben Tasse Salzwasser verdünnen, Zwiebelscheiben dazugeben und 10 Minuten kochen. Einige Eßlöffel von diesem Sud über den Karpfen gießen, bis die Haut gleichmäßig angefeuchtet und blau ist. Den Fisch locker in die Folie einschlagen, die Ränder sorgfältig falzen, daß kein Saft austreten kann. Das Folienpaket auf die Grillpfanne legen und in den auf 240 °C vorgeheizten Ofen schieben. Nach 10 Minuten die Hitze auf 200 °C reduzieren. Garzeit etwa 45 Minuten.

Wurzelkarpfen

Einen sehr dicken Karpfen schneidet man am Rückgrat entlang 1–2 cm tief ein oder man macht an den Seiten einige schräge Einschnitte. Hat man einen sehr großen Karpfen zuzubereiten, so halbiert man ihn der Länge nach oder man schneidet ihn quer in Portionsstücke.

1 Karpfen von etwa 1,5 kg, gesäubert, Wurzelsud (Seite 204), 2 EL Petersilie.

Den Wurzelsud kochen, durchseihen. Einen ganzen Karpfen setzt man im kalten oder lauwarmen Sud zu. Karpfenstücke gibt man in den kochenden Sud.
Den Fisch gerade zum Kochen bringen, dann den Topf zurückziehen und nahe dem Siedepunkt garziehen lassen (nicht kochen!). Garzeit 20–30 Minuten; für große Exemplare können auch 40 Minuten nötig sein. Karpfenstücke sind schon nach 8–10 Minuten gar. Den Karpfen herausnehmen, abtropfen lassen. Auf einer vorgewärmten Platte mit dem Wurzelgemüse aus dem Sud anrichten. Das Gemüse mit gehackter Petersilie bestreuen.
Kenner haben gern einige Löffel des aromatischen Sudes zu dem zarten Karpfenfleisch.
Beilagen: Salzkartoffeln, zerlassene Butter oder Remouladensoße.

Gesulzter Wurzelkarpfen

1 Karpfen von etwa 1,5 kg, 4 EL Zitronensaft, 3/4 l Wurzelsud (Seite 204), 1 Eiweiß und die zerdrückte Eierschale zum Klären.
Zum Garnieren: *2 Essiggurken und 2 hartgekochte Eier, in Scheiben geschnitten.*
Für die Sülze: *3/8 l Sud, 1/8 l Weißwein, 6 Blatt weiße Gelatine.*

Den Karpfen ausnehmen und filetieren, mit Zitronensaft beträufeln. Den Wurzelsud zubereiten, durchseihen. Die Karpfenfilets in den heißen Sud geben, nahe dem Siedepunkt 3 bis 5 Minuten pochieren. Im Sud erkalten lassen. Die Filets aus dem Sud nehmen, abtropfen lassen, enthäuten und die noch verbliebenen Gräten entfernen. In vier Portionen teilen. Das Fischfleisch auf einer Platte anordnen, zwischen die Fischportionen Gurken- und Eierscheiben stecken. Das Fischfleisch mit dem Gemüse aus dem Wurzelsud garnieren.
Den Sud durchseihen und leicht erwärmen, um ihn zu klären: Das Eiweiß halbsteif schlagen, mit der zerdrückten Eierschale in den Sud geben und unter öfterem Hochziehen mit dem Schneebesen zum Kochen bringen. Den Topf vom Feuer nehmen, eine halbe Stunde stehen lassen, bis die Eiweißhaut aufreißt. Den Sud durch ein Sieb gießen, das mit mehrlagigem Nesseltuch ausgelegt wurde.
Die Gelatine in kaltem Wasser 10 Minuten einweichen. 3/8 l geklärten Sud mit 1/8 l Wein auffüllen, pikant-säuerlich abschmecken (mit Salz, Pfeffer, einer Prise Zucker, evtl. etwas Essig oder Zitronensaft). Die Flüssigkeit erhitzen, aber nicht kochen. Die eingeweichte Gelatine ausdrücken, in der heißen Flüssigkeit auflösen und über die Karpfenstücke gießen. Einige Stunden in den Kühlschrank stellen, bis die Sülze steif geworden ist.

Karpfen im Zwiebelsud

Oder Schleie, Waller.

Das Rezept für dieses einfache, herzhafte Gericht stammt aus der Oberpfalz. Die Karpfenteiche sind dort ein bedeutender Wirtschaftszweig.

1 Karpfen von etwa 1,5 kg, geschuppt und gesäubert.
Für den Sud: *2 l Wasser, 1/8 l Essig, 1/4 l Weißwein, 2 EL Salz, 2 TL Zucker, 2 Lorbeerblätter, 8 Pfefferkörner, gestoßen, 2 TL Thymian, 600 g Zwiebeln, in Scheiben geschnitten.*
Zum Anrichten: *4–6 Semmeln, in Würfel geschnitten, 100–150 g Butter zum Rösten.*

Den Karpfen in vier Portionen teilen. Es ist zweckmäßig, die Gräten auszulösen. Die Fischabgänge (Kopf ohne Kiemen, Gräten, Schwanzstück) in einem Sud aus Wasser, Essig, Wein und den Gewürzen 30 Minuten kochen. Den Sud durchseihen. Die Zwiebeln in den Sud geben und 30 Minuten kochen, bis sie weich sind.
Die Karpfenstücke in den kochenden Zwiebelsud geben. An der Herdseite zugedeckt etwa 8 Minuten ziehen lassen.
Inzwischen die Semmelwürfel in heißer Butter goldgelb rösten (pro Person 1–1 1/2 Semmeln), in eine vorgewärmte Schüssel füllen und sehr heiß auftragen. Den Karpfen serviert man in dem dick eingekochten Zwiebelsud. Semmelwürfel und Fisch werden portionsweise auf die Teller verteilt. Dazu gibt man die Zwiebeln aus dem Sud und gießt einen Schöpflöffel voll Sud über die Semmelwürfel, die so heiß sein sollen, daß es zischt, wenn sie begossen werden.

Karpfen, in Rotwein pochiert

1 Karpfen von etwa 1,5 kg, geschuppt und gesäubert, 4 EL Zitronensaft, Salz, Pfeffer, 30 g Butter für die Form, 3 Schalotten, gehackt, 100 g Champignonköpfe, etwa $^1/_4$ l Rotwein, 1 Lorbeerblatt.
Für die Soße: *20 g Mehlbutter, 30 g frische Butter.*
Zum Garnieren: *Glasierte Zwiebelchen (Seite 218), 2 EL Petersilie, gehackt.*

Den Karpfen quer in 4 Portionsstücke schneiden. Mit Zitronensaft, Salz und Pfeffer marinieren. Glasierte Zwiebelchen zubereiten und für die Garnitur bereitstellen.
In einer feuerfesten Form die Butter zergehen lassen, die Schalotten und die Champignons hineinstreuen, leicht andünsten. Die Karpfenschnitten in die Form legen. So viel Rotwein angießen, daß die Karpfenstücke knapp bedeckt sind, das Lorbeerblatt dazugeben. Die Form mit Alufolie abdecken. Bei 200 °C etwa 15 Minuten im Ofen garen. Die Fischstücke und die Champignons herausnehmen und warm stellen.
Die Garflüssigkeit durch ein Sieb in den Soßentopf gießen, bei starkem Feuer rasch auf zwei Drittel einkochen. Mit Mehlbutter leicht binden. Abseits vom Feuer ein Stückchen frische Butter unter die Soße ziehen. Die Fischstücke auf einer vorgewärmten Platte anrichten, mit gehackter Petersilie bestreuen. Mit den Champignonköpfen und den glasierten Zwiebelchen garnieren. Die Soße über die Fischstücke gießen.
Beilagen: Salzkartoffeln, mit Petersilie bestreut, Feldsalat, mit hartgekochtem, gehacktem Ei und Sardellenringen garniert.

Karpfenschnitten mit Kressesoße

1 kg Karpfen, portioniert, Salz, Pfeffer, 2 EL Zitronensaft, 40 g Butter, 3 Schalotten und 1 EL Petersilie, gehackt, etwa $^1/_4$ l trockener Weißwein.
Für die Soße: *20 g Speisestärke, 2 Eigelb, $^1/_4$ l Fischbrühe, 50 g Butter, Salz, Pfeffer, 1 Prise Zucker, 1 EL Weißwein, 3 EL Sahne, 2 EL Kresse, fein gewiegt.*

Die Karpfenstücke mit Salz, Pfeffer und Zitronensaft marinieren. Die Butter in einer feuerfesten Form zergehen lassen, mit Schalotten und Petersilie ausstreuen. Die Fischstücke in die Form legen. So viel Wein angießen, daß die Karpfenstücke knapp bedeckt sind. Die Form mit Alufolie abdecken. Auf dem Herd gerade zum Sieden bringen, die Form dann in den vorgeheizten Ofen schieben, bei 200 °C etwa 15 Minuten pochieren. Die Karpfenstücke herausnehmen, auf vorgewärmter Platte anrichten.
Die Garflüssigkeit durch ein Sieb in den Soßentopf gießen, bei starkem Feuer kurz einkochen. In einem kleinen Topf die Speisestärke mit Eigelb und $^1/_4$ l der etwas abgekühlten Fischbrühe glattrühren. Im Wasserbad bei zunehmender Hitze mit dem Schneebesen abschlagen, bis die Masse dicklich wird (nicht kochen!). Nach und nach flöckchenweise die kalte Butter darunterschlagen. Die Soße mit Salz, Pfeffer, Zucker, Wein und Sahne abschmecken. Zum Schluß so viel feingewiegte Kresse daruntermischen, daß die Soße schön grün wird. Man serviert die Soße gesondert zum Fisch.
Beilagen: Salzkartoffeln, auch Nudeln oder Risotto passen dazu.

Paprikakarpfen

1 kg Karpfen, portioniert, 4 EL Öl zum Anbraten, Salz.
Für die Paprikasoße: *5 EL Öl, 200 g Zwiebel, gehackt, 2 EL Paprika edelsüß, 4 EL Rotwein, 1 Knoblauchzehe, zerdrückt, 2 Tomaten, geschält und geviertelt, Salz, 1 EL Mehl, 1/4 l saure Sahne.*

Die Karpfenstücke in heißem Öl auf beiden Seiten kurz anbraten, aber nicht ganz durchbraten. In eine feuerfeste Form legen, mit Salz bestreuen, warm stellen.
Die Zwiebeln in heißem Öl andünsten, den Paprika dazugeben und einmal aufzischen lassen, sofort mit dem Wein ablöschen. Knoblauch und Tomaten zugeben, salzen. Etwa 30 Minuten schmoren. Mehl mit saurer Sahne verquirlen und die Soße damit binden, bei milder Hitze noch 5 Minuten köcheln lassen. Die Soße durchpassieren, abschmecken, über die angebratenen Fischstücke gießen. Die Karpfenstücke noch einige Minuten in der Soße ziehen lassen. Den Fisch in der Form servieren.
Man kann die Karpfenstücke auch in der unpassierten Soße fertiggaren und anrichten.
Beilagen: Salzkartoffeln, grüner Salat, Gurkensalat.

Karpfen auf rumänische Art

1 mittelgroßer Karpfen, geschuppt und gesäubert, 2 EL Zitronensaft, Salz.
Für den Sud: *1/2 l Flüssigkeit (halb Wasser, halb Rotwein), 3–4 EL Öl, 1 Zitrone (Saft und dünn abgeschält Schale), 1 Karotte, 1 Zwiebel, 1 Knoblauchzehe, alles in Scheiben geschnitten, 1 Lorbeerblatt, 1 Zweig Thymian, 3 Petersilienstengel, 8 Pfefferkörner, Salz.*
Zum Pochieren: *3 EL Öl, 300 g Zwiebel, in Scheiben geschnitten, 2 Tomaten, enthäutet und halbiert.*

Den Karpfen mit Zitronensaft und Salz einreiben. Den Sud zubereiten: Wasser, Wein, Öl, Zitronensaft, Zitronenschale, Karotte, Zwiebel und Knoblauchzehe mit den Gewürzen 30 Minuten kochen, durchseihen.
Die Zwiebeln in heißem Öl glasig dünsten, in eine feuerfeste Form streuen. Den Karpfen darauflegen und mit den Tomaten umgeben. So viel Sud angießen, daß der Fisch knapp bedeckt ist. Die Form mit Alufolie abdecken, in den vorgeheizten Ofen schieben. Bei 180 °C 30–40 Minuten pochieren. Den Karpfen in der Garflüssigkeit auskühlen lassen. Er wird gut gekühlt zu Tisch gebracht.

Polnischer Karpfen

Für 4 bis 6 Personen

1 Karpfen von etwa 1,5 kg, geschuppt und gesäubert.
Für den Sud: *1 l Wasser, 200 g Wurzelgemüse (Sellerie, gelbe Rüben, Petersilienwurzel, Lauch), in feine Streifen geschnitten, 2 Zwiebeln, in Ringe geschnitten, Salz, 2 EL Essig, Gewürzsäckchen (10 Pfefferkörner, 8 Gewürzkörner – Piment –, 4 Nelken, 2 Lorbeerblätter).*
Für die Soße: *1/2 l helles Bier (Pils), 2 EL Zuckerrübensirup, etwa 200 g Soßenlebkuchen, etwas Essig, Salz, Mehlbutter, 100 g Rosinen, 100 g Walnußkerne.*

Den Karpfen in Portionsstücke teilen. Wasser mit Wurzelgemüse, Zwiebeln und den Gewürzen 30 Minuten kochen. Die Karpfenstücke in

den heißen Sud geben, etwa 5 Minuten ziehen lassen. Den Fisch herausnehmen und beiseite stellen.
Bier, Zuckerrübensirup und geriebenen Soßenlebkuchen in den Fischsud geben, mindestens 30 Minuten kochen lassen. Mit Essig, Salz und evtl. noch mit Rübensirup süßsauer abschmecken, das Gewürzsäckchen entfernen. Bei Bedarf die Soße noch mit Mehlbutter binden; sie soll dicklich-sämig sein. Die Soße durchpassieren, die Fischstücke hineinlegen und erhitzen. Rosinen und Walnußkerne in die Soße streuen.
Dies ist ein Rezept aus dem Egerland. Dort ißt man zum Polnischen Karpfen Hefeklöße.

Gefüllter Karpfen

Titelfoto

Man kann auch eine andere als die hier angegebene Füllung verwenden. Rezeptvorschläge dazu finden Sie auf Seite 206 ff.

1 Karpfen von etwa 1 kg, geschuppt und gesäubert, 3 EL Zitronensaft, Salz, Pfeffer.
Für die Füllung: *30 g Butter, 1 Zwiebel und etwas Petersiliengrün, gehackt, Karpfenmilch und -leber, gewässert und gehackt, 1 Semmel, in lauwarmer Milch eingeweicht, ausgedrückt und durchpassiert, 2 Eier, Salz, Muskat, einige EL Semmelbrösel.*
Zum Braten: *40 g Butter, 3 Schalotten und 1 EL Petersilie, gehackt, 500 g Tomaten, geschält und gewürfelt, 2/10 l Rotwein, 1/2 Lorbeerblatt, 2 Blättchen Basilikum.*
Für die Soße: *1/10 l Sahne, Salz, Pfeffer, 1 Msp Paprika edelsüß, 30 g frische Butter.*

Den Karpfen mit Zitronensaft, Salz und Pfeffer marinieren. Zwiebel, Petersilie, Karpfenmilch und -leber in Butter andünsten, zu der durchpassierten Semmel geben, die Eier daruntermischen. Mit Salz und Muskat würzen. So viel Semmelbrösel daruntermischen, daß die Masse genügend gebunden ist. Den Karpfen damit füllen, mit Rouladennadeln zustecken.
In einer feuerfesten Form die Butter zergehen lassen, Schalotten und Petersilie leicht andünsten. Den Karpfen in die Form legen und in der Butter wälzen. Die Tomaten um den Fisch legen. In den auf 200 °C vorgeheizten Ofen schieben und 5 Minuten anbraten. Dann den Wein angießen, Lorbeerblatt und Basilikum zugeben. Die Hitze auf 180 °C reduzieren und den Fisch noch etwa 30 Minuten garen; mehrmals mit der Bratflüssigkeit begießen, damit der Fisch nicht trocken wird. Den Karpfen herausnehmen, abtropfen lassen, auf eine vorgewärmte Platte legen, zugedeckt warm stellen.
Die Garflüssigkeit durchpassieren. Mit der Sahne auffüllen, bei starker Hitze auf etwa zwei Drittel einkochen. Mit Salz, Pfeffer und Paprika würzen. An der Herdseite ein Stückchen frische Butter darunterrühren. Die Soße getrennt zum Fisch servieren.
Beilagen: Salzkartoffeln, grüner Salat, Gurkensalat.

Variation
Geben Sie in die gebutterte, mit Schalotten und Petersilie ausgestreute Form aufgeblätterte Champignons oder Egerlinge. Man kann mit einer durchgepreßten Knoblauchzehe würzen und zum Braten etwas trockenen Weißwein angießen.

Gebratener Karpfen

Es ist zweckmäßig, den Karpfen mit geschälten, rohen Kartoffeln zu füllen. So bleibt er beim Braten aufrecht stehen, und man kann ihn bei Tisch gut tranchieren.

1 Karpfen von 1–1,5 kg, geschuppt und gesäubert, 3 EL Zitronensaft, Salz, Pfeffer, 2 EL Petersilie, gehackt, nach Belieben 1 durchgepreßte Knoblauchzehe.
Zum Braten: *40 g Butter, 100 g Schalotten und 3 EL Petersilie, gehackt, 30 g Butterflocken, 50 g Champignons, in Scheiben geschnitten, 1 Tomate, enthäutet, entkernt und gewürfelt, 1/10 l trockener Weißwein.*

Den Fisch innen und außen mit Zitronensaft, Salz, Pfeffer, Petersilie und nach Belieben auch mit Knoblauch einreiben.
In einer feuerfesten Form die Butter erhitzen, mit der Hälfte der Mischung aus Schalotten und Petersilie ausstreuen. Den mit Kartoffeln gefüllten Karpfen in die Form stellen, mit der restlichen Schalotten-Petersilien-Mischung bestreuen. Butterflocken auf dem Fisch verteilen. Die Champignons und die Tomatenwürfel an den Rand streuen. Den Wein angießen. Den Karpfen im vorgeheizten Ofen bei 200 °C etwa 30 Minuten braten; mehrmals mit dem Bratsaft begießen. Der Fisch ist fertig, wenn sich die Rückenflosse leicht herausziehen läßt. Servieren Sie den Karpfen in der Form im eigenen Saft.

Karpfenragout mit Aal

Für 4 bis 6 Personen

Für dieses Fischragout können auch andere Fische als Karpfen und Aal verwendet werden; man nimmt jedoch nach Möglichkeit verschiedene Fischsorten.

1 Karpfen von 1 kg, filetiert und in 4–6 Portionen geteilt, 750 g Aal, enthäutet und in 6 cm lange Stücke geschnitten, 4 EL Zitronensaft, Salz, Pfeffer.
Für die Soße: *60 g Butter, 200 g kleine Zwiebelchen, geschält, 2 EL Mehl, 3/4 l Flüssigkeit (halb Fischbrühe, Seite 205, halb Rotwein), 1 Kräuterbündel (Thymian, Dill, Petersilie und Lorbeerblatt, in Lauchstengel eingewickelt und gebunden), Salz, Pfeffer.*
Zum Anrichten: *1 EL Petersilie, gehackt, 3 Semmeln, in Würfel geschnitten und in 80 g Butter geröstet.*

Aus Kopf (ohne Kiemen) und Gräten des Karpfens, die beim Filetieren übrig geblieben sind, kocht man eine Fischbrühe und stellt sie bereit. Karpfen- und Aalstücke mit Zitronensaft, Salz und Pfeffer marinieren.
In einem flachen Topf die Butter erhitzen, die Zwiebelchen leicht anrösten (kleine Zwiebelchen bleiben ganz, größere muß man halbieren oder vierteln). Mehl darüberstäuben, unter beständigem Rühren goldgelb rösten. Nach und nach mit Fischbrühe und Wein ablöschen. Das Kräuterbündel hineingeben. Mit Salz und Pfeffer würzen, 30 Minuten leise kochen lassen.
Die Fischstücke in die Soße geben, zugedeckt bei milder Hitze etwa 20 Minuten garziehen lassen. Das Kräuterbündel herausnehmen. Das Ragout mit Petersilie bestreuen. Geröstete Semmelwürfel dazu servieren.

Gebackener Karpfen

Foto Seite 34

1 mittelgroßer Karpfen, 3 EL Zitronensaft, Salz, Pfeffer, einige EL Mehl, 2 Eier, verquirlt und gesalzen, Semmelbrösel, reichlich Fett zum Backen, 8 Zitronenscheiben, krause Petersilie.

Den Karpfen schuppen, Flossen abschneiden, ausnehmen und gründlich waschen. Den Fisch quer in 3 cm dicke Scheiben schneiden oder der Länge nach halbieren und portionieren. Die Fischstücke mit Zitronensaft, Salz und Pfeffer eine halbe Stunde marinieren. Die Karpfenstücke in Mehl wenden, überschüssiges Mehl abschütteln, dann durch die gesalzene Eimasse ziehen und in Semmelbröseln panieren, die Panade andrücken.
In der Stielpfanne etwa 2 cm hoch Fett (Öl) stark erhitzen, die Karpfenscheiben auf beiden Seiten goldbraun backen. Das Backfett abtropfen lassen, die Karpfenschnitten auf einer vorgewärmten Platte anrichten. Mit Zitronenscheiben und Petersilie garnieren.

Gebackener Karpfen Aischgründer Art

Für diese Spezialität aus den Karpfenteichen Mittelfrankens werden nur kleine Portionskarpfen verwendet. In reinem Butterschmalz ausgebacken, schmecken sie am besten.

4 Portionskarpfen, Salz, 4 EL Zitronensaft, einige EL Milch, Mehl, 2 Eier, verquirlt und gesalzen, Semmelbrösel, reichlich Fett zum Backen, 4 Zitronenspalten zum Garnieren.

Die Karpfen schuppen, ausnehmen und gründlich waschen, die Flossen bleiben daran. Innen und außen mit Salz und Zitronensaft einreiben, eine halbe Stunde einziehen lassen. Die Karpfen mit Milch anfeuchten, in Mehl wenden, überschüssiges Mehl abschütteln, durch die Eimasse ziehen, abtropfen lassen, in Semmelbröseln panieren, die Panade andrücken.
In einem schweren Topf so viel Backfett (Öl, Butterschmalz) erhitzen, daß der Fisch darin schwimmen kann (oder volle Friteuse benützen). Die Karpfen, einen nach dem anderen, auf beiden Seiten goldbraun und knusprig bakken. Das Backfett abtropfen lassen, die Fische mit Zitronenspalten anrichten. Man verzehrt die Karpfen sehr heiß, samt den zarten, knusprigen Flossen.
Beilagen: Kartoffelsalat, grüner Salat, Feldsalat.

Gebratener Karpfen mit Knoblauchbutter

1 Karpfen von 1 kg, portioniert, Salz, Mehl zum Wenden, reichlich Öl zum Braten, 80 g Knoblauchbutter (Seite 216), 2 Senfgurken, 4 EL Tomatenpaprika aus dem Glas.
Für die Marinade: *1/8 l Öl, 4 EL Zitronensaft, 4 Knoblauchzehen, durchgepreßt, 3 TL Paprika edelsüß.*

Die Karpfenstücke einige Stunden in eine Marinade aus Öl, Zitronensaft, Knoblauch und Paprika legen. Die Fischstücke aus der Marinade nehmen, abtropfen lassen, salzen, in Mehl wenden, überschüssiges Mehl abschütteln.
In der Stielpfanne reichlich Öl erhitzen, die Fischstücke auf beiden Seiten goldbraun braten. Die Karpfenschnitten auf vorgewärmter Platte anrichten, mit Knoblauchbutter belegen. Mit Senfgurke und Tomatenpaprika garnieren.

Karpfenmilch

Karpfenmilch ist etwas sehr Feines. Im Geschmack ist sie ähnlich wie Kalbsbries. Vor Beginn der Laichzeit kann man sie in Fischgeschäften kaufen.
Die Karpfenmilch gut wässern, die Häutchen entfernen. Wenn sie sehr groß ist, schneidet man sie in schräge Scheiben. Die Karpfenmilch leicht salzen und pfeffern, in Mehl wenden, überschüssiges Mehl abschütteln. In heißer Butter auf beiden Seiten goldgelb braten. Mit gehackter Petersilie bestreuen und mit Zitronenspalten anrichten. Die restliche Bratbutter darübergießen.
Will man eine Soße dazu servieren, so kocht man den Bratensatz mit Zitronensaft, einigen Tropfen Worcestersauce und etwas Sahne auf und würzt die Soße mit Salz, Pfeffer und feingewiegten Kräutern.

Karpfenrogen

Aus Karpfenrogen, den Eiern des weiblichen Fisches, kann man eine sehr delikate Suppe kochen. Ein Rezept dafür ist auf Seite 117 aufgeführt. Vor der Laichzeit kann man Karpfenrogen in Fischgeschäften kaufen.

Karpfenrogenmayonnaise

50–60 g Karpfenrogen, Salz, Pfeffer,
1 Schalotte, gehackt, 100 g Mayonnaise,
nach Belieben gehackte Kräuter.

Den Karpfenrogen kalt überbrausen, mit Salz bestreuen, durch ein feines Sieb streichen. Mit Salz und Pfeffer leicht würzen und mit dem Schneebesen verrühren. Schalotten und Mayonnaise mit dem Karpfenrogen vermischen. Nach Belieben grüne Kräuter daruntermischen.

Karpfenrogensalat

Für dieses und das nachfolgende Rezept wird der rohe Karpfenrogen verwendet. Die Rezepte stammen aus Rumänien.

50–60 g Karpfenrogen, Salz, 1 Prise Zucker,
Pfeffer aus der Mühle, 5 EL Zitronensaft,
2 Schalotten, gehackt, 1/2 Semmel, eingeweicht
und ausgedrückt, 1/8 l Öl.
Zum Garnieren: *Salatblätter, schwarze Oliven.*

Den Karpfenrogen kalt überbrausen, mit Salz bestreuen, durch ein Sieb drücken, um die Häutchen zu entfernen. Den Rogen in eine Rührschüssel geben, Salz, Zucker, Pfeffer und Zitronensaft dazugeben und die Masse mit dem Schneebesen kräftig schlagen. Die Schalotten daruntermischen. Die eingeweichte Semmel durchpassieren und mit der Rogenmasse vermischen. Das Öl in dünnem Strahl mit dem Schneebesen darunterrühren. Den Karpfenrogensalat eine halbe Stunde in den Kühlschrank stellen und quellen lassen. Auf Salatblättern bergartig anrichten, mit Oliven garnieren. Man serviert den Karpfenrogensalat mit Weißbrot als Vorspeise.

Schleie

Die Schleie gehört zur Gattung der Karpfenfische. Sie ist in fast ganz Europa verbreitet. An ihre Wohngewässer stellt sie die gleichen Ansprüche wie der Karpfen. Man findet sie in langsam fließenden Gewässern, warmen, flachen Seen und Teichen mit weichem, schlammigem Boden und reichem Pflanzenbewuchs. Die Schleie wird auch in Teichwirtschaften gezogen. Besondere Bedeutung hat sie als Nebenfisch in Karpfenteichen.
Ihren Namen verdankt sie der sehr schleimigen Oberhaut, in welche die kleinen Schuppen tief eingebettet sind. Der gedrungene Körper ist am Rücken dunkelgrün oder dunkelbraun gefärbt, die Seiten messingglänzend. Im dritten Lebensjahr erreicht sie die Portionsgröße von 200–300 g. Laichzeit Mai bis Juli, je nach Wassertemperatur.
Das Fleisch der Schleie ist wohlschmeckend, jedoch ziemlich grätenreich. Man sollte sie vor dem Töten einige Tage in klarem, fließendem Wasser halten, um den oft modrigen Geschmack zu beseitigen. Aus dem gleichen Grund entfernt man vor der Zubereitung auch die Kiemen. Die Schleie wird meist im Ganzen zubereitet und gerne blaugekocht, die Filets auch pochiert. Ihr Fleisch ist beliebt zu Ragouts und gedünsteten Fischgerichten mit verschiedenen Fischsorten (Matrosengerichte).

Schleie blau

Lebendfrische Schleien werden genauso vorbereitet und in Blausud gekocht wie Forellen (Seite 38). Passende Beilagen sind Salzkartoffeln, Meerrettichsahne, grüne Eiersoße, Sardellensoße, Kapernsoße.

Gedämpfte Schleie

Dies ist eine besonders schonende Garmethode. Die Fische kommen praktisch nicht mit Flüssigkeit in Berührung. Die Schleien werden vorbereitet wie für das Kochen im Blausud: mit nassen Händen anfassen, nicht schuppen, evtl. unter Wasser ausnehmen. Die Schleimschicht der Haut soll erhalten bleiben, damit die gedämpften Fische schön »blau« auf den Tisch kommen.

4 lebendfrische Schleien in Portionsgröße, Salz, Pfeffer, 2 EL Zitronensaft, 1 EL grüner Dill, gehackt, 4 EL Essig zum Übergießen, ½–¾ l Blausud (Seite 203), 4 Zitronenspalten und krause Petersilie.

Die Fische innen mit Salz, Pfeffer und Zitronensaft würzen und mit Dill ausstreuen. Außen nicht würzen. Die Fische auf eine Porzellanplatte legen und mit Essig übergießen. Den Blausud kochen (nicht durchseihen).
Nur einige Zentimeter hoch Sud in den Fischkochkessel füllen, die Fische auf den Einsatz legen. Zugedeckt bei nicht zu starker Hitze im Dampf garen; man kann die Fische auf dem Herd oder im Ofen garen. Die Garzeit ist etwas länger als beim Kochen oder Pochieren, für Portionsfische etwa 12–15 Minuten. Die Schleien auf einer vorgewärmten Platte anrichten, mit Zitronenspalten und krauser Petersilie garnieren und sofort servieren.
Beilagen: Salzkartoffeln, Kerbelsoße, Meerrettichsahne, zerlassene Butter, mit Sardellen gewürzt.

Gebratene oder gebackene Schleie

Kleine Schleien kann man nach Müllerin Art braten wie Forelle (Seite 40). Auch das Rezept Gebackene Forelle (Seite 41), also paniert und in Fett ausgebacken, läßt sich für Schleien in Portionsgröße anwenden.
Wegen der vielen feinen Gräten ist es jedoch zweckmäßig, die Schleien filetiert zu braten oder zu backen.

Schleienfilets in Safransoße

750 g Schleienfilets, Salz, Pfeffer,
2 EL Zitronensaft.
Zum Pochieren: *40 g Butter,*
50 g Schalotten, gehackt,
etwa $^2/_{10}$ l Fischbrühe (Seite 205),
4 EL weißer Portwein.
Für die Soße: *$^1/_{10}$ l Sahne,*
10 g Mehlbutter, 1 Prise Safranfäden,
2 Tomaten, geschält, entkernt und in Würfel geschnitten.

Aus den Abgängen, die beim Filetieren der Schleien übriggeblieben sind (Köpfe ohne Kiemen, Gräten), bereitet man eine kleine Fischbrühe, die man zum Pochieren verwendet. Die Schleienfilets mit Salz, Pfeffer und Zitronensaft würzen.
In einer feuerfesten Form die Butter zergehen lassen, die Schalotten hineinstreuen. Die Schleienfilets falten und darauflegen. So viel Fischbrühe angießen, daß die Filets knapp bedeckt sind, den Portwein dazugießen. Die Form mit Alufolie abdecken, in den vorgeheizten Ofen schieben und bei 200°C etwa 10 Minuten pochieren. Die Fischfilets herausnehmen und warm stellen.
Die Garflüssigkeit durch ein Sieb in den Soßentopf gießen, mit Sahne auffüllen. Bei starker Hitze auf zwei Drittel einkochen. Mit Mehlbutter leicht binden. Die Soße mit Salz und Pfeffer abschmecken und einige Safranfäden hineingeben. Die Tomatenwürfel 10 Minuten in der Soße ziehen lassen. Die pochierten Schleienfilets in der Soße servieren.

Schleienfilets in Kapernsoße

750 g Schleienfilets, Salz, Pfeffer,
2 EL Zitronensaft.
Zum Pochieren: *40 g Butter,*
3 Schalotten, gehackt,
$^1/_{10}$ l Weißwein, $^1/_8$ l Fischbrühe (Seite 205).
Für die Soße: *$^1/_{10}$ l Sahne, Salz,*
1 Prise Cayennepfeffer, 1 TL Zitronensaft,
2 Blättchen Basilikum, gehackt,
etwa 10 g Mehlbutter,
1 EL sehr kleine Kapern.

Die Schleienfilets mit Salz, Pfeffer und Zitronensaft würzen.
In heißer Butter die Schalotten kurz andünsten, die Fischfilets dazugeben und auf beiden Seiten leicht anbraten. Mit Wein und Fischbrühe ablöschen, zugedeckt bei milder Hitze etwa 5 Minuten pochieren. Die Fischfilets herausnehmen und warm stellen.
Die Garflüssigkeit durch ein Sieb in den Soßentopf gießen. Bei starker Hitze auf etwa die Hälfte einkochen. Mit Sahne auffüllen, mit Salz, Cayennepfeffer, Zitronensaft und Basilikum würzen. Die Soße mit Mehlbutter (Seite 217) leicht binden, noch 5 Minuten leise kochen lassen. Die Kapern in die Soße streuen, abschmecken, über die angerichteten Schleienfilets gießen.
Beilagen: Salzkartoffeln oder Reis, Salat.

Schleienfilets in Kerbelsoße

750 g Schleienfilets, Salz, Pfeffer,
2 EL Zitronensaft.
Für die Soße: *30 g Butter, 30–40 g Mehl,*
3/8 l Fischbrühe (Seite 205), Salz, weißer Pfeffer,
1/8 l Sahne, 1 TL Zitronensaft,
1 Handvoll Kerbel, fein gewiegt.

Die Schleienfilets mit Salz, Pfeffer und Zitronensaft marinieren. Aus den Abgängen, die beim Filetieren der Fische übriggeblieben sind (Köpfe ohne Kiemen, Gräten), bereitet man eine Fischbrühe, die man zum Aufgießen der Soße verwendet.
Aus Butter und Mehl eine helle Einbrenne anrühren, mit Fischbrühe aufgießen. Die Soße mit Salz und Pfeffer abschmecken und gut durchkochen; häufig umrühren. Die Sahne dazugießen und nochmal einige Minuten kochen lassen. Die Soße mit Zitronensaft abschmekken und den Kerbel hineinrühren. Die Schleienfilets in die Kerbelsoße geben und nahe dem Siedepunkt etwa 10 Minuten ziehen lassen. Sie werden in der Soße serviert.
Schleienfilets können auch in einer Sauerampfer- oder Dillsoße pochiert werden.
Beilage: Salzkartoffeln.

Schleienfilets mit Tomatensoße

750 g Schleienfilets, Salz, Pfeffer,
2 EL Zitronensaft, Mehl zum Wenden,
80 g Butter zum Braten.
Für die Soße: *3 EL Öl, 3 Schalotten, gehackt,*
1 Knoblauchzehe, zerdrückt, 3 Tomaten,
geschält, entkernt und gewürfelt, Salz, Pfeffer,
1 Prise Zucker, 3 Blättchen Basilikum, gehackt.
Zum Garnieren: *Gebackene Zwiebelringe (Seite 218).*

Zunächst die Tomatensoße zubereiten: Das Öl erhitzen, Schalotten, Knoblauch und Tomatenwürfel hineingeben und andünsten. Mit Salz, Pfeffer, Zucker und frischem Basilikum würzen. Etwa 20 Minuten dünsten, bis die Soße von dicklicher Beschaffenheit ist.
Die Schleienfilets mit Salz, Pfeffer und Zitronensaft würzen. Die Filets in Mehl wenden, überschüssiges Mehl abschütteln, in heißer Butter auf beiden Seiten goldbraun braten. Die Schleienfilets auf einer Platte anrichten, mit der Tomatensoße umgeben. Die Fischfilets mit gebackenen Zwiebelringen garnieren.
Beilagen: Butterkartoffeln oder Weißbrot, Salat.

Schleie in Biersoße

1–1,5 kg Schleie, geschuppt und gesäubert,
Salz, Pfeffer, 2 EL Zitronensaft,
50 g Butter zum Anbraten, 1 Zwiebel,
1 EL Petersilie, 1 Stückchen Sellerieknolle,
1 Karotte, alles gehackt oder in sehr feine
Streifen geschnitten, 1/4 l helles Bier,
1 Prise Zucker, etwa 30 g Soßenlebkuchen,
30 g Butter für die Soße.

Die Schleie (eine große oder mehrere kleine) innen und außen mit Salz, Pfeffer und Zitronensaft einreiben.
In einem flachen Topf die Butter erhitzen, Zwiebel, Petersilie, Sellerie und Karotte andünsten, den Fisch dazugeben und auf beiden Seiten leicht anbraten. Mit dem Bier ablöschen, mit Salz, Pfeffer und Zucker würzen. Den Fisch zugedeckt bei milder Hitze je nach Größe 15–30 Minuten garziehen lassen. Die Schleie herausnehmen, abtropfen lassen, enthäuten. Auf einer Platte anrichten und warm stellen.

Die Garflüssigkeit bei starkem Feuer kurz einkochen. Mit so viel geriebenem Soßenlebkuchen binden, daß die Soße dicklich-sämig ist, gut durchkochen. Die Soße durchpassieren, abschmecken und ein Stückchen frische Butter darunterrühren. Die Soße über die angerichtete Schleie gießen.

Schleienfilets polnisch

750 g Schleienfilets, Salz, Pfeffer,
2 EL Zitronensaft.
Zum Pochieren: *30 g Butter, 50 g Schalotten und 1 EL Petersiliengrün, gehackt,*
$^1/_8$–$^1/_4$ l Weißwein.
Zum Anrichten: *60 g Butter,*
3 EL Semmelbrösel, 2 hartgekochte Eier, gehackt, 2 EL Petersilie, gehackt.

Die Schleienfilets mit Salz, Pfeffer und Zitronensaft würzen.
Eine feuerfeste Form gut ausbuttern, die Schalotten und die Petersilie hineinstreuen. Die Fischfilets ziegelartig in die Form legen. So viel Wein angießen, daß die Filets knapp bedeckt sind. Die Form mit Alufolie abdecken, auf dem Herd gerade zum Sieden bringen. Dann in den vorgeheizten Ofen schieben, bei 200 °C 10 Minuten pochieren.
Die Filets herausnehmen, abtropfen lassen, auf einer Platte anrichten. Die Semmelbrösel in heißer Butter hellbraun rösten und über die Schleienfilets streuen. Darüber die Eier streuen und zum Schluß die Petersilie.
Beilagen: Butterkartoffeln, Schaumsoße oder Kräutersoße, grüner Salat.

Brachsen oder Blei

Der Brachsen oder Blei, auch Brassen genannt, zählt zu den sog. »Weißfischen«. Er lebt vor allem in größeren Seen und langsam fließenden Gewässern.
Auffallend ist der hochrückige, seitlich stark zusammengedrückte Körper. Die bleifarbene bis schwärzliche Rückenfärbung hat diesem Fisch den Namen eingebracht. Brachsen erreichen eine mittlere Länge von 30–50 cm. Laichzeit Mai bis Juli.
Das Fleisch größerer Exemplare ist am schmackhaftesten. Ein Nachteil sind die zahlreichen, feinen Gräten. Es ist daher zweckmäßig, den Fisch zu filetieren. Im übrigen kann man Brachsen zubereiten wie Karpfen. Sehr kleine Fische werden am besten fritiert.

Brachsen in Rotweinsoße

1 kg Brachsen, quer in Stücke geschnitten,
4 EL Zitronensaft, Salz, Pfeffer.
Zum Dünsten: *80 g durchwachsener Räucherspeck, in kleine Würfel geschnitten, 200 g Wurzelgemüse (Sellerie, gelbe Rübe, weißer Lauch), in feine Streifen geschnitten, 1 Zwiebel, gehackt, 1 EL Zucker, $^1/_2$ l Rotwein, Salz, 6 Pfefferkörner, 6 Pimentkörner.*
Für die Soße: *Etwa 30 g Soßenlebkuchen, 40 g Mandelstifte, 2 Sardellenfilets, fein gewiegt, 1 EL Zitronensaft, 1 TL Zucker.*

Die Fischstücke in Zitronensaft, Salz und Pfeffer marinieren. Den Speck hell ausbraten, das Gemüse, die Zwiebel und den Zucker zugeben und hellbraun rösten. Mit dem Rotwein ablöschen, Salz und Gewürze zugeben, etwa 30 Minuten kochen.

Die Fischstücke in den Sud geben, den Topf zurückziehen, nahe dem Siedepunkt etwa 10 Minuten ziehen lassen, bis der Fisch gar ist. Die Fischstücke herausnehmen, Haut und Gräten entfernen, in eine vorgewärmte Terrine geben und zugedeckt warm stellen.
Den Sud durchpassieren, bei starken Feuer auf zwei Drittel einkochen. Mit so viel geriebenem Soßenlebkuchen binden, daß die Soße dicklich-sämig wird; mit dem Schneebesen kräftig rühren und gut durchkochen. Mandelstifte und Sardelle zugeben, mit Zitronensaft und Zucker pikant abschmecken. Den angerichteten Fisch mit der Soße übergießen.

Brachsenfilets mit Kartoffeln und Zwiebeln

750 g Brachsenfilets, 4 EL Zitronensaft, Salz, Pfeffer, 2 Knoblauchzehen, durchgepreßt, 2 EL Petersilie, gehackt, 60 g Butter zum Belegen.
Zum Dünsten: *40 g Butter, 2 rohe Kartoffeln und 2 Zwiebeln, in dünne Scheiben geschnitten, 6 Pfefferkörner, 1 Lorbeerblatt, etwa 3/8 l Fischbrühe (Seite 205), Saft einer Zitrone, Petersilie, gehackt.*

Aus den Abgängen, die beim Filetieren der Fische übriggeblieben sind (Köpfe ohne Kiemen, Gräten), kocht man eine kleine Fischbrühe, die man zum Garen der Fischfilets verwendet. Die Brachsenfilets mit Zitronensaft, Salz und Pfeffer einreiben, mit Knoblauch und Petersilie bestreuen. Jedes Filet am breiten Ende mit einem kleinen Stückchen Butter belegen und das andere Ende darüberschlagen.
Die Butter in einer feuerfesten Form zerlaufen lassen, die gefalteten Brachsenfilets hineinschichten. Die Zwischenräume mit Kartoffel- und Zwiebelscheiben ausfüllen, Pfefferkörner und Lorbeerblatt-Stückchen dazugeben. So viel Fischbrühe angießen, daß die Filets ganz bedeckt sind. Den Zitronensaft dazugeben. Reichlich Petersilie darüberstreuen. Die Form mit Alufolie abdecken und in den auf 180 °C vorgeheizten Ofen schieben. Etwa 20–30 Minuten dünsten. In der Form servieren.

Gebratene Brachsenfilets

750 g Brachsenfilets, 4 EL Zitronensaft, Salz, Pfeffer, Mehl zum Wenden, 80 g Butter zum Braten, Petersilie, gehackt.
Zum Anrichten: *80 g Butter, 4 Sardellenfilets, gehackt, 8 Zitronenspalten, krause Petersilie.*

Die Brachsenfilets mit Zitronensaft, Salz und Pfeffer marinieren. Die Filets in Mehl wenden, überschüssiges Mehl abschütteln.
Die Brachsenfilets in steigender Butter auf beiden Seiten goldbraun braten, auf einer vorgewärmten Platte anrichten, mit Petersilie bestreuen.
Frische Butter in die Bratpfanne geben und zusammen mit den Sardellen erhitzen, bis die Butter fast braun ist. Die Sardellenbutter über die angerichteten Brachsenfilets gießen. Mit Zitronenspalten und Petersiliensträußchen garnieren und sofort servieren. Die Butter soll noch schäumen, wenn das Gericht aufgetragen wird.

Gebackene Brachsen

Nur sehr kleine Brachsen kann man als ganzen Fisch in Fett ausbacken. Größere Fische halbiert man der Länge nach und teilt sie in Portionen.

1 kg Brachsen, 4 EL Zitronensaft, Salz, Pfeffer.
Zum Panieren: *Mehl, 2 Eier, verquirlt und gesalzen, Semmelbrösel.*
Reichlich Fett zum Backen,
8 Zitronenspalten und krause Petersilie.

Geschuppte und küchenfertig vorgerichtete, kleine Brachsen (oder Portionsstücke) mit Zitronensaft, Salz und Pfeffer marinieren. In Mehl, Eimasse und Semmelbröseln panieren, die Panade andrücken.
In einem schweren Topf so viel Fett oder Öl erhitzen, daß die Fische darin schwimmen können. Die Fische auf beiden Seiten goldbraun backen. Das Fett abtropfen lassen. Die Fische mit Zitronenspalten und Petersilie auf einer vorgewärmten Platte anrichten.

Waller oder Wels

Der Waller oder Wels, auch Donauwels, Schaden oder Schaid genannt, kommt in Mittel- und Osteuropa in Seen und größeren Flüssen mit weichem Boden vor. Die Bestände werden zum Teil durch künstliche Besatzmaßnahmen erhalten. Vor allem in Ungarn wird der Waller auch als Teichfisch gehalten und zusätzlich gefüttert. Im freien Wasser ernährt er sich als sehr gefräßiger Raubfisch überwiegend von Fischen und Fröschen.
Kennzeichnend ist der breite, abgeflachte Kopf mit 2 langen und 4 kurzen Bartfäden. Die Haut des plumpen Körpers ist schleimig und schuppenlos. Die Rückenfärbung ist schwärzlich-blau, braun oder grünlich. Der Waller kann eine maximale Länge von 3 m (150 kg Gewicht) erreichen. Neben dem Stör und dem Hausen ist er der größte Flußfisch in Europa. Laichzeit Mai bis Juli, je nach Wassertemperatur.
Das fast grätenlose Fleisch besonders des jungen Wallers mit einem Gewicht von 3–4 kg ist sehr wohlschmeckend, doch etwas fett. Er wird daher gerne sauer zubereitet. Als »Waller im Wurzelsud« kommt er mit dem essiggesäuerten Wurzelgemüse aus dem Sud auf den Tisch. Größere Fische kann man in Wein dünsten oder schmoren, das Fleisch zu Schnitzeln schneiden, zu Ragouts verarbeiten oder panieren und in Fett ausbacken.

Waller im Wurzelsud

Dem etwas fetten Fleisch des Wallers entspricht die Zubereitung in einem kräftig abgeschmeckten Wurzelsud.

1–1,5 kg Waller, Zitronensaft, Wurzelsud (Seite 204), 1 Stückchen frische Butter, Petersilie, gehackt.

Den küchenfertig vorgerichteten Waller innen und außen mit Zitronensaft einreiben. Wurzelsud zubereiten, durchseihen.
Den Fisch in den heißen Sud geben (einen ganzen Waller setzt man im kalten Sud zu) und gerade zum Kochen bringen, dann zurückziehen und nahe dem Siedepunkt garziehen lassen (nicht kochen!). Garzeit etwa 20 Minuten.
Den Waller herausnehmen, abtropfen lassen und auf vorgewärmter Platte anrichten. Das Wurzelgemüse aus dem Sud nochmals erhit-

zen, den Fisch damit garnieren, einige Eßlöffel Sud über das Gemüse geben. Reichen Sie einen Teil des Sudes, der mit einem Stückchen Butter und gehackter Petersilie noch verfeinert werden kann, separat zum Fisch.
Beilagen: Salzkartoffeln, zerlassene Butter.

Waller auf Balkanart

800 g Wallerfilet, Salz, Pfeffer, Zitronensaft.
Für das Schmorgemüse: *5 EL Öl oder Schweineschmalz, 2–3 Zwiebeln, in Scheiben geschnitten, 1–2 Paprikaschoten, in Streifen geschnitten, 2 Tomaten, enthäutet und geviertelt, 1–2 EL Paprika edelsüß, Salz, Pfeffer, nach Belieben etwas Suppenwürze, Petersilie, gehackt.*

Das Fischfilet in vier Portionen teilen, mit Salz, Pfeffer und Zitronensaft marinieren.
Das Öl erhitzen, Zwiebeln und Paprikaschoten 10 Minuten dünsten. Dann die Tomaten zugeben, mit Paprika, Salz und Pfeffer würzen und 10 Minuten bei milder Hitze schmoren. Das Gemüse abschmecken, evtl. etwas Suppenwürze zugeben. Die Fischfilets auf das Gemüse legen, mit Petersilie bestreuen, zugedeckt etwa 15 Minuten garen. Den Fisch zusammen mit dem Gemüse servieren.
Beilagen: Salzkartoffeln.

Wallerschnitten mit Pilzen

800 g Wallerfilet, Salz, Pfeffer, etwa 6 EL Zitronensaft, Mehl zum Wenden, reichlich Öl zum Braten, 40 g Butter, 1 Zwiebel und reichlich Petersiliengrün, gehackt, 250 g Champignons oder Egerlinge, in Scheiben geschnitten, 1 Knoblauchzehe, gehackt.

Das Fischfleisch in vier Portionen teilen, mit Salz, Pfeffer und 4 EL Zitronensaft marinieren. Die Fischstücke in Mehl wenden, überschüssiges Mehl abschütteln.
Das Öl in einer Pfanne erhitzen, die Fischfilets auf beiden Seiten goldbraun braten. Das Öl abtropfen lassen, die Wallerschnitten auf vorgewärmter Platte anrichten, mit Zitronensaft beträufeln und warm stellen.
Die Butter erhitzen, Zwiebel und Petersilie glasig dünsten, dann die Pilze und Knoblauch zugeben, mit Salz, Pfeffer und 1 TL Zitronensaft würzen. Bei milder Hitze 5–10 Minuten dünsten. Die Pilze über den angerichteten Fisch geben.
Beilagen: Petersilienkartoffeln, Tomatensalat, grüner Salat.

Wallerfilet in Senfsoße

Auch Fleisch von einem gekochten Waller, ohne Haut und Gräten (Reste), kann in einer Senfsoße erwärmt und serviert werden.

800 g Wallerfilet, Salz, Pfeffer, Zitronensaft, Senfsoße (Seite 210).

Das Fischfilet in vier Portionen teilen, mit Salz, Pfeffer und Zitronensaft marinieren. Senfsoße zubereiten, die Fischstücke in die Soße legen und bei milder Hitze in der Soße garen. Garzeit 10–15 Minuten.
Beilagen: Reis oder Salzkartoffeln, Kressesalat.

Gebackene Wallerschnitten

800 g Wallerfilet, Salz, Pfeffer,
4 EL Zitronensaft.
Zum Panieren: *Mehl, 2 Eier, verquirlt und gesalzen, Semmelbrösel.*
Reichlich Öl zum Backen, 8 Zitronenspalten und Petersiliensträußchen.

Das Fischfleisch in vier Portionen teilen, mit Salz, Pfeffer und Zitronensaft marinieren. Die Filets in Mehl wenden, überschüssiges Mehl abschütteln, durch die Eimasse ziehen, abtropfen lassen, in Semmelbröseln panieren. Die Panade andrücken.

In einem Topf so viel Öl erhitzen, daß das Fischfleisch darin schwimmen kann. Die Filets auf beiden Seiten goldbraun backen. Auf Küchenkrepp abtropfen lassen. Die gebackenen Wallerschnitten auf einer Platte anrichten und mit Zitronenspalten und Petersiliensträußchen garnieren.

Beilagen: Salatplatte, Remouladensoße.

Wallerschnitten in Bierteig

800 g Wallerfilet, Salz, Pfeffer,
4 EL Zitronensaft, Backteig (Seite 208),
reichlich Öl zum Fritieren, Zitronenspalten
und Petersiliensträußchen.

Das Fischfilet in vier Portionen teilen, mit Salz, Pfeffer und Zitronensaft marinieren. Backteig mit Bier herstellen.

Das Öl in der Friteuse erhitzen. Die Fischfilets in Backteig tauchen, in heißem Öl auf beiden Seiten fritieren. Auf Küchenkrepp abtropfen lassen, die Wallerschnitten anrichten, mit Zitronenspalten und Petersilie garnieren.

Beilagen: Kartoffelsalat, Tatarensoße.

Aal

Der Aal bewohnt die Flüsse und Seen mit Zugang zum Meer. Heute wird er vielerorts, so auch im Donaugebiet, wo er ursprünglich nicht heimisch war, durch künstliche Besatzmaßnahmen verbreitet.

Der langgestreckte, schlangenförmige Körper mit schleimiger Haut ist mit einem Flossensaum umgeben. Männliche Aale können bis zu 50 cm, weibliche bis zu 1,50 m lang werden. Man unterscheidet zwischen dem *Breitkopfaal*, der als Raubfisch nach Krebsen, Fröschen und Kleinfischen jagt und einen Fettgehalt von etwa 12% aufweist, und dem *Spitzkopfaal*, der sich von Kleintieren ernährt und dessen Fleisch wesentlich fettreicher ist.

Der Aal ist ein Wanderfisch, dessen Biologie noch nicht genau erforscht ist. Nach 4–10 Jahren Aufenthalt im Süßwasser ist der Aal geschlechtsreif, er wandelt sich zum »Blankaal« und wandert, einem Naturtrieb folgend, zum Laichen in den Atlantischen Ozean. Die Laichplätze liegen im Gebiet der Sargasso-See vor dem amerikanischen Kontinent zwischen den Bermudas und den westindischen Inseln. Die Aale kehren nicht wieder in die Flüsse zurück; sie gehen nach dem Ablaichen im Atlantik zugrunde. Während ihrer Wanderung vom Atlantik an die europäischen Küsten entwickeln die Jungaale ihre typische Aalgestalt. Wenn sie in die Süßwasserzuflüsse einwandern und die Flüsse aufsteigen, sind sie etwa fingerlang und bleistiftdick, noch fast durchsichtig (»Glasaal«). Während der Wachstumsperiode im Süßwasser nennt man sie »Gelbaal«.

Der Aal ist ein hochwertiger Speisefisch mit allerdings ziemlich fettem Fleisch. Am besten schmecken Jungaale mit einem Gewicht von 500–750 g. Aale mit mehr als 1 kg Gewicht werden vor der Zubereitung enthäutet: Die Haut rund um den Kopf einschneiden und umbiegen, den Kopf des Fisches mit einem Tuch festhalten und die Haut mit kräftigem Ruck

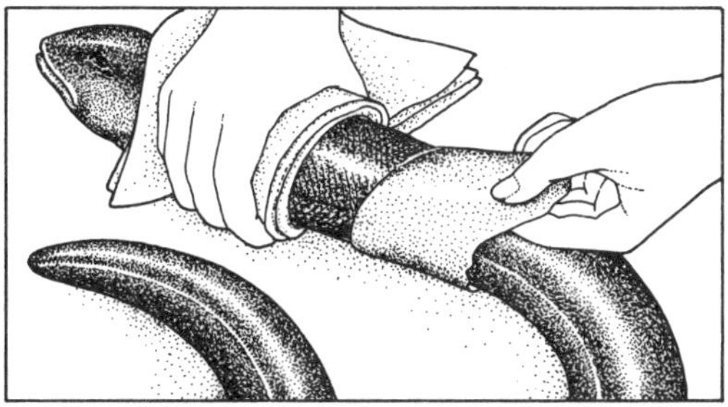

abziehen. Kleine Aale, die nicht enthäutet werden, reibt man mit Salz ab, sofern sie nicht blaugekocht werden.
Der frische Aal wird gerne »blau« gekocht oder »grün« in Dillsoße zubereitet. Man kann ihn fritieren, grillen und vorzüglich zu Ragouts (Matrosengerichten) verwenden. Sehr geschätzt ist der geräucherte Aal, dessen Anteil am Handel etwa 80% erreicht.

Aal blau

Soll der Aal im Ganzen gekocht werden, so formt man ihn rund, legt ihn in einen passenden Topf und gießt den Blausud darüber. Meist wird er jedoch in Stücke geschnitten.

1 kg Aal, nicht enthäutet, in fingerlange Stücke geschnitten, 4 EL Essig zum Übergießen, 1 l Blausud (Seite 203), 4 Zitronenspalten.

Die Aalstücke auf eine Porzellanplatte legen, mit dem Essig übergießen; das unterstreicht die blaue Farbe. Den Blausud zubereiten, durchseihen.

Die Aalstücke in den kochenden Sud geben, den Topf zurückziehen und 20–30 Minuten garziehen lassen. Die Aalstücke herausnehmen, abtropfen lassen. Auf einer vorgewärmten Platte anrichten, mit Zitronenspalten garnieren.

Aal grün

1 kg Aal, enthäutet, 1 l Weinsud (Seite 204).
Für die Dillsoße: *30 g Butter, 30–40 g Mehl, 3/8–1/2 l Fischsud, Salz, weißer Pfeffer, 3 EL grüner Dill, fein gewiegt, 1 TL Zitronensaft, 1 Eigelb, 4 EL Sahne.*

Den Aal in fingerlange Stücke schneiden. Den Weinsud zubereiten, durchseihen. Die Aalstücke in den kochenden Sud einlegen, den Topf zurückziehen, den Aal zugedeckt 20–30 Minuten garziehen lassen.
Aus Butter und Mehl eine helle Einbrenne anrühren, mit durchgeseihtem Fischsud aufgießen. Die Soße mit Salz und Pfeffer würzen, gut durchkochen und dabei häufig umrühren. Den Dill und den Zitronensaft in die Soße geben und einige Minuten ziehen lassen. Das Eigelb mit Sahne verquirlen und die Soße damit legieren. Die Aalstücke in der heißen Soße zu Tisch bringen.

Variation
Je eine Handvoll Spinat- und Sauerampferblätter sowie reichlich Kräuter und 2 Schalotten fein hacken und in 50 g Butter andünsten. Die Aalstücke darauflegen, mit Salz und Pfeffer würzen, 5 Minuten dünsten. 1/4 l Weißwein angießen, die Aalstücke noch 15 Minuten ziehen lassen. 3 Eigelb mit etwas Sahne verquirlen und die Soße damit legieren.

Aal, in Sahne pochiert

*750 g Aal, enthäutet, Salz, Pfeffer,
4 EL Zitronensaft, 30 g Butter für die Form,
2 Schalotten und 4 Salbeiblättchen, gehackt,
1/8 l Sahne, 2 EL Petersilie, gehackt.*

Den Aal in fingerlange Stücke schneiden, mit Salz, Pfeffer und Zitronensaft marinieren. Eine feuerfeste Form mit Butter ausstreichen, mit Schalotten und Salbeiblättchen ausstreuen. Die Aalstücke in die Form legen, die Sahne darübergießen, mit Salz und Pfeffer würzen, mit Petersilie bestreuen. Die Form mit Alufolie abdecken, in den vorgeheizten Ofen schieben. Bei 200 °C etwa 30 Minuten pochieren.

Aal auf provenzalische Art

*750 g Aal, enthäutet, Salz, Pfeffer,
4 EL Zitronensaft, 6 EL Olivenöl, 3 Zwiebeln, gehackt, 1–2 Knoblauchzehen, zerdrückt,
4 Tomaten, geschält, entkernt und gewürfelt,
1–2 TL Kräuter der Provence, getrocknet,
1/2 Glas Sherry, 1/2 EL Estragon oder Petersilie.*

Den Aal in fingerlange Stücke schneiden, mit Salz, Pfeffer und Zitronensaft marinieren.
In heißem Öl die Zwiebeln andünsten, die Aalstücke dazugeben und auf allen Seiten anbraten. Knoblauch, Tomatenwürfel und Kräuter der Provence zugeben, mit Salz und Pfeffer würzen, den Sherry dazugießen. Die Aalstücke zugedeckt etwa 20–30 Minuten bei milder Hitze in der Soße schmoren, in einer Schüssel anrichten und warm stellen. Falls die Soße zu flüssig ist, kocht man sie auf die gewünschte Konsistenz ein. Die Soße abschmecken und über die Aalstücke gießen. Mit gehackter Petersilie oder Estragon bestreuen.

Aal auf flandrische Art

*750 g Aal, enthäutet, Salz, 4 EL Zitronensaft,
100 g magerer Räucherspeck, in kleine Würfel geschnitten, 2 Zwiebeln, gehackt,
1 Knoblauchzehe, durchgepreßt,
1 Kräutersträußchen (Petersilie, Thymian, Lorbeerblatt, in ein Stückchen Lauch eingewickelt und gebunden), 1/4 l Weißwein,
Pfeffer, 10 g Mehlbutter,
1/3 Dose Champignons, abgetropft und in Scheiben geschnitten, 10–15 eingelegte Perlzwiebelchen, 30 g frische Butter.*

Den Aal in fingerlange Stücke schneiden, mit Salz und Zitronensaft marinieren.
Den Räucherspeck hellgelb ausbraten, Zwiebel, Knoblauch und die Aalstücke dazugeben und rundum leicht anbraten. Das Kräutersträußchen dazugeben, mit Wein und der abgegossenen Champignonbrühe ablöschen, mit Salz und Pfeffer würzen. Die Aalstücke zugedeckt 20–30 Minuten nahe dem Siedepunkt garziehen lassen. Den Fisch herausnehmen und warm stellen, das Kräutersträußchen entfernen.
Die Garflüssigkeit mit Mehlbutter leicht binden, abschmecken. Champignons und Perlzwiebeln in die Soße geben, zum Schluß ein Stückchen frische Butter darunterrühren. Die Aalstücke in der Soße servieren.

Fischgulasch, Rezept Seite 151

Aal auf belgische Art

750 g Aal, Salz, 4 EL Zitronensaft, 80 g Butter, 2 Zwiebeln, gehackt, 250 g Spinat und 125 g Sauerampfer, in feine Streifen geschnitten, reichlich grüne Kräuter (Petersilie, Kerbel, Estragon), gehackt, Pfeffer, 1 Prise Muskat, 1/4 l Weißwein, 1 TL Speisestärke, 2 Eigelb, 2 EL Sahne.

Den gereinigten Aal kurz in kochendes Wasser halten. Dadurch stellen sich die Flossen auf und können abgeschnitten werden. Den Aal in 5 cm lange Stücke schneiden, mit Salz und Zitronensaft marinieren.
Die Butter in einem flachen Topf erhitzen, die Zwiebeln glasig dünsten, dann die Aalstücke dazugeben und 10 Minuten dünsten, ohne daß sie Farbe nehmen. Den Spinat, den Sauerampfer und die Kräuter dazugeben, mit Salz, Pfeffer und Muskat würzen, den Wein dazugießen. Zugedeckt etwa 15 Minuten dünsten, bis der Fisch gar ist. Die Aalstücke herausnehmen und warm stellen.
Das Gemüse auf einem Sieb abtropfen lassen. Den abgegossenen Saft bei starkem Feuer auf die Hälfte einkochen, mit angerührter Speisestärke binden, mit verquirltem Eigelb und Sahne legieren. Das abgetropfte Gemüse daruntermischen. Die Aalstücke auf dem Gemüse anrichten. Das Gericht kann warm oder kalt aufgetragen werden.

Oben: *Hechtklößchen, Rezept Seite 96*

Unten: *Forellenfrikassee in Champignonsoße, Rezept Seite 44*

Aal mit Wurzelgemüse

1 kg Aal, enthäutet, 4 EL Zitronensaft, Wurzelsud (Seite 204), 60 g frisch geriebener Meerrettich.

Den Aal in fingerlange Stücke schneiden, mit Zitronensaft marinieren. Den Wurzelsud kochen, durchseihen.
Die Aalstücke in den kochenden Sud geben, den Topf zurückziehen, 20–30 Minuten ziehen lassen. Die Aalstücke herausnehmen, abtropfen lassen, auf vorgewärmter Platte anrichten. Das Gemüse aus dem Wurzelsud nochmals erhitzen und den Aal damit garnieren. Einige Eßlöffel Sud über das Gemüse gießen. Den Meerrettich gesondert zum Fisch servieren.
Beilage: Salzkartoffeln.

Aal in Rotweinsoße

750 g Aal, enthäutet, Salz, 4 EL Zitronensaft, 1 l Weinsud (Seite 204), mit Rotwein zubereitet.
Für die Soße: *20 g Butter, 20 g Mehl, 1/10 l Rotwein, 3–4 Dörrzwetschgen, entsteint und gehackt, etwas Fischsud, Salz, Pfeffer, 1 Prise Ingwerpulver, je 1 Prise Zimt und Zucker.*

Den Aal in fingerlange Stücke schneiden, mit Salz und Zitronensaft marinieren. Weinsud unter Verwendung von Rotwein zubereiten, durchseihen. Die Aalstücke in den kochenden Sud geben, den Topf zurückziehen und 15 Minuten nahe dem Siedepunkt pochieren. Die Aalstücke herausnehmen und beiseite stellen. Aus Butter und Mehl eine helle Einbrenne anrühren, mit Rotwein ablöschen. Die Dörrzwetschgen dazugeben und so viel Fischsud aufgießen, daß eine sämige Soße entsteht. Die

Soße mit Salz, Pfeffer, Ingwerpulver, Zimt und Zucker pikant abschmecken, 15 Minuten durchkochen. Die Aalstücke noch etwa 10 Minuten in der Soße ziehen lassen, bis sie gar sind.
Beilage: Aufgebackenes Stangenweißbrot.

Aalragout

750 g Aal, enthäutet, Salz, 4 EL Zitronensaft, 150 g glasierte Zwiebelchen (Seite 218), 150 g gedünstete Champignonköpfe (Seite 217), 4 Scheiben Weißbrot, in Butter geröstet.
Zum Pochieren: *30 g Butter, 50 g Schalotten, gehackt, 1/4 l Rotwein, 1 Kräuterbündel (Thymian, Petersilie, 1 Lorbeerblatt, in Lauch eingewickelt und gebunden), etwa 20 g Mehlbutter für die Soße.*

Den Aal in 5 cm lange Stücke schneiden, mit Salz und Zitronensaft marinieren. Die Garnitur zubereiten und bereitstellen: Die Zwiebelchen glasieren; die Champignons dünsten; das Weißbrot in Butter hell rösten.
In einem flachen Topf die Butter erhitzen, die Schalotten leicht andünsten. Die Aalstücke dazugeben und rundum 10 Minuten leicht anbraten. Mit dem Rotwein ablöschen, das Kräuterbündel dazugeben. Die Aalstücke etwa 20 Minuten nahe dem Siedepunkt garziehen lassen. Die Aalstücke aus dem Sud nehmen, abtropfen lassen, in einer flachen Schüssel anrichten und warm stellen. Das Kräutersträußchen entfernen.
Die Garflüssigkeit kurz einkochen, mit Mehlbutter leicht binden, 5 Minuten durchkochen. Die Soße über die angerichteten Aalstücke gießen. Mit den glasierten Zwiebelchen, den gedünsteten Champignons und den gerösteten Weißbrotscheiben garnieren.

Hamburger Aalsuppe

Für 6–8 Personen

800 g frischer Aal, enthäutet und in 4 cm lange Stücke geschnitten, 4 EL Essig, 500 g Kochbirnen, in Achtel geschnitten, Zuckerwasser zum Kochen, 200 g Backpflaumen, 125 g getrocknete Apfelringe, 1 Schinkenknochen (Holsteiner Katenschinken), 3 l Wasser, 250 g grüne Erbsen, geschält, 250 g Karotten und 1/2 Sellerieknolle, gewürfelt, 2 Stangen Lauch, in Ringe geschnitten, 30–40 g Mehlbutter, Salz, 2 EL Essig, 1 EL Zucker, 1 1/2 Tassen grüne Kräuter (Thymian, Majoran, Dill, Estragon, Petersilie, Sauerampfer, Kerbel), gehackt.

Die Aalstückchen mit Essig säuern. Die Kochbirnen in Zuckerwasser weichkochen und erkalten lassen. Backpflaumen und getrocknete Apfelringe einweichen.
Den Schinkenknochen etwa 1 Stunde in Wasser kochen. Das Gemüse dazugeben und eine weitere halbe Stunde kochen. Den Schinkenknochen herausnehmen, das Fleisch vom Knochen lösen und in die Brühe zurückgeben. Das Backobst mit dem Einweichwasser dazugeben. Die Brühe mit Mehlbutter leicht binden und durchkochen, mit Salz, Essig und Zucker abschmecken.
Die Aalstückchen und die Kräuter in die Brühe geben und 20 Minuten ziehen lassen. Man serviert die Aalsuppe als Eintopf; die Aalstückchen können aber auch getrennt angerichtet werden. Die erkalteten Kochbirnen extra dazu servieren.
Beilage: Mehlklöße oder Brot.

Variation
Anstelle der Mehlklöße Schwemmklößchen aus Brandteig formen und in der Suppe garen.

Gebratener Aal

1 kg Aal, enthäutet, Salz, 4 EL Zitronensaft, 30 g Butter für die Form, 50 g Schalotten und 2 EL Petersiliengrün, gehackt, 1 Zitrone, geschält, in Scheiben geschnitten und entkernt, 2 Lorbeerblätter, 40 g zerlassene Butter, $^{1}/_{10}$ trockener Weißwein.

Den Aal in fingerlange Stücke schneiden, mit Salz und Zitronensaft marinieren.
Eine feuerfeste Form mit Butter ausstreichen, mit der Hälfte der Schalotten-Petersilien-Mischung ausstreuen. Die Aalstücke in die Form legen. Zwischen die Aalstücke je eine Zitronenscheibe und ein Stückchen Lorbeerblatt legen. Den Rest der Schalotten-Petersilien-Mischung über den Fisch streuen, mit der Butter beträufeln. Seitlich den Wein angießen. Die Form mit Alufolie abdecken. Im vorgeheizten Ofen bei 200 °C etwa 30 Minuten braten. Während der Bratzeit den Aal mehrmals mit der Garflüssigkeit begießen; nach 20 Minuten die Alufolie abnehmen und offen fertigbraten. Den Aal in der Form servieren.

Aal Müllerin Art

800 g Aal, enthäutet, Salz, 4 EL Zitronensaft, 1 EL grüner Dill, gehackt, einige EL Milch, Mehl zum Wenden, reichlich Öl zum Braten, 2 EL Petersilie, gehackt, 8 Zitronenspalten, 80 g Butter zum Übergießen.

Den Aal in fingerlange Stücke schneiden, mit Salz und 3 EL Zitronensaft würzen, innen mit Dill ausstreuen. Die Aalstücke mit Milch anfeuchten, in Mehl wenden, überschüssiges Mehl abschütteln.
In einer Stielpfanne gut $^{1}/_{2}$ cm hoch Öl stark erhitzen, die Aalstücke rundum goldbraun braten. Auf einer vorgewärmten Platte anrichten, mit einigen Tropfen Zitronensaft beträufeln, mit Petersilie bestreuen und mit Zitronenspalten garnieren. In der Bratpfanne, in der die Aalstücke gebraten wurden, die Butter erhitzen und aufschäumen lassen, über die Aalstücke gießen. Sofort servieren.

Aal in Gelee

1 kg Aal, enthäutet, 1 l Einfacher Fischsud (Seite 203).
Zum Garnieren: *2 Essiggurken und 2 hartgekochte Eier, in Scheiben geschnitten.*
Für das Gelee: *$^{3}/_{8}$ l Sud, $^{1}/_{8}$ l trockener Weißwein, Salz, Pfeffer, Essig, Zucker, 6 Blatt weiße Gelatine.*

Den Aal in 5 cm lange Stücke schneiden, im Fischsud etwa 20 Minuten pochieren, im Sud erkalten lassen. Die Aalstücke aus dem Sud nehmen, abtropfen lassen, in einer flachen Schüssel anrichten. Mit Essiggurken und Eierscheiben garnieren. Das abgetropfte Gemüse aus dem Sud kann man ebenfalls zum Garnieren verwenden.
$^{3}/_{8}$ l des Fischsudes durch ein mit Nesseltuch ausgelegtes Sieb gießen, mit $^{1}/_{8}$ l Wein auffüllen und erhitzen, jedoch nicht kochen. Den Sud mit Salz, Pfeffer, Essig und etwas Zucker pikant-säuerlich abschmecken. Die Gelatine 10 Minuten in kaltem Wasser einweichen, ausdrücken, mit dem Schneebesen in den heißen Sud rühren und auflösen. Über die Aalstücke gießen. Kalt stellen, bis das Gelee steif geworden ist.
Beilagen: Brot, Tatarensoße.

Aal vom Grill

750 g Aal, enthäutet, 1 Glas Weißwein, 4 EL Öl, Salz, Pfeffer, 80 g Senfbutter (Seite 217), 8 Zitronenscheiben, 4 Gewürzgurken.

Den Aal in lange Stücke schneiden, diese der Länge nach halbieren, so daß man die Gräte herausnehmen kann. Die Aalstücke einige Stunden in Weißwein marinieren.
Die Aalstücke herausnehmen, abtropfen lassen, durch Öl ziehen. Im vorgeheizten Grill bei nicht zu starker Hitze auf beiden Seiten grillen. Die Aalstücke mit Salz und Pfeffer bestreuen. Mit Senfbutter, Zitronenscheiben und Gewürzgurken anrichten.
Beilagen: Aufgebackenes Stangenweißbrot oder Knoblauchbrot, Salat.

Aal in Backteig

750 g Aal, enthäutet, 1 l Blausud (Seite 203), Backteig (Seite 208), reichlich Backfett, 8 Zitronenspalten.

Den Aal in fingerlange Stücke schneiden, in Blausud etwa 15 Minuten ziehen lassen, herausnehmen, abtropfen lassen und mit Küchenkrepp abtupfen. Backteig herstellen.
In einem schweren Topf so viel Backfett oder Öl erhitzen, daß die Aalstücke darin schwimmen können. Die Aalstücke in den Backteig tauchen, im heißen Fett goldgelb backen. Auf Küchenkrepp abtropfen lassen. Die Aalstücke mit Zitronenspalten anrichten.
Beilagen: Anstelle der sonst üblichen Remouladensoße reicht man zu diesem üppigen Gericht eine Senf-Rahmsoße oder Vinaigrette-Soße oder Salatplatte.

Marinierter Aal

3/4–1 kg Aal, enthäutet, 4/10 l trockener Weißwein, 2/10 l Essig, 1 TL Salz, 1 TL Zucker, 1 kleine Zwiebel und 1 gelbe Rübe, in Scheiben geschnitten, 6 Pfefferkörner, zerdrückt, 1 Lorbeerblatt, je 1 Zweig Thymian und Petersilie.

Den Aal in 6 cm lange Stücke schneiden, in eine feuerfeste Form legen. Wein mit Essig und allen Zutaten 20 Minuten kochen. Die kochende Marinade über die Aalstücke gießen. Die Form mit Alufolie abdecken, in den auf 180 °C vorgeheizten Ofen schieben, etwa 20 Minuten pochieren. Die Aalstücke in der Marinade erkalten lassen. Man kann sie schon 1–2 Tage vor Gebrauch zubereiten und im Kühlschrank aufbewahren.
Beilagen: Pellkartoffeln oder Brot.

Aal in Weinmarinade

1 kg Aal, enthäutet, 100 g Zwiebel, in Scheiben geschnitten, 4 EL Öl, 1 l Weinsud (Seite 204).

Den Aal in 5 cm lange Stücke schneiden. Die Zwiebel in heißem Öl glasig dünsten, in eine feuerfeste Form streuen. Die Aalstücke darauflegen. Den Weinsud kochen, durchseihen, über die Aalstücke gießen; der Fisch soll vollkommen mit Sud bedeckt sein. Die Form mit Alufolie abdecken, in den auf 200 °C vorgeheizten Ofen schieben. Etwa 20–30 Minuten garen. Den Aal im Sud erkalten lassen. Die Aalstücke portionsweise in Schälchen anrichten und etwas Sud darübergießen. Man reicht Brot dazu.

Hecht

Der Hecht kommt in Mitteleuropa in allen Binnengewässern vor, die seinen Ansprüchen genügen. Er ernährt sich fast ausschließlich von Fischen und gehört zu den gefräßigsten Raubfischen. Junghechte setzt man auch in Karpfenabwachsteiche ein. Sie sorgen dafür, daß die Nahrungskonkurrenten der Karpfen, die sog. »Unkrautfische«, kurzgehalten werden.
Typisch ist der lange Kopf mit weiter Mundspalte und starker Bezahnung. Die Färbung des langgestreckten Körpers ist, je nach Wohngewässer und Alter, unterschiedlich; der Rücken bräunlich oder olivgrün, die Seiten heller mit dunklen Querstreifen. Ein alter Hecht kann 25 kg schwer werden und eine Länge von 1 m erreichen. Am schmackhaftesten ist jedoch das Fleisch bei einem Gewicht von 2–3 kg. Laichzeit Februar bis Mai.
Das Fleisch junger Hechte ist weiß, fest, sehr wohlschmeckend, es hat nur wenige Gräten. Das Fleisch alter Tiere jedoch ist grobfaserig, trocken und von feinen Gräten durchzogen. Hecht wird gerne im Ganzen zubereitet und mit einer feinen Soße serviert. Man kann ihn dünsten, in Scheiben schneiden und in Fett ausbacken, in Alufolie zubereiten, pochieren. Da das Fleisch mager ist, wird der Hecht auch gerne mit Speck gespickt. Das Fleisch älterer Tiere, das in der Küche sonst weniger geschätzt ist, eignet sich vorzüglich für feine Farcen (Hechtklößchen).

Hecht blau

Es sind vor allem kleine Hechte, die »blau« gekocht werden. Die Zubereitung ist die gleiche wie bei Forelle (Seite 38).

Gekochter Hecht

Einen großen Fisch schneidet man am Rückgrat entlang 1–2 cm tief ein, damit er gleichmäßig gart. Man verwendet am besten einen Fischkochkessel. Der Fisch wird auf den Einsatz gelegt und im kalten Sud zugesetzt. Wenn kein Fischkochkessel vorhanden ist, legt man den Hecht mit dem Schwanz im Mund zu einem Ring und gart ihn in einem genau passenden, runden Topf.

1 Hecht von etwa 1,5 kg, geschuppt, gesäubert und küchenfertig vorgerichtet, 4 EL Zitronensaft, Einfacher Fischsud (Seite 203), 8 Zitronenspalten, krause Petersilie.

Den Hecht (ganzer Fisch oder ein Mittelstück von einem großen Hecht) mit Zitronensaft marinieren. Den Fischsud kochen und durchseihen. Den Hecht mit dem Sud übergießen und gerade zum Kochen bringen, den Topf zurückziehen, nahe dem Siedepunkt 20–30 Minuten ziehen lassen (nicht kochen!). Der Fisch ist gar, wenn sich die Rückenflosse leicht herausziehen läßt.
Den Hecht aus dem Sud nehmen, abtropfen lassen. Auf vorgewärmter Platte anrichten, mit Zitronenspalten und Petersiliensträußchen garnieren.
Beilagen: Butterkartoffeln, aufgeschlagene Estragonsoße, Holländische Soße, Kapernsoße.

Hecht mit Sardellenbutter

1 gekochter Hecht (Seite 91), 1 EL Petersilie, gehackt, 120 g Butter, 6 Sardellenfilets, fein gewiegt, einige EL Fischsud.

Den gekochten Hecht auf einer vorgewärmten Platte anrichten. Die Haut abziehen, den Fisch mit Petersilie bestreuen.
Die Butter erhitzen und aufschäumen lassen, die Sardellen darin kurz dünsten. Fischsud unter die Butter rühren. Den angerichteten Fisch mit der Sardellenbutter übergießen.

Hecht auf schlesische Art

3/4–1 kg gekochter Hecht (Seite 91),
100 g Meerrettich, frisch gerieben,
3 EL Semmelbrösel, in 60 g Butter geröstet,
80 g braune Butter.

Den gekochten, heißen Fisch von Haut und Gräten befreien, in möglichst große Stücke teilen. Auf einer vorgewärmten Platte anrichten, mit etwas Fischsud anfeuchten. Das Fischfleisch mit Meerrettich und gerösteten Semmelbröseln bestreuen. Die Butter erhitzen und bräunen lassen, über das Fischfleisch gießen und sofort servieren.

Gespickter Hecht gebraten

1 Hecht von 1–1,5 kg, geschuppt und küchenfertig vorgerichtet, 100 g Speck, in Streifen geschnitten, 8 Sardellenfilets, 4 EL Zitronensaft, 2 EL Dill, gehackt, Salz.
Zum Braten: *80 g zerlassene Butter, 1/2 Zwiebel, gehackt, 1/10 l trockener Weißwein, 2/10 l saure Sahne.*

Den Hecht am Rücken entlang abwechselnd mit Speckstreifen und Sardellenfilets spicken. Innen und außen mit Zitronensaft einreiben, innen mit Dill ausstreuen, eine halbe Stunde einziehen lassen. Kurz vor dem Braten den Fisch salzen.
Den Bräter oder eine feuerfeste Form mit 40 g Butter ausstreichen, die Zwiebel hineinstreuen. Den Hecht mit dem Rücken nach oben in die Bratform stellen (den Bauch evtl. mit geschälten, rohen Kartoffeln füllen, damit er gut steht). Den Rest der Butter über den Fisch gießen, in den vorgeheizten Ofen schieben. Nach etwa 10 Minuten Bratzeit den Wein angießen; den Fisch wiederholt mit saurer Sahne und Bratsaft begießen. Bratzeit etwa 40 Minuten bei 180 °C. Der Fisch ist gar, wenn sich die Rückenflosse leicht herausziehen läßt.
Die Soße kann man natur belassen. Wird ein größeres Quantum Soße gewünscht, so gießt man etwas Sahne und Wein an die Bratensoße, kocht das Ganze gut durch und bindet leicht mit Mehlbutter.

Gespickter Hecht in Folie

1 Hecht von etwa 1,5 kg, 100 g Speck, in Streifen geschnitten, 8 Sardellenfilets, 4 EL Zitronensaft, 2 EL grüner Fenchel oder Kerbel, fein gewiegt, Salz, 60 g Butter, 4 EL Weißwein.
Zum Anrichten: *100 g Butter, einige EL Fischsaft.*

Den Fisch vorbereiten und spicken wie oben. Mit Zitronensaft säuern, den Fisch innen mit Fenchel oder Kerbel würzen, salzen. Dicke Alufolie in entsprechende Größe schneiden, so daß man den Hecht gut einschlagen und die Ränder falzen kann. Die Alufolie mit Butter

bestreichen. Den Hecht auf die Folie setzen, mit Butterflocken belegen und mit Wein beträufeln. Die Alufolie locker schließen, die Ränder falzen. Bei 220 °C etwa 45 Minuten im Ofen garen.
Den Hecht aus der Folie nehmen und auf einer vorgewärmten Platte anrichten. Die Butter erhitzen, den Fischsaft, der sich beim Garen in der Folie gesammelt hat, unter die Butter rühren und zum Fisch servieren.

Pikanter Hecht in Folie

1 Hecht von etwa 1,5 kg, geschuppt und küchenfertig vorgerichtet, 4 EL Zitronensaft, Salz, Pfeffer, 3 EL gemischte grüne Kräuter, gehackt, 50 g Sardellenbutter (Seite 217), 150 g Crème fraîche, 3 EL Parmesan, 30 g Butterflocken, 4 Zitronenscheiben, geschält.

Den Hecht innen und außen mit Zitronensaft, Salz und Pfeffer einreiben. Den Fisch innen mit Kräutern bestreuen, mit Sardellenbutter ausstreichen, etwas Crème fraîche und 1 EL Parmesan hineingeben. Den Fisch wieder in Form bringen und auf dicke, mit Butter bestrichene Alufolie legen. Den Hecht mit Crème fraîche bestreichen und Parmesan darüberstreuen. Mit Butterflocken und Zitronenscheiben belegen.
Den Fisch locker in die Folie einschlagen, die Folie so falzen, daß kein Saft austreten kann. Den Fisch bei 220 °C etwa 45 Minuten im Ofen garen. 15 Minuten vor beendeter Garzeit öffnet man die Folie, damit der Fisch etwas Farbe nehmen kann. Er ist gar, wenn sich die Rückenflosse leicht herausziehen läßt. Den Fischsaft verwendet man für die begleitende Soße.

Gespickter Hecht, auf Gemüse gebraten

1 Hecht von 1 kg,
geschuppt und küchenfertig vorgerichtet,
100 g Speck, in Streifen geschnitten,
4 EL Zitronensaft, Pfeffer, Salz,
50 g Butter für die Bratform, 2 Zwiebeln,
gehackt, 400 g Wurzelgemüse (gelbe Rüben,
Selleriewurzel, weißer Lauch),
in feine Streifen geschnitten, 300 g Tomaten,
enthäutet, entkernt und geviertelt,
2 EL Petersilie, gehackt, 2 TL Paprika edelsüß,
⅛–¼ l Fleisch- oder Fischbrühe,
60 g Butterflocken.

Den Hecht am Rücken entlang mit Speckstreifen spicken. Innen und außen mit Zitronensaft und Pfeffer einreiben und eine halbe Stunde einziehen lassen. Kurz vor der Zubereitung salzen.
In einer feuerfesten Form die Butter zergehen lassen, die Zwiebeln hineinstreuen, das Wurzelgemüse und die Tomaten dazugeben. Petersilie darüberstreuen, mit Salz und Paprika würzen. Etwas Brühe darübergießen. Die Form mit Alufolie abdecken, das Gemüse im vorgeheizten Ofen etwa 15 Minuten andünsten. Den Hecht auf das Gemüsebett legen, Butterflokken darübergeben. Bei 180–200 °C etwa 40 Minuten braten; den Fisch häufig mit dem Bratsaft begießen. Der Hecht ist gar, wenn sich die Rückenflosse leicht herausziehen läßt. Man serviert ihn in der Form.

Gefüllter Hecht

Foto Seite 104

Es ist zweckmäßig, den Hecht durch die Kiemen auszunehmen, damit der Körper unverletzt bleibt. Wie man das macht, ist auf Seite 14 erklärt.

1 Hecht von etwa 1,5 kg,
geschuppt und küchenfertig vorgerichtet,
4 EL Zitronensaft, Salz, Pfeffer, Kalbsbrätfülle (Seite 207).
Zum Braten: *80 g Butter, 50 g Schalotten und 2 EL Petersilie, gehackt,*
1/8 l trockener Weißwein, 1/8 l Sahne.
Zum Garnieren: *Tomatenschnitze, grüner Dill.*

Den Hecht mit Zitronensaft, Salz und Pfeffer einreiben. Kalbsbrätfülle zubereiten. Den Hecht durch die Kiemenöffnung mit der Masse füllen. Falls von der Kalbsbrätmasse etwas übrigbleibt, kann man Klößchen davon kochen und den Fisch damit garnieren.
In einer Bratform die Hälfte der Butter zergehen lassen, mit Schalotten und Petersilie ausstreuen. Den gefüllten Hecht hineinlegen, mit dem Rest der Butter übergießen. Die Form mit Alufolie abdecken, in den auf 180 °C vorgeheizten Ofen schieben und 20 Minuten braten. Dann den Wein und nach weiteren 10 Minuten Bratzeit die Sahne zugießen. Den Fisch häufig mit dem Bratsaft begießen. Garzeit insgesamt 40–60 Minuten. 10 Minuten vor beendeter Garzeit entfernt man die Folie, damit der Fisch etwas Farbe nehmen kann. Man richtet ihn auf einer Platte an und garniert mit Tomatenschnitzen und grünem Dill. Die Soße durchpassieren, kurz einkochen und zum Fisch servieren.

Hechtschnitten auf badische Art

4 dicke Hechtschnitten, 2 EL Zitronensaft,
Salz, Pfeffer, 40 g Butter für die Form,
50 g Schalotten, gehackt, 4 Pfefferkörner,
zerdrückt, 1 Lorbeerblatt, 1/8 l saure Sahne,
1 EL Petersilie, gehackt, 2 EL Parmesan,
2 EL Semmelbrösel, 50 g Butterflocken.

Die Hechtschnitten mit Zitronensaft, Salz und Pfeffer marinieren.
In einer feuerfesten Form die Butter zergehen lassen, mit den Schalotten ausstreuen. Die Hechtschnitten in die Form legen, dazwischen die Pfefferkörner und Lorbeerblattstückchen geben. Die Form in den auf 200 °C vorgeheizten Ofen schieben und 10 Minuten anbraten. Dann die saure Sahne darübergießen, Petersilie, Käse und Semmelbrösel darüberstreuen, mit Butterflocken belegen. Die Ofenhitze auf 220 °C erhöhen und den Fisch 10–15 Minuten überbacken, bis er gar und die Kruste hellbraun gebacken ist. In der Form servieren.

Hechtschnitten mit Champignons

4 dicke Hechtschnitten, 60 g Butter, Salz,
weißer Pfeffer, 2/10 l Weißwein, 2/10 l Fischbrühe
(oder helle Fleischbrühe), 1 Kräuterbündel
(Thymian, Petersilie, Estragon),
200 g kleine Champignons, 200 g Schalotten,
geschält und halbiert, 20 g Mehlbutter,
1/10 l Sahne, 1 Eigelb.

In einem flachen Topf die Butter erhitzen, die Hechtschnitten auf beiden Seiten leicht anbraten, mit Salz und Pfeffer würzen. Mit Wein und Fischbrühe aufgießen. Das Kräuterbündel, die Champignons und die Schalotten zuge-

ben. Alles gerade zum Kochen bringen, dann den Topf zurückziehen und etwa 15 Minuten bei milder Hitze pochieren. Das Kräuterbündel herausnehmen, die Fischscheiben in einer flachen Schüssel anrichten und warm stellen.
Die Soße bei starker Hitze kurz einkochen, mit Mehlbutter leicht binden, noch 5 Minuten kochen. Das Eigelb mit der Sahne verquirlen und die Soße damit legieren, dann nicht mehr kochen lassen. Die Soße mit den Champignons und den Zwiebelchen über die angerichteten Hechtschnitten gießen.

Hechtschnitten in Rahmsoße

4 dicke Hechtschnitten, Salz,
2 EL Zitronensaft, 1 EL Petersilie, gehackt,
Mehl zum Wenden, 80 g Butter zum Braten.
Für die Soße: *20 g Butter, 50 g durchwachsener Speck, in kleine Würfel geschnitten,*
50 g Schalotten, gehackt, 1 EL Mehl,
$^{2}/_{10}$ l trockener Weißwein, 200 g Crème fraîche,
1 Salbeiblatt, $^{1}/_{2}$ Lorbeerblatt, Salz,
1 Prise Cayennepfeffer.

Die Hechtschnitten mit Salz, Zitronensaft und Petersilie würzen, in Mehl wenden, überschüssiges Mehl abschütteln.
In einer Stielpfanne die Butter erhitzen, die Hechtschnitten auf beiden Seiten hellbraun braten, herausnehmen und warm stellen.
Ein Stückchen frische Butter und die Speckwürfel in die Pfanne geben und gelb ausbraten. Die Schalotten darin glasig dünsten. Das Mehl dazugeben und hell rösten, mit Wein ablöschen. Crème fraîche, Salbei und Lorbeerblatt dazugeben, mit Salz und Cayennepfeffer würzen, abschmecken, 5 Minuten köcheln lassen. Die Hechtschnitten in die Soße geben und noch einige Minuten ziehen lassen.

Hechtschnitten auf ungarische Art

4 dicke Hechtschnitten, 2 EL Zitronensaft, Salz.
Für das Gemüse: *50 g Schweinefett,*
1 große Zwiebel, in Scheiben geschnitten,
2–3 grüne Paprikaschoten, in Streifen geschnitten, 2–3 Tomaten, enthäutet, entkernt und geviertelt, Salz, 30 g Butter für die Form.

Die Hechtschnitten mit Zitronensaft und Salz marinieren. In einem flachen Topf das Fett erhitzen, zunächst die Zwiebel und die Paprikaschoten andünsten, dann die Tomaten zugeben, salzen. Etwa 20 Minuten bei milder Hitze dünsten.
Eine feuerfeste Form mit Butter ausstreichen, die Hechtschnitten hineingeben, mit dem Gemüse bedecken. In den auf 180 °C vorgeheizten Ofen schieben und etwa 25 Minuten garen.

Hechtfilets in Backteig

750 g Hechtfilets, Salz, 2 EL Zitronensaft, Backteig (Seite 208), reichlich Öl zum Backen, 4 Zitronenspalten, krause Petersilie.

Die Hechtfilets in Portionsstücke teilen, mit Salz und Zitronensaft marinieren. Den Backteig anrühren.
In einem schweren Topf so viel Öl erhitzen, daß die Fischstücke darin schwimmen können (oder volle Friteuse benützen). Die Hechtschnitten in den Backteig tauchen, auf beiden Seiten goldbraun backen. Die Schnitten auf Küchenkrepp abtropfen lassen, auf einer Platte mit Zitronenspalten anrichten. Die Petersilie einige Sekunden im heißen Fett backen und die Hechtschnitten damit garnieren.

Hechtpastete

Die Pastete kann aus Fleisch von allen mageren Fischen zubereitet werden, auch aus Seefischfilet.

350 g schieres Hechtfleisch ohne Haut und Gräten, 3 TL Salz, weißer Pfeffer, 1 Prise Muskat, 1/8 l Sahne, 2 Eigelb, 1 ganzes Ei.
Für die Béchamelsoße: *30 g Butter, 40 g Mehl, 1/4 l Milch, Salz, Pfeffer.*
20 g Butter für die Form.

Das Hechtfleisch in Würfel schneiden, zusammen mit den Gewürzen im Mixer pürieren. Nach und nach die Sahne und die Eier darunterrühren. Die Masse eine Stunde in den Kühlschrank stellen, am besten in eine Schüssel mit gestoßenem Eis.
Aus Butter und Mehl eine helle Einbrenne anrühren, mit Milch aufgießen und zu einer sehr dicken Béchamelsoße kochen. Die Soße mit Salz und Pfeffer abschmecken, erkalten lassen. Die Béchamelsoße unter das Fischpüree rühren, alles durch ein feines Sieb streichen. Die Masse in eine gut mit Butter ausgestrichene Pastetenform füllen, mit Alufolie abdecken. Die Form in einen mit heißem Wasser gefüllten Topf stellen. Im vorgeheizten Ofen bei 200 °C etwa 40 Minuten pochieren. Man kann die Masse auch in eine gebutterte Kochpuddingform füllen und auf dem Herd im Wasserbad kochen. Nach beendeter Garzeit die Pastete kurz abdämpfen lassen, auf eine runde Platte stürzen.
Beilagen: Kräutersoße, Krebssoße, Champignonsoße, Fischkartoffeln.
Garnierungsvorschlag: Garnieren Sie die Pastete mit gedünsteten Champignonköpfen, Krebsschwänzchen und Blätterteighalbmonden.

Hechtklößchen

Foto Seite 86

Die Masse ergibt, je nach Ausformung, 12–18 Klößchen. Als Vorspeise ist sie ausreichend für 6 Personen.

Fischmousseline (Seite 207) aus Hechtfleisch, Weißweinsoße (Seite 211) oder Krebssoße (Seite 212).

Fischmousseline aus Hechtfleisch zubereiten, im Kühlschrank, auf Eis gestellt, etwa eine Stunde quellen lassen. Aus dem Püree mit zwei Eßlöffeln längliche Klößchen formen, in ko-

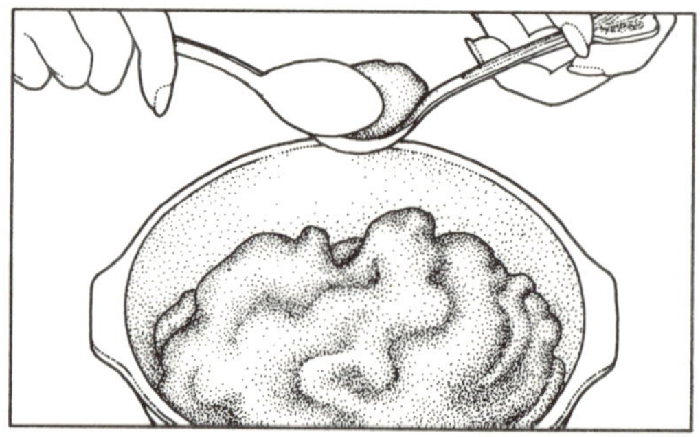

chendes Salzwasser einlegen, den Topf zurückziehen und 10 Minuten pochieren. Die Klößchen mit dem Schaumlöffel herausnehmen. Wenn sie nicht sofort verwendet werden, schreckt man sie mit kaltem Wasser ab.

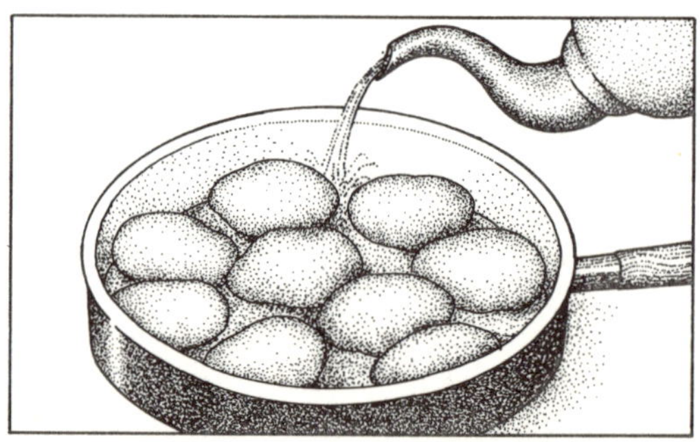

Legen Sie nicht zu viele Klößchen auf einmal ein, sie brauchen Platz, weil sie beim Kochen sehr stark aufgehen.
Eine gut gebundene, dickliche Weißwein- oder Krebssoße zubereiten. Die Klößchen in eine flache Auflauf- oder Gratinform geben, mit

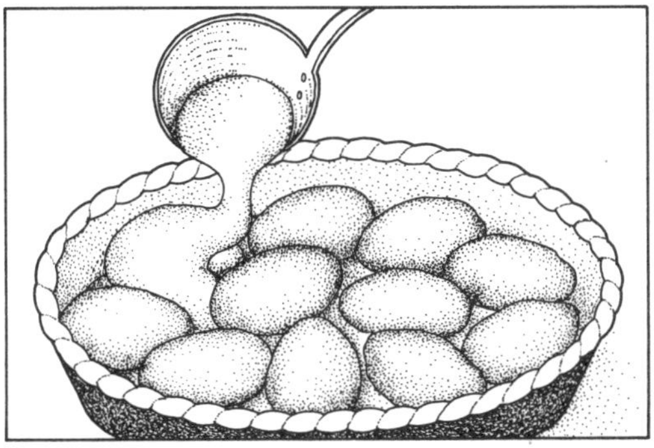

der Soße übergießen. Im vorgeheizten Ofen bei 230 °C 10–15 Minuten gratinieren.
Beilage: Reis.

Hechtklößchen mit Panade

Hechtklößchen, französisch Quenelles de brochet, sind die besondere Spezialität der Restaurants in Lyon. Sie werden mit einer leichten Käsesoße bedeckt, mit geriebenem Käse und Semmelbröseln bestreut und gratiniert. Die Masse ist ausreichend für 4 Personen als Hauptgericht oder für 6 Personen als Vorspeise.

250 g schieres Hechtfleisch ohne Haut und Gräten, in Würfel geschnitten,
2 TL Salz, weißer Pfeffer aus der Mühle,
1 Prise frisch gemahlene Muskatnuß,
Für die Panade: *1/8 l Milch, 30 g Butter,*
1 Msp Salz, 60 g Mehl.
Zum Anrichten nach Wahl: *Weißweinsoße Béchamelsoße oder Käsesoße (Seite 211).*
Nach Belieben: *3 EL geriebener Käse,*
3 EL Semmelbrösel, 40 g zerlassene Butter.

Zunächst die Panade zubereiten: Milch mit Butter und Salz zum Kochen bringen, vom Feuer nehmen, das Mehl auf einmal hineinschütten und kräftig rühren. Bei schwacher Hitze so lange rühren, bis sich ein Kloß bildet und die Masse sich vom Topf löst. Erkalten lassen.
Das Hechtfleisch und die Gewürze mit dem Stößel im Mörser zu einer pastenartigen, sehr feinen Masse verarbeiten oder im Mixer pürieren. Die Butter schaumig rühren, nach und nach das pürierte Hechtfleisch darunterarbeiten und innig vermischen. Dann die Eier, eines nach dem anderen, darunterrühren. Zuletzt wird die völlig erkaltete Panade unter das Fischpüree gemischt. Die Masse durchpassieren, in eine Metallschüssel füllen, auf Eis gestellt im Kühlschrank eine Stunde quellen lassen. Aus der Masse mit zwei Eßlöffeln Klößchen formen, in kochendes Salzwasser einlegen, 10 Minuten pochieren. Die Klößchen mit dem Schaumlöffel herausnehmen, abtropfen lassen, in eine flache Auflaufform geben.
Eine gut gebundene, dickliche Weißwein-, Béchamel- oder Käsesoße zubereiten. Die Klößchen mit der Soße übergießen. Nach Belieben mit geriebenem Käse und Semmelbröseln bestreuen und mit zerlassener Butter beträufeln. Im vorgeheizten Ofen bei 230 °C 10–15 Minuten gratinieren.
Nach alter Art wird anstelle von Butter Kalbsnierenfett verwendet und dieses mit dem Fischfleisch im Mörser zu einer glatten Creme zerstoßen. In vielen Kochbüchern kann man noch diese Version lesen. Der Geschmack ist jedoch mit Butter besser.

Zander oder Schill

Der Zander ist ein Raubfisch, der im freien Wasser jagt. Er lebt in Mittel- und Osteuropa vorwiegend in größeren, ruhigen Gewässern mit guten Sauerstoffverhältnissen, auch in Stauseen. Durch Besatzmaßnahmen und künstliche Zucht ist der Zander heute weit verbreitet. Berühmt sind die Fische vom Plattensee, wo sie *Fogosch* heißen.
Die gestreckte Körperform ist dem Hecht ähnlich. Die Färbung ist am Rücken und an den Seiten grünlich bis grau, der Bauch weißlich. Jüngere Zander haben über die obere Körperhälfte acht bis zehn dunkle Querbinden. Der Zander erreicht eine mittlere Länge von 40–50 cm, doch kann er mehr als 1 m lang werden. Laichzeit April bis Mai.
Das Fleisch ist weiß, zart und sehr schmackhaft, wenn es ganz frisch verwendet wird. Im Geschmackswert ist der Zander dem Hecht ähnlich und kann auch wie dieser zubereitet werden. Das Fleisch eignet sich vorzüglich für Farcen.

Gekochter Zander mit Senfbutter

1 Zander von 1–1,5 kg, geschuppt und küchenfertig vorgerichtet, Einfacher Fischsud (Seite 203), 4 Zitronenspalten, krause Petersilie, 120 g Butter, 1 EL Senf.

Fischsud kochen und durchseihen. Den Zander am Rückgrat entlang 1–2 cm tief einschneiden.
Den Fisch im kalten Sud zusetzen und langsam zum Kochen bringen, abschäumen. Den Fischkochtopf zurückziehen, den Fisch knapp unter dem Siedepunkt langsam garziehen lassen. Garzeit 20–30 Minuten. Der Fisch ist gar, wenn man die Rückenflosse leicht herausziehen kann. Den Zander aus dem Sud nehmen, abtropfen lassen, auf vorgewärmter Platte anrichten. Mit Zitronenspalten und Petersilie garnieren. Die Butter erhitzen, den Senf darunterrühren und gesondert zum Fisch servieren.
Beilagen: Salzkartoffeln, Salat.

Gedämpfter Zander

1 Zander von 1–1,5 kg,
geschuppt und küchenfertig vorgerichtet,
4 EL Zitronensaft, Salz, Pfeffer, 3 EL Dill,
gehackt, ½–¾ l Weinsud (Seite 204),
4 Zitronenspalten, krause Petersilie.

Den Fisch am Rückgrat entlang 1–2 cm tief einschneiden. Innen und außen mit Zitronensaft, Salz und Pfeffer marinieren. Den Einschnitt am Rücken sowie den Bauch mit grünem Dill ausstreuen. Weinsud kochen (nicht durchseihen).
Nur so viel Sud in den Fischkochkessel füllen, daß er einige Zentimeter hoch gefüllt ist. Den Fisch auf den Einsatz legen, zugedeckt bei milder Hitze 30–40 Minuten im Dampf garen. Den Fisch auf einer vorgewärmten Platte anrichten, mit Zitronenspalten und Petersilie garnieren.
Beilagen: Salzkartoffeln, legierte Kapern- oder Kerbelsoße oder Meerrettichsahne.

Gefüllter Zander

Für 6–8 Personen

Es ist zweckmäßig, den Zander durch die Kiemen auszunehmen, weil dabei der Körper unverletzt bleibt. Wie man das macht, ist auf Seite 14 erklärt.

1 Zander von 1,5–2 kg, 3 EL Zitronensaft, Salz, Pfeffer.
Zum Füllen: *Fischmousseline (Seite 207), 100 g gedünstete Champignons, in Scheiben geschnitten, 1 EL Pistazien, gehackt.*
Zum Schmoren: *40 g Butter, 1 gelbe Rübe, 100 g Bleichsellerie, 100 g weißer Lauch, alles in Scheiben geschnitten, etwa ³/₄ l Weinsud (Seite 204).*
Für die Soße: *Etwa 30 g Mehlbutter, 2 TL Zitronensaft, 1 Eigelb, ¹/₁₀ l Sahne, 50 g frische Butter.*

Den Zander mit Zitronensaft, Salz und Pfeffer einreiben. Fischmousseline (aus beliebigem Fischfleisch) herstellen, die Champignons und die Pistazien (ersatzweise gehackte Petersilie) daruntermischen. Den Zander durch die Kiemenöffnung mit der Fischmousseline füllen. Sollte von der Mousseline etwas übrigbleiben, so kocht man Klößchen davon und garniert den Fisch damit.
Das Gemüse in Butter andünsten, auf den Boden des Fischkochkessels streuen. Den gefüllten Fisch auf den Einsatz legen oder stellen. Den Weinsud angießen; der Fisch soll bis zu einem Viertel seiner Höhe in Flüssigkeit liegen. Den Fischkochkessel zudecken, auf dem Herd langsam zum Kochen bringen, dann in den auf 180 °C vorgeheizten Ofen schieben. Den Deckel einen Spalt offen lassen, damit ein Teil der Flüssigkeit verdunsten kann. Den Zander 40–50 Minuten unter häufigem Begießen mit der Garflüssigkeit schmoren. Der Fisch ist gar, wenn man die Rückenflosse leicht herausziehen kann. Den Fisch aus dem Sud nehmen, abtropfen lassen, auf vorgewärmter Platte anrichten.
Die Garflüssigkeit durch ein Sieb in den Soßentopf gießen, bei starker Hitze auf zwei Drittel einkochen. Mit Mehlbutter leicht binden (man rechnet auf ¹/₁₀ l Sud 10–12 g Mehlbutter), gut durchkochen. Die Soße mit Zitronensaft abschmecken, bei Bedarf nachwürzen. Das Eigelb mit der Sahne verquirlen und die Soße damit legieren, dann nicht mehr kochen lassen. Die Butter flöckchenweise unter die Soße rühren. Man reicht sie gesondert zum Fisch. Den Zander kann man mit dem aromatischen Gemüse aus dem Sud garnieren.

Pochierte Zanderfilets

Aus Kopf (ohne Kiemen) und Gräten des Fisches, die beim Filetieren übriggeblieben sind, kocht man eine kleine Fischbrühe (Seite 205), die man zum Pochieren der Filets verwendet.

750 g Zanderfilet, 4 EL Zitronensaft, Salz, Pfeffer, 30 g Butter für die Form, 50 g Schalotten, gehackt, ¹/₈–¹/₄ l Fischbrühe.
Für die Soße: *2 Eigelb, 100 g flüssige Butter.*
Grüner Dill zum Garnieren.

Die Zanderfilets mit Zitronensaft, Salz und Pfeffer marinieren.
In einer feuerfesten Form die Butter zergehen lassen, mit den Schalotten ausstreuen. Die Zanderfilets ziegelartig hineinlegen. So viel Fischbrühe angießen, daß die Filets knapp bedeckt sind. Die Form mit Alufolie abdecken, in den auf 200 °C vorgeheizten Ofen schieben,

15 Minuten pochieren. Die Zanderfilets herausnehmen, abtropfen lassen, auf einer Platte anrichten und warm stellen.
Die Garflüssigkeit durch ein Sieb in den Soßentopf gießen, bei starkem Feuer auf die Hälfte einkochen. Den Topf vom Feuer nehmen, die Eigelb mit einigen Eßlöffeln abgekühltem Sud verquirlen, die eingekochte Flüssigkeit damit binden. Im heißen, jedoch nicht kochenden Wasserbad abschlagen, bis die Masse dickcremig geworden ist. Nach und nach teelöffelweise die flüssige Butter darunterschlagen. Die Soße darf dabei nicht kochen, sonst gerinnt sie. Die angerichteten Zanderfilets mit der zarten Soße übergießen. Mit Dill garnieren.

Zanderschnitten mit Champignons

4 dicke Zanderschnitten, 4 EL Zitronensaft, Salz, Pfeffer, 40 g Butter für die Form, 50 g Schalotten, 2 EL Petersilie, 200 g Champignons, alles gehackt, 1 Tomate, enthäutet, entkernt und gewürfelt, 2 Blättchen Salbei, fein gewiegt, 1/8–1/4 l trockener Weißwein.
Für die Soße: *1/10 l Sahne, etwa 10 g Mehlbutter, 30 g frische Butter.*

Die Zanderschnitten mit Zitronensaft, Salz und Pfeffer marinieren.
In einer feuerfesten Form die Butter zergehen lassen, mit der Mischung aus Schalotten, Petersilie und Champignons ausstreuen. Die Tomatenwürfel dazugeben, mit Salbei würzen, leicht salzen und pfeffern. Die Zanderschnitten in die Form legen. Seitlich so viel Wein angießen, daß der Fisch knapp bedeckt ist. Die Form mit Alufolie abdecken, in den auf 200 °C vorgeheizten Ofen schieben, etwa 15 Minuten pochieren. Die Zanderschnitten herausnehmen, in einer flachen, feuerfesten Form anrichten und warm stellen.
Die Garflüssigkeit bei starker Hitze rasch auf zwei Drittel einkochen. Mit der Sahne auffüllen, mit Mehlbutter leicht binden, gut durchkochen. Die Soße abschmecken. An der Herdseite ein Stückchen frische Butter darunterrühren. Die Soße über die angerichteten Zanderschnitten gießen. Bei 220 °C noch 5 Minuten im Ofen überglänzen.

Gratinierte Zanderfilets

Aus dem Kopf (ohne Kiemen) und den Gräten des Fisches kocht man eine kleine Brühe (Seite 205), die man zum Pochieren der Filets und zum Aufgießen der Soße verwendet.

750 g Zanderfilet, 4 EL Zitronensaft, Salz, Pfeffer, 2 EL grüne Kräuter, gehackt, 100 g Crème fraîche, 40 g Butter für die Form, 50 g Schalotten und 50 g Egerlinge, gehackt, 1/8–1/4 l Fischbrühe.
Zum Gratinieren: *3/8 l dicke Béchamelsoße (Seite 211), 1/8 l Sahne, 50 g gekochter Schinken, in kleine Würfel geschnitten, 2 EL Kapern, 2 EL Parmesan, 40 g zerlassene Butter.*

Die Zanderfilets mit Zitronensaft, Salz und Pfeffer würzen, mit Kräutern bestreuen und mit Crème fraîche beträufeln.
In einer feuerfesten Form die Butter zerlassen, mit Schalotten und Pilzen ausstreuen. Die Zanderfilets falten, in die Form legen. So viel Fischbrühe angießen, daß die Filets knapp bedeckt sind. Die Form mit Alufolie abdecken, in den auf 200 °C vorgeheizten Ofen schieben, 10 Minuten pochieren. Die Filets herausnehmen und in einer Gratinform warm stellen.

Die Garflüssigkeit durchseihen und zum Aufgießen der Béchamelsoße verwenden. Die Béchamelsoße mit Sahne auffüllen und noch einige Minuten durchkochen; sie soll dicklichsämig sein.
Die Schinkenwürfel und die Kapern über die Zanderfilets streuen, die Béchamelsoße darübergießen. Mit Parmesan bestreuen und mit Butter beträufeln. Im vorgeheizten Ofen bei 230 °C 10 Minuten gratinieren.
Beilagen: Salzkartoffeln oder Reis, Salat.

Variation
Man kann das Gericht auch aus gekochtem Zander oder aus Resten zubereiten. Evtl. gedünstete Champignons und Krebsschwänzchen dazugeben.

Zanderfilet in Sauerampfersoße

Aus dem Kopf (ohne Kiemen) und den Gräten des Zanders kocht man eine kleine Fischbrühe (Seite 205), die man zum Pochieren der Filets verwendet.

750 g Zanderfilet, 4 EL Zitronensaft,
¼ l Fischbrühe, 50 g Schalotten, gehackt.
Für die Soße: *¼ l Sahne, 10 g Mehlbutter,*
50 g Sauerampferblätter,
in Streifen geschnitten, Salz, Pfeffer,
30 g frische Butter.

Die Zanderfilets in Portionen teilen, mit Zitronensaft säuern. Die Fischbrühe mit den Schalotten in einem flachen Topf zum Kochen bringen. Die Filets hineinlegen, den Topf zur Seite ziehen, die Filets zugedeckt unter dem Siedepunkt etwa 8 Minuten pochieren. Die Filets herausnehmen, abtropfen lassen und zugedeckt warm halten.
Die Garflüssigkeit durch ein Sieb in den Soßentopf gießen, bei starkem Feuer bis zur Hälfte einkochen. Mit der Sahne auffüllen und nochmal 5 Minuten kochen. Mit Mehlbutter leicht binden. Den Sauerampfer an die Sahnesoße geben. Mit Salz und Pfeffer abschmecken und ein Stückchen frische Butter darunterrühren. Die Soße über die angerichteten Zanderfilets gießen.
Beilagen: Stangenspargel, neue Kartoffeln.

Zanderfilet mit Zitronenbutter

4 Zanderfilets zu je 180 g, 4 EL Zitronensaft,
Salz, weißer Pfeffer, Paprika, Worcestersauce,
Mehl zum Wenden, 60 g Butter zum Braten,
1 EL Petersilie, gehackt.
Für die Soße: *60 g Butter, 1 Zitrone,*
geschält, entkernt und in Würfelchen
geschnitten.

Die Zanderfilets mit Zitronensaft, Salz, Pfeffer, Paprika und einigen Spritzern Worcestersauce würzen, in Mehl wenden.
Die Fischfilets in heißer Butter auf beiden Seiten goldgelb braten, auf einer vorgewärmten Platte anrichten, mit Petersilie bestreuen. 60 g frische Butter in der Bratpfanne erhitzen, die Zitronenwürfelchen darin schwenken. Die Zitronenbutter über die angerichteten Filets gießen.
Garnierungsvorschlag: Die Platte mit Spargel, gehackten Eiern und Petersilie garnieren.

Zander Müllerin Art

Kleine Zander von Portionsgröße kann man im Ganzen braten. Sie werden geschuppt und an den Seiten mehrmals schräg eingeschnitten (ziseliert), damit die Marinade eindringen kann und das Fleisch gleichmäßig und rasch gart. Große Zander filetiert man. Das hat auch den Vorteil, daß dabei die Gräten entfernt werden.

750 g Zanderfilet, 4 EL Zitronensaft, Salz, Pfeffer, Mehl zum Wenden, Öl zum Braten, 2 EL Petersilie, gehackt, 4 Zitronenspalten, krause Petersilie, 80 g braune Butter zum Übergießen.

Zanderfilet in Portionen teilen, mit Zitronensaft, Salz und Pfeffer würzen. Die Filets in Mehl wenden, überschüssiges Mehl abschütteln.
In einer Bratpfanne ½ cm hoch Öl stark erhitzen, die Filets auf beiden Seiten goldbraun braten. Auf einer vorgewärmten Platte anrichten, mit einigen Tropfen Zitronensaft beträufeln und mit Petersilie bestreuen. Mit Zitronenspalten und Petersiliensträußchen garnieren. In der gleichen Pfanne, in der die Filets gebraten wurden, die Butter erhitzen und über die angerichteten Zanderfilets gießen, sofort servieren.
Kleine Filets können auch in Butter gebraten werden. Die Butter jedoch nicht überhitzen.
Beilagen: Butterkartoffeln, aufgeschlagene Dillsoße, Schaumsoße.

Variation
Bestreuen Sie die gebratenen Zander oder Zanderfilets mit Parmesan und gießen Sie heiße Butter darüber. Als Garnitur passen gegrillte Tomaten.

Gebackenes Zanderfilet

750 g Zanderfilet, 4 EL Zitronensaft, Salz, Pfeffer.
Zum Panieren: *Mehl, 2 Eier, verquirlt und gesalzen, Semmelbrösel.*
Reichlich Fett zum Backen, 4 Zitronenspalten, krause Petersilie.

Zanderfilet in Portionen teilen, mit Zitronensaft, Salz und Pfeffer marinieren. Die Filets in Mehl, Eimasse und Semmelbröseln panieren, die Panade andrücken.
Eine Bratpfanne etwa 2 cm hoch mit wasserfreiem Fett oder Öl füllen und erhitzen, die Filets auf beiden Seiten goldbraun backen. Auf Küchenkrepp abtropfen lassen. Die Filets mit Zitronenspalten auf einer vorgewärmten Platte anrichten. Die Petersilie einige Sekunden im Bratfett backen, die Zanderfilets damit garnieren.
Beilagen: Petersilienkartoffeln, halbzerlassene Kräuterbutter oder Tatarensoße.

Schellfisch in Dillsoße, Rezept Seite 141

Barsch oder Flußbarsch

Der Flußbarsch ist auch unter dem Namen *Egli* bekannt, am Bodensee heißt er *Kretzer*. Bis in 1000 m Höhe ist er in fließenden und stehenden Gewässern verbreitet.
Auffallend ist der hohe und ziemlich breite Rücken. Der Körper ist mit Kammschuppen bedeckt, die fest in der Haut sitzen. Der Barsch ist ein sehr farbenprächtiger Fisch, am Rücken dunkelgrau bis blau oder olivgrün, am Bauch hell bis weiß; breite, dunkle Querbinden am Oberkörper. Er erreicht eine mittlere Länge von 15–30 cm, maximal bis 45 cm. Laichzeit, je nach Wohngewässer, März bis Juni.
Kleine Barsche bereitet man wie Forelle zu, vor allem auch nach Müllerin Art gebraten. Die sehr kleinen Exemplare schmecken am besten fritiert. Größere werden filetiert und gebraten oder pochiert und mit einer feinen Soße serviert. Als Eglifilet kann man sie auf vielen Speisekarten finden.

Gekochter Barsch

1 kg Barsch (großer Fisch oder 2–4 kleinere Barsche), küchenfertig vorgerichtet,
4 EL Essig, Blausud (Seite 203),
4 Zitronenspalten, krause Petersilie.

Den Barsch auf eine Porzellanplatte legen, mit Essig übergießen, 30 Minuten einziehen lassen. Blausud kochen, durchseihen.

Gefüllter Hecht, Rezept Seite 94

Den Barsch im kalten (großer Fisch) oder lauwarmen Sud zusetzen, langsam zum Kochen bringen, abschäumen. Den Topf zur Seite ziehen, den Fisch nahe dem Siedepunkt etwa 20 Minuten pochieren (kleine Barsche in Portionsgröße sind in 8–12 Minuten gar). Den Barsch aus dem Sud nehmen, abtropfen lassen, auf einer Platte anrichten. Mit Zitronenspalten und Petersiliensträußchen garnieren.
Beilagen: Salzkartoffeln, Kerbelsoße.

Barsch mit Butterbröseln und Ei

1 kg gekochter Barsch, 100 g Butter,
3–4 EL Semmelbrösel, 2 hartgekochte Eier, gehackt, 2 EL Petersilie, gehackt.

Den frisch gekochten Barsch enthäuten, die Filets ablösen, auf einer vorgewärmten Platte anrichten. Die Semmelbrösel in heißer Butter hellbraun rösten, über das Fischfleisch gießen. Die gehackten Eier und die Petersilie darüberstreuen.

Barschfilet in feiner Buttersoße

Aus Köpfen (ohne Kiemen) und Gräten der Fische kocht man eine kleine Fischbrühe (Seite 205), die man zum Pochieren der Barschfilets verwendet. Alle filetierten Flußfische können nach diesem Rezept zubereitet werden.

750 g Barschfilet, 4 EL Zitronensaft, Salz,
30 g Butter, 50 g Schalotten und 2EL Petersilie, gehackt, 100 g Champignons,
in Scheiben geschnitten, 1/8–1/4 l Fischbrühe.
Für die Soße: *150 g Butter, Salz, Pfeffer.*

Die Barschfilets mit Zitronensaft und Salz marinieren. Die Butter in einer feuerfesten Form zergehen lassen, Schalotten, Petersilie und Champignons hineinstreuen. Die Fischfilets ziegelartig in die Form legen. So viel Fischbrühe angießen, daß die Filets knapp bedeckt sind. Die Form mit dem Deckel oder mit Alufolie zudecken. In den auf 200 °C vorgeheizten Ofen schieben, etwa 15 Minuten pochieren. Die Filets herausnehmen, abtropfen lassen. Die Champignon-Zwiebel-Mischung mit dem Schaumlöffel aus der Form nehmen, auf die Anrichteplatte geben. Die Barschfilets darauf anrichten, zugedeckt warm stellen.
Die Garflüssigkeit durch ein Sieb in den Soßentopf gießen. Bei starker Hitze auf eine kleine Menge von sirupartiger Beschaffenheit einkochen. Den Topf zurückziehen, abseits vom Feuer (oder im Wasserbad, das nicht kochendheiß sein soll) stückchenweise die Butter darunterschlagen. Erst wenn ein Stückchen Butter geschmolzen ist, gibt man das nächste Stückchen dazu; die Flüssigkeit soll nur so heiß sein, daß die untergeschlagene Butter schmilzt. Die Soße mit Salz und Pfeffer abschmecken, über die angerichteten Filets gießen oder extra dazu servieren.
Beilagen: Salzkartoffeln oder grüne Nudeln, zarte Gemüse, in Butter geschwenkt.

Gefüllte Barschfilets in Soße

Aus Köpfen (ohne Kiemen) und Gräten der Barsche kocht man eine kleine Fischbrühe (Seite 205), die man zum Pochieren der Filets verwendet.

750 g Barschfilet, 4 EL Zitronensaft, Salz,
200 g Champignons und 4 EL Petersilie,
gehackt, 60 g Butter.
Zum Pochieren: *30 g Butter, 50 g Schalotten,*
gehackt, 1/8–1/4 l Fischbrühe.
Für die Soße: *30 g Speisestärke, 3 Eigelb,*
3 EL Weißwein, 75 g Butter, Salz,
weißer Pfeffer, 1 Msp Zucker, 3 EL Sahne.

Die Barschfilets mit Zitronensaft und Salz würzen, mit gehackten Champignons und Petersilie bestreuen. Auf jedes Filet ein kleines Stückchen Butter legen, die Filets falten.
Eine feuerfeste Form mit Butter ausstreichen, die Schalotten hineinstreuen. Die gefalteten Filets in die Form legen. So viel Fischbrühe angießen, daß die Filets knapp bedeckt sind. Die Form mit Alufolie abdecken, in den vorgeheizten Ofen schieben. Bei 200 °C etwa 15 Minuten pochieren. Die Filets herausnehmen, abtropfen lassen, auf einer tiefen Platte anrichten und zugedeckt warm halten.
Die Garflüssigkeit durch ein Sieb in den Soßentopf gießen und bei starkem Feuer kurz einkochen. Man füllt mit Fischbrühe (oder Wein) auf 3/8 l auf und bereitet daraus die Soße. Die Speisestärke mit Eigelb und der abgekühlten Garflüssigkeit in einem kleinen Topf glattrühren, den Wein dazugeben. Im heißen Wasserbad bei ansteigender Hitze mit dem Schneebesen abschlagen, bis die Masse dicklich wird (nicht kochen). Die kalte Butter flöckchenweise darunterschlagen. Die Soße mit Salz, Pfeffer und Zucker abschmecken, zum Schluß die Sahne darunterrühren. Die Soße über die angerichteten Barschfilets gießen.
Beilagen: Reis, Salat.

Barschfilet auf Gemüse

750 g Barschfilet, 4 EL Zitronensaft, Salz, Pfeffer, 2 EL gemischte grüne Kräuter, gehackt, 40 g Butter, 100 g Schalotten und 1 Knoblauchzehe, gehackt, 400 g Gemüse (Bleichsellerie, Fenchel, Zucchini, enthäutete Tomaten), in Scheiben geschnitten, 40 g Butterflocken, 1/8 l Fischbrühe (Seite 205) oder Fleischbrühe.

Die Barschfilets mit Zitronensaft, Salz, Pfeffer und Kräutern marinieren. Schalotten und Knoblauch in heißer Butter andünsten, das Gemüse dazugeben und halbgar dünsten, ohne daß es Farbe nimmt. Das Gemüse salzen, in eine feuerfeste Form füllen. Die Barschfilets auf das Gemüse legen und Butterflocken darübergeben. Seitlich die Brühe angießen, die Form mit dem Deckel oder mit Alufolie zudecken, in den auf 200 °C vorgeheizten Ofen schieben und 15–20 Minuten garen. Die Filets in der Form servieren.

Gegrillter Barsch

8 kleine Barsche, geschuppt und küchenfertig vorgerichtet.
Für die Marinade: *4 EL Zitronensaft, Salz, Pfeffer, 1 EL frisches Basilikum, gehackt, 1 TL Streuwürze, 1/8 l Öl.*

Aus den angegebenen Zutaten eine Marinade anrühren, die Fische eine Stunde marinieren. Die Fische auf den vorgeheizten Rost legen, bei nicht zu starker Hitze auf beiden Seiten grillen. Während des Grillens ein- bis zweimal wenden, mehrmals mit Marinade bestreichen. Sie sind gar, wenn das Auge weiß wird und sich vorwölbt.

Beilagen: Fladenbrot, Kräuter- oder Senfmayonnaise.

Barschfilet Müllerin Art

750 g Barschfilet, 4 EL Zitronensaft, Salz, einige EL gesalzene Milch, Mehl zum Wenden, 100 g Butter zum Braten, 2 EL Petersilie, gehackt, 4 Zitronenspalten.

Die Barschfilets mit Zitronensaft und Salz marinieren. Die Filets durch gesalzene Milch ziehen, in Mehl wenden, überschüssiges Mehl abschütteln.
Die Butter in einer Stielpfanne erhitzen, die Filets auf beiden Seiten goldgelb braten. Auf einer vorgewärmten Platte anrichten, mit Petersilie bestreuen, die Platte mit Zitronenspalten garnieren. Die restliche Bratbutter über die Filets gießen und sofort servieren.
Garnierungsvorschlag: Die frisch gebratenen Barschfilets auf einer großen Platte anrichten, mit brauner Butter übergießen. Mit Butterkartoffeln, kleinen, gedünsteten Champignons und Spargelspitzen garnieren. Holländische Soße extra dazu servieren.

Fritierter Barsch

Es sind die jungen, kleinen und besonders wohlschmeckenden Barsche, die fritiert werden.

1 kg kleine Barsche ohne Kopf (pro Person etwa 3 Stück), geschuppt und küchenfertig vorgerichtet, 4 EL Zitronensaft, Salz, einige EL gesalzene Milch, Mehl zum Wenden, reichlich Öl zum Fritieren, krause Petersilie, 8 Zitronenspalten.

Die Barsche mit Zitronensaft und Salz marinieren. Die Fische durch gesalzene Milch ziehen, in Mehl wenden, überschüssiges Mehl abschütteln.
In der Friteuse das Öl erhitzen, oder einen schweren Topf mit so viel Öl oder wasserfreiem Fett füllen, daß die Fische darin schwimmen können. Die Fische auf beiden Seiten goldbraun backen. Auf Küchenkrepp abtropfen lassen. Die Barsche bergartig auf einer vorgewärmten Platte anrichten. Die Petersilie im Fritierfett einige Sekunden backen. Die Platte mit der gebackenen Petersilie und Zitronenspalten garnieren.
Beilagen: Tiroler Soße oder Kräutermayonnaise oder Knoblauchmayonnaise.

Variation
Fritierte Barschfilets werden genauso zubereitet. Man richtet sie mit kreuzweise aufgelegten Sardellenfilets und Kapern an.

Rutte oder Quappe

Die Rutte oder Quappe, auch *Aalquappe* oder *Trüsche* genannt, ist die einzige Art der Dorschfische, die im Süßwasser lebt. Sie ist in Seen und Fließgewässern verbreitet, in den Alpen kommt sie bis in 1200 m Höhe vor. Man trifft sie auch im Brackwasser der Flußmündungen an.
Die Grundfärbung des langgestreckten Körpers ist braun, gelboliv oder grünlich mit dunkler Marmorierung. Auffallend ist der breite, flache Kopf mit breiter Mundspalte. Die Rutte hat sehr kleine, zarte Schuppen und muß nicht geschuppt werden. Sie erreicht eine mittlere Länge von 30–60 cm, maximal 1 m. Laichzeit November bis März.

Die Rutte ist ein wertvoller, sehr schmackhafter Speisefisch. Ihr Fleisch ist weiß, fest und zart, außer der Hauptgräte hat sie nur wenige Gräten. Die schleimige Haut reibt man vor dem Kochen mit Salz ab, sofern der Fisch nicht blaugekocht wird. Man kann die Rutte pochieren, braten, füllen, das Fleisch zu Schnitzeln schneiden und fritieren. Die Leber ist besonders groß, sehr zart und gilt als Delikatesse. Sie muß jedoch – wie Fischleber überhaupt – immer völlig durchgegart werden. Alle Rezepte für Forellen können auch für die Rutte angewandt werden. Ruttenfilets können nach den Rezepten für Barschfilets zubereitet werden.

Gekochte Rutte

4 Rutten in Portionsgröße, küchenfertig vorgerichtet, Einfacher Fischsud (Seite 203), 4 Zitronenspalten, krause Petersilie.

Fischsud kochen und durchseihen. Die Rutten in den lauwarmen Sud geben, gerade zum Sieden bringen, abschäumen. Den Topf zurückziehen, nahe dem Siedepunkt 8–12 Minuten ziehen lassen. Die Fische sind gar, wenn die Augen perlig-weiß heraustreten. Aus dem Sud nehmen, abtropfen lassen, mit Zitronenspalten und Petersiliensträußchen anrichten.
Beilagen: Salzkartoffeln, Senf- oder Kapern- oder Kräutersoße.

Pochierte Ruttenschnitten

1 kg Rutte, quer in Scheiben geschnitten, 4 EL Zitronensaft, Salz, Pfeffer, 40 g Butter, 100 g Schalotten und 1 EL Dill, gehackt, ¼ l Flüssigkeit (halb Wein, halb Fisch- oder Fleischbrühe), ¼ l legierte Dillsoße (Seite 210).

Die Ruttenschnitten mit Zitronensaft, Salz und Pfeffer würzen.
In einer feuerfesten Form die Butter zergehen lassen, mit Schalotten und grünem Dill ausstreuen. Die Fischstücke in die Form legen. So viel Flüssigkeit angießen, daß sie knapp bedeckt sind. Die Form mit Alufolie abdecken, in den auf 200 °C vorgeheizten Ofen schieben und etwa 15 Minuten pochieren. Der Fisch ist gar, wenn sich die Mittelgräte vom Fleisch löst. Die Fischstücke herausnehmen, abtropfen lassen, auf vorgewärmter Platte anrichten und warm stellen.
Die Garflüssigkeit durchpassieren und zum Aufgießen der Dillsoße verwenden, die über die angerichteten Fischstücke gegossen wird.
Beilage: Salzkartoffeln.

Gebratene Ruttenfilets

750 g Ruttenfilets, 4 EL Zitronensaft, Salz, Pfeffer, einige EL Milch, Mehl zum Wenden, 80 g Butter zum Braten, 2 EL Petersilie, gehackt.
Zum Anrichten: *80 g Sardellenbutter (Seite 217), gebackene Zwiebelringe (Seite 218), 4 Zitronenspalten.*

Zunächst die Garnitur vorbereiten: Sardellenbutter anrühren, zu einer Rolle formen und kalt stellen; Zwiebelringe backen. Die Ruttenfilets mit Zitronensaft, Salz und Pfeffer würzen, durch Milch ziehen, in Mehl wenden, überschüssiges Mehl abschütteln.
In einer Bratpfanne die Butter erhitzen, die Filets auf beiden Seiten goldgelb braten. Auf einer Platte anrichten, mit Petersilie bestreuen. Gebackene Zwiebelringe und je ein Stückchen Sardellenbutter auf die Filets geben. Die Platte mit Zitronenspalten garnieren.

Ruttenschnitten mit Zucchini und Tomaten

1 kg Rutte, quer in Scheiben geschnitten, 4 EL Zitronensaft, Salz, Pfeffer, 5 EL Öl, ½ Zwiebel, gehackt, 3 kleine Zucchini, in Würfel geschnitten, 1 Knoblauchzehe, durchgepreßt, 2 Tomaten, enthäutet, entkernt und in Würfel geschnitten, Salz, Pfeffer, 30 g Butter für die Form, 2 EL Parmesan, 30 g Butterflocken.

Die Ruttenschnitten mit Zitronensaft, Salz und Pfeffer würzen.
In einem flachen Topf das Öl erhitzen, Zwiebel, Zucchini und Knoblauch einige Minuten dünsten, dann die Tomatenwürfel dazugeben, mit Salz und Pfeffer würzen. Das Gemüse etwa 10 Minuten dünsten.
In einer feuerfesten Form die Butter zergehen lassen, die Ruttenschnitten nebeneinander hineinlegen, mit dem Gemüse bedecken. In den auf 200 °C vorgeheizten Ofen schieben, etwa 15 Minuten garen. Dann das Gemüse mit Käse bestreuen und mit Butterflocken belegen, noch etwa 10 Minuten überbacken, bis der Fisch gar und das Gemüse hellbraun überkrustet ist.
Beilagen: Aufgebackenes Stangenweißbrot mit Butter oder warmes Knoblauchbrot.

Fisch-Allerlei

Weißfische

Unter dem Sammelbegriff »Weißfische« ist die artenreichste Gruppe der mitteleuropäischen Süßwasserfische zusammengefaßt. Dazu zählen Brachsen oder Blei, Plötze oder Rotzunge, Rotfeder, Aitel oder Döbel, Karausche, Nase, Güster, Nerfling und viele andere. Alle haben große Schuppen, es fehlt ihnen die kleine Fettflosse auf dem Schwanzstiel. In der Küche gelten Weißfische im allgemeinen als Fische minderer Qualität. Die Ablehnung des Weißfisches bezieht sich allerdings weniger auf die Qualität des Fleisches als vielmehr auf die vielen feinen Gräten. Sportfischer, die ja häufig auch Weißfische nach Hause bringen, wissen jedoch längst, daß man bei entsprechender Zubereitung auch den einfachen Weißfisch delikat und abwechslungsreich zubereiten kann. Wenn man die Fische einige Stunden vor der Zubereitung mit Essig mariniert (evtl. am Rücken mehrmals einkerben), werden die Gräten aufgeweicht und man spürt sie nicht mehr so stark. Noch besser ist es, die Fische vor der Zubereitung zu filetieren und alle Gräten sorgfältig auszulösen. Das filetierte, enthäutete Fischfleisch kann man vorzüglich für Gerichte aus Fischhackfleisch verwenden. Beim Durchdrehen durch die Maschine oder beim Pürieren im Mixer werden etwa verbliebene feine Gräten so gut zerkleinert, daß man sie nicht mehr wahrnimmt.
Die Rezepte auf den nachfolgenden Seiten sollen Anregungen für die Verwendung von Weißfischen geben. Im übrigen können Weißfische nach allen Rezepten für Süßwasserfische zubereitet werden.

Gebackene Mainfischchen

Gebackene »Meefischli« sind eine Würzburger Spezialität. Es werden Weißfischchen aus dem Main verwendet, die nur daumendick sein sollen. Bei den ganz kleinen Exemplaren von der Länge eines kleinen Fingers können die Gräten mitgegessen werden.

800 g Mainfischchen, 4 EL Zitronensaft, Salz, einige EL Mehl mit 1 Messerspitze Zimt vermischt, reichlich Öl zum Backen.

Die Fischchen schuppen, ausnehmen, Köpfe entfernen, waschen. Innen und außen mit Zitronensaft säuern und eine Stunde einziehen lassen. Die Fischchen salzen, in der Mehl-Zimt-Mischung wenden, überschüssiges Mehl abschütteln. Die Fischchen in reichlich heißem Öl schwimmend goldgelb backen.

Mainfischchen in Kräutersoße

Für diese Zubereitung können die größeren Mainfischchen verwendet werden.

800 g Mainfischchen, 4 EL Zitronensaft, Salz, 40 g Butter, 1/8–1/4 l trockener Frankenwein.
Für die Soße: *20 g Butter, 20 g Mehl, 1/4 l Flüssigkeit, Salz, weißer Pfeffer, 2 EL Sahne, 1 TL Zitronensaft, 2 EL frische Kräuter, fein gewiegt.*

Die Fischchen schuppen, ausnehmen, waschen. Innen und außen mit Zitronensaft säuern und eine Stunde einziehen lassen. Die Fischchen salzen, in heißer Butter kurz andünsten. So viel Wein angießen, daß die Fischchen nicht ganz bedeckt sind. Zugedeckt bei milder Hitze 8–10 Minuten garziehen lassen. Die Fischchen herausnehmen und warm stellen.
Die Garflüssigkeit durchseihen, evtl. mit Fleischbrühe auf 1/4 l auffüllen. Aus Butter und Mehl eine helle Einbrenne anrühren, mit der Brühe aufgießen, mit Salz und Pfeffer würzen, gut durchkochen. Mit Sahne und Zitronensaft abschmecken. Die Kräuter einige Minuten in der Soße ziehen lassen. Die Fischchen auf tiefer Platte anrichten, mit Soße übergießen.

Steckerlfisch

Steckerlfische sind eine Spezialität des Münchner Oktoberfestes. Wer einmal bei der »Fischer Vroni« vor der langen Reihe der aufgespießten, bratenden Steckerlfische gestanden hat, wird ihren intensiv-würzigen Geruch nicht mehr vergessen. Und gut schmecken sie auch. Darum sollte man sich das Vergnügen machen – wenn man gerade einmal eine genügende Anzahl kleiner Fische gefangen hat – sie als Steckerlfisch am offenen Feuer zu braten.
Die Fische werden wie üblich geschuppt, ausgenommen, geputzt und gewaschen. Man bestreut sie mit Salz und steckt sie an möglichst grüne und nicht zu dünne Haselnußstöckchen, die man sich in der entsprechenden Länge vom nächsten Strauch holt. Man macht ein gutes Feuer und hält, wenn das Feuer nicht mehr zu hoch brennt, sondern als kräftiges Glutbett wabert, die aufgespießten Fische darüber. Man kann die Stöcke auch schräg in die Erde über die Glut stecken, muß sie dann aber gelegentlich wenden. Die Fische werden mehrmals mit Salzwasser beträufelt, damit sie nicht verbrennen und gleichzeitig gewürzt werden. Das Braten am Steckerl ist Übungssache und sollte mit weniger wertvollen und kleineren Fischen zunächst erprobt werden. Gleichzeitig kann man in der Asche Kartoffeln mitbraten.
Zum Braten über der offenen Glut sind fette Fische besonders gut geeignet, also grüner Hering und Makrele, aber auch Forelle, Lachsforelle, Renke. Vor allem bei größeren Fischen achte man darauf, daß sie anfangs nicht zu stark gebraten, sondern bei zunehmender Hitze allmählich gegart werden. Bei zu starker Anfangshitze bildet sich außen eine Schutzschicht, die jedes weitere Eindringen der Hitze verhindert und ein Garen des Fisches unmöglich macht.

Fisch-Pichelsteiner

Es können filetierte Weißfische und Flußfische aller Art (auch Seefischfilet) verwendet werden.

750 g Fischfilet, 4 EL Zitronensaft, Salz, Pfeffer, Paprika, 2 EL grüne Kräuter, gehackt, 2 EL Öl.
Für den Eintopf: *60 g Butter, 1 Zwiebel, in Scheiben geschnitten, 750 g Gemüse (gelbe Rüben, Lauch, Selleriewurzel oder Bleichsellerie, Petersilienwurzel, Weißkraut), fein geschnitten, 2 Kartoffeln, in Würfel geschnitten, etwa 1/4 l Fleischbrühe, Salz, reichlich Petersilie, gehackt.*

Das Fischfilet in Portionen teilen, mit Zitronensaft, Salz, Pfeffer, Paprika, Kräutern und Öl marinieren. Die Zwiebel, das Gemüse und die Kartoffeln in heißer Butter andünsten, die Brühe angießen, leicht salzen. Zugedeckt etwa 30 Minuten dünsten, bis das Gemüse fast weich ist. Die Fischstücke auf das Gemüse legen, mit Petersilie bestreuen, zugedeckt noch etwa 15 Minuten garen.

Fischfilet in Currysoße

Es können filetierte Weißfische und Flußfische aller Art (auch Seefischfilet) verwendet werden.

750 g Fischfilet, 5 EL Zitronensaft, Salz, 40 g Butter, 1 Zwiebel, gehackt, 1/2 Apfel, geschält und in Würfel geschnitten, 2 TL Curry, 20 g Mehl, 3/8 l Flüssigkeit (Fischbrühe, Seite 205, oder helle Fleischbrühe), 4 EL Weißwein, 6 EL Sahne.

Das Fischfilet mit 4 EL Zitronensaft und Salz marinieren. Die Zwiebel in heißer Butter glasig dünsten, die Apfelwürfel dazugeben, Curry darüberstreuen, bei schwacher Hitze etwa 5 Minuten dünsten. Das Mehl dazugeben, kurz durchrösten, mit Brühe aufgießen. Salz, 1 EL Zitronensaft und Wein zugeben, gut durchkochen. Die Sahne darunterrühren. Die Fischstücke in die Soße geben und 10–15 Minuten bei milder Hitze garen.
Die Zubereitung ist auch anwendbar für Fischreste. Sie werden in der Soße erhitzt, aber nicht mehr gekocht.
Beilage: Gedünsteter Reis.

Ungarisches Fischfilet

Es können filetierte Weißfische und Flußfische aller Art (auch Seefischfilet) verwendet werden.

750 g Fischfilet, 6 EL Zitronensaft, Salz, Pfeffer, Petersilie, gehackt, Mehl zum Wenden, 8 EL Öl zum Braten.
Für das Schmorgemüse:
80 g magerer Räucherspeck, klein gewürfelt, 1 Zwiebel, in Scheiben geschnitten, 3 Paprikaschoten, in Streifen geschnitten, 100 g Salatgurke, gewürfelt, Salz, 2 TL Paprika edelsüß, Petersilie, gehackt.

Die Fischfilets in Portionen teilen, mit 4 EL Zitronensaft, Salz, Pfeffer und Petersilie marinieren. Inzwischen das Gemüse zubereiten: Die Speckwürfel hell ausbraten, Zwiebel und Paprikaschoten andünsten, die Gurkenwürfel dazugeben, alles etwa 10 Minuten dünsten. Mit Salz und Paprika würzen, Petersilie darüberstreuen. Das Gemüse warm stellen, bis die Fischfilets gebraten sind.

Variationen
Die Frikadellen anstelle von Semmelbröseln in Mandelblättchen panieren.
Die Frikadellen in Mehl wenden und in Fett goldbraun braten, in Sardellen- oder Senfsoße anrichten.

Fischpudding

Masse wie für Fischfrikadellen (Seite 114). Eigelb und Eiweiß jedoch getrennt verwenden, 4 Sardellenfilets, fein gewiegt, 1 Essiggurke, 1 EL Kapern, 1 EL Tomatenpaprika aus dem Glas, alles grob gehackt, 20 g Butter für die Form.

Fischmasse zubereiten wie für Fischfrikadellen. Sardellen, Essiggurke, Kapern und Tomatenpaprika daruntermischen. Zuletzt den steifgeschlagenen Eischnee unterziehen.
Eine Kochpuddingform mit Butter ausstreichen, die Masse hineinfüllen, die Form verschließen. Die Puddingform in das kochende Wasserbad stellen und 40 Minuten kochen. Die Form aus dem Wasserbad nehmen, öffnen und kurz abdämpfen lassen, den Pudding auf eine Platte stürzen.
Beilagen: Kräuter- oder Kapernsoße, Blattspinat.

Fischpudding aus Resten

400 g Reste von gekochtem Fisch ohne Haut und Gräten, 30 g Butter, 3 Eier, getrennt, 1 Schalotte, gehackt, 2 EL Crème fraîche, 2 Semmeln, in lauwarmer Milch eingeweicht und ausgedrückt, 2 EL Semmelbrösel, reichlich feingewiegte Kresse, Salz, Pfeffer, Muskat, 20 g Butter und 1 EL Semmelbrösel zur Form.

Die Fischreste sehr fein hacken oder im Mörser zerstoßen. Die Butter schaumig rühren, Eigelb und Schalotte darunterrühren. Das Fischfleisch, Crème fraîche, Semmeln, die Semmelbrösel und die Kresse daruntermischen. Mit Salz, Pfeffer und Muskat würzen. Eiweiß zu steifem Schnee schlagen und unter die Fischmasse mischen.
Eine Kochpuddingform mit Butter ausstreichen und mit Semmelbröseln ausstreuen. Die Masse einfüllen, die Form verschließen, in das kochende Wasserbad stellen und etwa 40 Minuten kochen. Die Puddingform öffnen, abdämpfen lassen, den Pudding auf eine vorgewärmte Platte stürzen.
Beilagen: Tomatensoße, Kräutersoße.

Variationen
Anstelle von Kresse einige Eßlöffel geriebenen Parmesan unter die Masse mischen.
Krabben daruntermischen.
Gedünstete Champignons und Kapern daruntermischen.

Wirsingrollen (Kohlrollen) mit Fischfülle

250 g Fischpüree (Seite 208), aus beliebigem Fischfleisch zubereitet, 1 Kopf Wirsing, 50 g magerer Räucherspeck, in kleine Würfel geschnitten, 1/2 Zwiebel, gehackt, etwa 1/8 l Fischbrühe (Seite 205), 1 TL Tomatenmark, 100 g Crème fraîche, 2 EL Parmesan, 2 EL Semmelbrösel, 40 g Butterflocken, 2 EL Crème fraîche.

Fischpüree nach Rezept zubereiten; man kann auch Fleisch von ausgelösten Weißfischen dazu verwenden.
Vom Wirsingkopf den Strunk ausschneiden, in

wenig Salzwasser etwa 15 Minuten halbweich dünsten. Den Wirsingkopf abtropfen lassen, die Blätter einzeln ablösen, starke Rippen abflachen. Auf ein großes Wirsingblatt jeweils ein kleines legen, mit Fischpüree bestreichen, die Ränder einschlagen, aufrollen.
In einer feuerfesten Form die Speckwürfelchen hell anbraten, Zwiebel hineinstreuen. Die Wirsingrollen in die Form legen. Tomatenmark mit Fischbrühe verrühren und angießen. Crème fraîche über die Wirsingrollen träufeln, mit Parmesan und Semmelbröseln bestreuen, Butterflocken darübergeben. Die Wirsingrollen im vorgeheizten Ofen bei 200 °C etwa 25 Minuten garen. Die Wirsingrollen aus der Form nehmen und anrichten. Die Soße mit Crème fraîche aufkochen und über die Wirsingrollen gießen.
Krautrollen kann man genauso zubereiten.

Gefüllte Fischröllchen

Weitere Rezepte für Fischrollen sind auf Seite 157 zu finden.

750 g Filets von Weißfischen,
4 EL Zitronensaft, Salz, Pfeffer, 2 Schalotten und 3 EL Petersilie, gehackt, etwa
8 dünne Scheiben Hartwurst.
Zum Braten: *30 g Butter, 100 g Schalotten,*
1 Bund Petersilie und 100 g Champignons, alles gehackt, 4 EL Weißwein,
4 EL Crème fraîche, 40 g Butterflocken.

Die Fischfilets mit Zitronensaft, Salz, Pfeffer, Schalotten und Petersilie bestreuen, Hartwurstscheiben darauflegen, aufrollen.
In einer feuerfesten Form die Butter zergehen lassen, die Hälfte der Mischung aus Schalotten, Petersilie und Champignons hineinstreuen. Die Fischröllchen in die Form legen, den Wein angießen. Die Röllchen mit Crème fraîche bestreichen, mit dem Rest der Schalotten-Petersilien-Champignon-Mischung bestreuen, Butterflocken darübergeben. Die Form mit Alufolie abdecken. Im vorgeheizten Ofen bei 200 °C etwa 20 Minuten braten. 5 Minuten vor beendeter Garzeit die Alufolie entfernen und etwas Farbe nehmen lassen. Die Fischröllchen in der Form zu Tisch bringen.

Räucherfisch-Omelett

Für 2 Personen

100 g Räucherfisch (Renke, Forelle oder beliebiger geräucherter Seefisch) ohne Haut und Gräten, 4–5 Eier, 2 EL Milch,
1 Msp Salz, 40 g Butter zum Backen,
1 EL Petersilie, gehackt.

Das Fischfleisch in kleine Stücke teilen. Die Eier mit Milch und Salz verquirlen.
In der Stielpfanne 20 g Butter erhitzen, die Hälfte der Eiermasse hineingeben, bei schwacher Hitze zugedeckt 2–4 Minuten backen (nicht umrühren und nicht umdrehen). Die Unterseite soll leicht gebacken, die Oberseite feucht und glänzend sein. Fischfleisch auf einer Hälfte des Omeletts verteilen, mit Petersilie bestreuen, die andere Hälfte darüberklappen. Das Omelett auf den vorgewärmten Teller gleiten lassen. Das zweite Omelett ebenso zubereiten und sofort servieren.
Beilagen: Röstkartoffeln, Salat.

Variationen
Das Omelett mit Parmesan bestreuen oder Parmesan mit in die Füllung geben.
Das Omelett mit Tomatenketchup überziehen, Schnittlauch darüberstreuen.

Rogensuppe

Für 4–6 Personen

1 Karpfenrogen, 30 g Butter, etwa ¼ l Wasser, 2 EL Essig, ½ TL Salz, 1 Prise Zucker.
Für den Sud: *Schwanzstück, Gräten und Kopf (ohne Kiemen) eines frischen Karpfens, gewässert, 1½ l Wasser, 4 EL Essig, Salz, 1 Zwiebel, in Scheiben geschnitten, ½ Lorbeerblatt, 8 Pfefferkörner, gestoßen, 1 TL Thymian, 2 Petersilienstengel.*
Für die Suppe: *40 g Fett, 40 g Mehl, 2 TL Zucker, 150 g Wurzelgemüse (Zwiebel, gelbe Rübe, Sellerie, Lauch), in sehr feine Streifen geschnitten oder grob geraspelt, 6 EL Rotwein, 2–3 EL saure Sahne, 1 EL Petersilie, gehackt, 4–6 gebähte Weißbrotscheiben.*

Den Karpfenrogen kalt überbrausen, durch ein feines Sieb drücken, um die Häutchen zu entfernen. Den Rogen in heißer Butter kurz andünsten, mit so viel Wasser aufgießen, daß er gut bedeckt ist. Mit Essig, Salz und Zucker würzen, etwa 10 Minuten kochen, bis der Rogen hart und gelb ist. Mit dem Schneebesen durchschlagen und zunächst beiseite stellen.
Schwanzstück, Gräten und Kopf des Karpfens in einem Sud aus Wasser, Essig, Salz, Zwiebel, Lorbeerblatt, Pfefferkörnern, Thymian und Petersilie ansetzen. Langsam zum Kochen bringen, ½ Stunde kochen lassen. Den Sud abseihen. Die Fischfleischreste von den Gräten lösen und beiseite stellen.
Aus Fett, Mehl und Zucker eine mittelfarbene Einbrenne rösten, das Wurzelgemüse kurz mitrösten. Mit dem durchgeseihten Sud aufgießen, den Rotwein dazugeben. Bei kleinem Feuer 30 Minuten kochen, gelegentlich umrühren. Zum Schluß den gekochten Karpfenrogen und das ausgelöste Karpfenfleisch in die Suppe geben. Saure Sahne unterrühren, die Suppe dann nicht mehr kochen lassen. Bei Bedarf noch mit Rotwein, Essig oder Zitronensaft und Salz säuerlich-pikant abschmecken. Mit Petersilie bestreuen. Die Suppe über im Ofen getrocknete Weißbrotscheiben füllen.

Fischcremesuppe

1 l Fischbrühe (Seite 205), 30 g Butter, 20–30 g Mehl, Salz, 1 Prise Cayennepfeffer, ⅛ l trockener Weißwein, 4 EL Sahne, 1 Eigelb, 1 EL Petersilie, gehackt.
Als Einlage: *Wahlweise 300 g gekochter Fisch (Reste), 100 g gekochte Krabben, nach Belieben geröstete Semmelwürfel.*

Zunächst die Fischbrühe zubereiten und durchseihen. Aus Butter und Mehl helle Einbrenne anrühren, mit der Fischbrühe aufgießen. Bei Bedarf salzen, mit Cayennepfeffer würzen. Den Wein dazugießen, etwa 30 Minuten leise kochen lassen. Die Suppe vom Feuer nehmen, mit Eigelb und Sahne legieren, abschmecken. Mit Petersilie bestreuen.
Als Einlage gibt man klein zerpflücktes Fischfleisch und/oder Krabben in die Suppe. Nach Belieben richtet man sie mit gerösteten Semmelwürfeln an. (Man kann 2–3 Tomaten in der Fischbrühe mitkochen und durchpassieren; das gibt der Suppe eine leicht rötliche Farbe.)

Variationen

Die Fischcremesuppe kann man mit vielerlei Einlagen servieren, z. B.: pochierte Karpfenmilch, Hechtklößchen, Muschelfleisch, Champignons, Spargelspitzen. Man kann in Streifen geschnittenen weißen Lauch und Tomatenwürfel mitkochen. Für Fischcremesuppe mit Krebsgeschmack rührt man vor dem Anrichten ein Stückchen Krebsbutter darunter.

Ungarische Fischsuppe

Aus den Fischabgängen (Köpfe ohne Kiemen, Gräten, Schwanzstücke) kocht man eine Fischbrühe (Seite 205), die man für die Suppe verwendet.

1 kg Fischfleisch von verschiedenen Fischen (Zander, Karpfen, Hecht, Waller), möglichst entgrätet, 4 EL Zitronensaft, Salz, Pfeffer, 80 g Fett, 2–3 große Zwiebeln, gehackt, 1 Knoblauchzehe, gehackt, 1 Paprikaschote, in Streifen geschnitten, 3 Tomaten, enthäutet und geviertelt, 2 TL Paprika edelsüß, 1 TL Rosenpaprika, ¼ l Weißwein, 1 l Fischbrühe, Salz, 1 EL Speisestärke.

Das Fischfleisch in Stücke schneiden, mit Zitronensaft, Salz und Pfeffer marinieren.
In einem Suppentopf das Fett erhitzen, die Zwiebeln andünsten; dann Knoblauch und Paprikaschote zugeben und 5 Minuten mitdünsten, zuletzt die Tomaten dazugeben und weitere 15 Minuten dünsten, bis alles weich ist. Den Gewürzpaprika darüberstreuen, umrühren und sofort mit Wein ablöschen. Mit Fischbrühe aufgießen, salzen, eine halbe Stunde kochen lassen. Mit angerührter Speisestärke leicht binden. Die Fischstücke in die Suppe geben, einmal aufkochen lassen. Dann den Topf zurückziehen und nahe dem Siedepunkt noch etwa 15 Minuten garziehen lassen. Rogen und Milch der Fische können ebenfalls mitgekocht werden.

Russische Fischsuppe

750 g Flußfisch (Karpfen, Zander, beliebiger Weißfisch), filetiert und enthäutet, 4 EL Zitronensaft, Salz, Petersilie, gehackt.
Für den Sud: *Fischköpfe ohne Kiemen, gewässerte Gräten, 1½ l Salzwasser, 1 Zwiebel und 250 g Wurzelgemüse (gelbe Rübe, Selleriewurzel, Petersilienwurzel, Lauch), in Scheiben geschnitten, 1 Lorbeerblatt, 6 Pfefferkörner, gestoßen.*
Für die Suppe: *5 El Öl, 1 Zwiebel und 100 g Lauch, in Ringe geschnitten, 2 gelbe Rüben und 1 kleine rote Rübe, grob geraspelt, 200 g Weißkraut, fein gehobelt, Salz, Pfeffer, 1 TL Kümmel, 2/10 l saure Sahne, 1 Bund Petersilie, gehackt.*

Das Fischfleisch in kleine Stücke schneiden, mit Zitronensaft, Salz und Petersilie marinieren.
Fischköpfe und Gräten mit Zwiebel, Wurzelgemüse, Lorbeerblatt und Pfefferkörnern in Salzwasser 45 Minuten kochen. Die Brühe durchseihen, die Fleischreste von den Gräten lösen und beiseite stellen. Das Gemüse durchdrücken.
In einem Suppentopf das Öl erhitzen, bei mäßiger Hitze die Zwiebel und das Gemüse halbweich dünsten, ohne daß es Farbe nimmt. Die Fischbrühe über das Gemüse gießen, mit Salz, Pfeffer und Kümmel würzen. Alles gut durchkochen, bis das Gemüse völlig weich ist. Die marinierten Fischstücke hineingeben, zugedeckt an der Herdseite 10–15 Minuten ziehen lassen, bis das Fischfleisch weich ist. Das von den Gräten abgelöste Fischfleisch ebenfalls dazugeben. Die saure Sahne unter die Suppe rühren, Petersilie darüberstreuen.
Beilagen: Brot oder in Butter geröstete Weißbrotwürfelchen.

Bouillabaisse

Foto Seite 191

Für die Fischsuppe nach Marseiller Art werden ausschließlich frische Fische und immer verschiedene Arten verwendet, z. B. Drachenkopf, Petersfisch, Knurrhahn, Seeteufel, Meeraal, Meerbarbe, Wittling (Merlan). Wir haben das Rezept nach dem Angebot auf dem deutschen Markt abgewandelt. Wichtig ist, daß man etwa fünf bis sechs verschiedene Fischsorten verwendet, solche mit festem und andere mit weichem Fleisch. Aus den Fischköpfen und Gräten kocht man eine kräftige Fischbrühe (Seite 205), die man zum Aufgießen der Bouillabaisse verwendet. Man benötigt ½–1 l Fischbrühe, je nachdem, ob man das Gericht mit viel oder mit wenig Brühe servieren will.

1 kg verschiedene kleine Fische bzw. Scheiben oder Filets von Seefischen (Heilbutt, Rotzunge, Seeteufel, Kabeljau, Goldbarsch, Seeaal, Wittling), 4 EL Zitronensaft, 2 TL Kräuter der Provence, 6 EL Öl, 200 g weißer Lauch, 1 Zwiebel, ½ Fenchelknolle, alles in dünne Scheiben geschnitten, 250 g Tomaten, geschält, entkernt und gewürfelt, 2 Knoblauchzehen, gehackt, ½–1 l Fischbrühe,
⅛ l herber Weißwein, gehackte Petersilie,
1 Lorbeerblatt, 1 gute Prise Safran,
1 Msp Cayennepfeffer, Salz, 250 g Scampi oder Krabben ohne Schale.
Zum Anrichten: *8 getrocknete Weißbrotscheiben, 3 Knoblauchzehen zum Abreiben.*

Die Fische oder Fischstücke mit Zitronensaft und Kräutern marinieren. In einem Suppentopf das Öl erhitzen, Lauch, Zwiebel und Fenchel darin 10–15 Minuten andünsten. Tomaten und Knoblauch zugeben, 5 Minuten mitdünsten. Fischbrühe und Wein angießen, Petersilie, Lorbeerblatt und Safran zugeben, mit Cayennepfeffer und Salz würzen. Die Brühe zum Kochen bringen, dann die Fische, Fischstücke und Scampi oder Krabben einlegen; zuerst gibt man die Fische mit festem Fleisch, nach 5 Minuten Kochzeit solche mit weichem Fleisch dazu. Garzeit für die Fische insgesamt etwa 15 Minuten.
Die Weißbrotscheiben im Ofen trocken rösten, mit dem Knoblauch abreiben. In jeden Suppenteller zwei Scheiben Knoblauchbrot legen, die Fischsuppe darüberschöpfen.
In Frankreich serviert man Fische und Brühe getrennt: Die Fische werden mit dem Schaumlöffel herausgenommen, auf einer Platte angerichtet und mit etwas Brühe übergossen. Der Rest der Brühe wird in der Suppenterrine serviert.

Fischmayonnaise

500 g gekochter Fisch (Reste) ohne Haut und Gräten, Salatblätter, 100–125 g Mayonnaise oder Remouladensoße, 1 Tomate, geviertelt, 2 hartgekochte Eier, halbiert, grüner Dill.

Den Fisch in kleine Stückchen teilen. Auf Salatblättern anrichten. Mit Mayonnaise oder Remouladensoße übergießen. Mit Tomatenvierteln, halbierten Eiern und grünem Dill garnieren.

Variation
Die Fischstücke kann man beliebig mit Krabben, Gurkenwürfeln, gehackter Zwiebel, Kapern und gehackten Kräutern vermischen.

Fischsülze

500 g gekochter Fisch (Reste) ohne Haut und Gräten, 4 EL Zitronensaft, Salz, Pfeffer, 1–2 Essiggurken, in Würfel geschnitten, 1 EL Kapern, 1 EL Tomatenpaprika aus dem Glas, ½ l Fischsud, Essig, 1 Prise Zucker, 6 Blatt weiße Gelatine.
Zum Garnieren: *2 Tomaten, geviertelt, krause Petersilie, 2 hartgekochte Eier, in Scheiben geschnitten.*

Den Fisch in gleichgroße Stückchen teilen, mit Zitronensaft, Salz und Pfeffer marinieren. Die Fischstücke mit den Gurkenwürfeln, den Kapern und dem Tomatenpaprika in eine kalt ausgespülte Glasschale füllen.
Von dem Fischsud, in dem der Fisch gegart wurde, einen halben Liter wegnehmen, durchseihen und erhitzen. Den Sud mit Salz, Pfeffer, Essig und einer Prise Zucker säuerlich-pikant abschmecken. Die Gelatine 10 Minuten in kaltem Wasser einweichen, ausdrücken, in dem heißen Sud auflösen, über die Fischstücke gießen. Einige Stunden in den Kühlschrank stellen, bis die Sülze steif ist.
Zum Anrichten die Sülze auf eine Platte stürzen, mit Tomatenvierteln, Petersilie und Eierscheiben garnieren.
Beilagen: Brot, Tatarensoße.

Fischsalat

500 g gekochter Fisch (Reste) ohne Haut und Gräten, 1 EL Zwiebel, gehackt, 1 Essiggurke, gewürfelt, 1 EL Kapern.
Für die Marinade: *Salz, Pfeffer, 1 Prise Zucker, 2 EL Essig, 1 TL Senf, 2 EL saure Sahne, 3 EL Öl, 1 TL grüner Dill, gehackt.*

Den Fisch in kleine Stückchen teilen. Zwiebel, Essiggurke und Kapern daruntermischen.
Aus Salz, Pfeffer, Zucker, Essig, Senf, saurer Sahne und Öl eine Marinade anrühren, den Fischsalat damit anmachen. Mit grünem Dill bestreuen.

Portugiesischer Fischsalat

Etwa 400 g gekochter Fisch (Reste) ohne Haut und Gräten, 2 EL Zitronensaft, Salz, Pfeffer, 2 Senfgurken, gewürfelt, 100 g schwarze Oliven, 1 helle Orange und 1 Blutorange, etwa 100 g Mayonnaise, 4 EL Sahne, ½ TL Zucker.

Den Fisch in kleine Stücke zerpflücken, mit Zitronensaft, Salz und Pfeffer marinieren. Die Gurkenwürfel und die Oliven dazugeben (4 Oliven zurückbehalten zum Garnieren). Die Orangen schälen, auch die weiße Innenhaut vollständig entfernen; 2 helle und 2 Blutorangenschnitze beiseite legen zum Verzieren, den Rest der Orangen in Würfel schneiden und zum Fisch geben.
Die Mayonnaise mit Sahne vermischen, mit Zucker abschmecken, evtl. mit Salz, Pfeffer und Zitronensaft nachwürzen. Den Salat mit der Mayonnaise vermischen, kaltgestellt durchziehen lassen. Mit den zurückbehaltenen Oliven und Orangenschnitzchen garnieren.

Oben: *Zwiebelfisch, Rezept Seite 152*

Unten: *Gebratener Hering im Speckmantel, Rezept Seite 167*

Russischer Fischsalat

Etwa 300 g gekochter Fisch (Reste) ohne Haut und Gräten, 2 EL Zitronensaft, Salz, Pfeffer, 2 Schalotten und 1 Bund Petersilie, gehackt, 300 g gekochte rote Rüben, in Würfel geschnitten, 1–2 Essiggurken, in Streifen geschnitten, ½ Apfel, geschält und gewürfelt, 1 Prise Kümmel, fein gewiegt, 100 g Mayonnaise, 4 EL saure Sahne, 1 EL Tomatenketchup, 2 hartgekochte Eier, halbiert.

Den Fisch in kleine Stückchen zerpflücken, mit Zitronensaft, Salz, Pfeffer, Schalotten und Petersilie marinieren. Rote Rüben, Essiggurken und Apfelwürfel zu den Fischstückchen geben, mit Kümmel würzen. Mayonnaise mit saurer Sahne und Tomatenketchup vermischen, bei Bedarf nachwürzen. Den Fischsalat mit der Mayonnaise anmachen und kaltgestellt durchziehen lassen. Mit den Eihälften, Dotter nach unten, garnieren.

Fischsalat mit Äpfeln und Sellerie

Etwa 300 g gekochter Fisch (Reste) ohne Haut und Gräten, 2 EL Zitronensaft, Salz, Pfeffer, 2 Schalotten und 1 EL Petersilie, gehackt, 1 Apfel, geschält und in Würfel geschnitten, 100 g gekochter Sellerie und 1 Essiggurke, in Würfel geschnitten, etwa 100 g Mayonnaise, 2 EL Joghurt, 1 TL Senf, 1 Tomate, geviertelt.

Die Fischreste in kleine Stückchen zerpflükken, mit Zitronensaft, Salz, Pfeffer, Schalotten und Petersilie marinieren. Apfel, Sellerie und Essiggurke zu den Fischstückchen geben. Mayonnaise mit Joghurt vermischen, mit Senf abschmecken. Bei Bedarf mit Salz und Pfeffer nachwürzen. Den Fischsalat mit der Mayonnaise vermischen. Mit Tomatenvierteln garnieren.

Thunfischsalat

1 Dose Thunfisch, ½ Dose weiße Bohnen, je 1 EL Zwiebel und grüne Kräuter, gehackt.
Für die Marinade: *Salz, Pfeffer, 1 Prise Zucker, 2 EL Essig, 3 EL Öl.*
Zum Garnieren: *1 hartgekochtes Ei, in Scheiben geschnitten, 4 Sardellenringe, 1 Tomate, geviertelt.*

Das Thunfischfleisch in kleine Stücke teilen, mit den abgetropften weißen Bohnen vermischen, Zwiebel und Kräuter dazugeben. Aus Salz, Pfeffer, Zucker, Essig und Öl eine Marinade anrühren, den Salat damit anmachen, durchziehen lassen. Mit Eierscheiben, Sardellenringen und Tomatenvierteln garnieren.

Fischersalat

300 g Schillerlocken, in 2 cm große Stückchen geschnitten, 1 grüne Paprikaschote, entkernt und in sehr kleine Würfel geschnitten, ½ Dose Maiskörner, ⅓ Dose Champignons, 1 Schalotte, gehackt, 80 g schwarze Oliven, entsteint.
Für die Marinade: *Salz, Pfeffer, 1 Prise Zucker, 2 EL Essig oder Zitronensaft, 4 EL Öl.*

Heringstopf, Rezept Seite 168

Schillerlocken, Paprikawürfel, Maiskörner, Champignons, Schalotte und Oliven vermischen. Mit einer Marinade aus Salz, Pfeffer, Zucker, Essig oder Zitronensaft und Öl anmachen. Kalt gestellt durchziehen lassen.

Variationen
Sahne oder Crème fraîche daruntermischen. Den Salat mit Senfmayonnaise anmachen. Den Salat mit einer gekochten, kleingewürfelten roten Rübe rot färben.

Matjessalat

4 Matjesfilets, gewässert und in kleine Stückchen geschnitten, 1–2 Essiggurken und 1 Apfel, klein gewürfelt, 1 EL Kapern, 2 hartgekochte Eier, grob gehackt, 100 g Mayonnaise, 3 EL Joghurt, 1–2 TL Senf, Salz, Pfeffer.

Matjesfilets, Gurkenwürfel, Apfelwürfel, Kapern und Eier vermischen. Mayonnaise mit Joghurt verrühren, mit Senf, Salz und Pfeffer abschmecken und darübergießen. Den Salat mischen und kalt stellen.

Heringssalat mit Kartoffeln

8 Matjesfilets (oder Filets von Salzheringen), gewässert und in Streifen geschnitten, 500 g gekochte Kartoffeln, 2 gekochte gelbe Rüben, 1/2 gekochte Sellerieknolle, 1–2 Äpfel, 1–2 Essiggurken, alles in zierliche Würfel geschnitten, 1/2 Zwiebel, gehackt.
Für die Marinade: *Salz, Pfeffer, 1 Prise Zucker, 3 EL Essig, 5 EL Öl, bei Bedarf einige EL Fleischbrühe.*

Alle kleingeschnittenen Zutaten vermischen. Marinade anrühren und den Salat damit anmachen. So viel Fleischbrühe daruntermischen, daß der Salat schön saftig ist. Den Salat einige Stunden durchziehen lassen.

Roter Heringssalat

250 g gekochte rote Rüben, 1–2 Äpfel, 1–2 gekochte Kartoffeln, alles in kleine Würfel geschnitten, 4 Matjesfilets, gewässert und in Streifen geschnitten, 100–125 g Mayonnaise, 2 EL Joghurt, 1–2 TL Senf, Salz, Pfeffer.

Alle kleingeschnittenen Zutaten vermischen. Die Mayonnaise mit Joghurt verrühren, mit Senf, Salz und Pfeffer abschmecken, darübergießen und mischen. Den Salat kaltgestellt durchziehen lassen.

Seefische

Allgemeine Hinweise

Das Angebot an frischem Seefisch ist dank einer gut funktionierenden Kühlkette heute sehr reichhaltig und von ausgezeichneter Qualität. Der frisch gefangene Seefisch wird bei optimaler Temperatur und sachgemäßer Verpackung mit den modernen Fischereifahrzeugen so rasch angeliefert, daß man auch im Binnenland wirklich frischen Seefisch kaufen kann. Daneben gibt es das ganze Jahr über ein reichhaltiges Angebot an tiefgefrorenem Seefisch. Seine Vorzüge liegen auf der Hand: Tiefgekühlte Ware – vorausgesetzt, daß sie sachgemäß eingefroren, verpackt und gelagert wurde – ist absolut frisch, das Angebot ist überschaubar, man kann in Ruhe wählen und an jedem beliebigen Tag und zu jeder Jahreszeit frischen Fisch einkaufen; man kann zu Hause einen gewissen Vorrat halten, die Fische sind küchenfertig vorgerichtet. Tiefgefrorener Fisch ist einem zweifelhaften Frischfisch auf jeden Fall vorzuziehen.

Die Anlandungen von Seefisch sind nach Jahreszeit und Witterung unterschiedlich; die Preise sind daher oft großen Schwankungen unterworfen. Bevorzugen Sie beim Einkauf solche Fischarten, die reichlich am Markt und daher preisgünstig sind.

Fischbeschreibungen

Kabeljau – Dorsch

Der Kabeljau wird in der Nord- und Ostsee sowie im ganzen Küstengebiet des Nordatlantiks gefangen.

Man erkennt den Kabeljau an seinem großen Kopf mit starkem Bartfaden am vorspringenden Unterkiefer. Typisch ist die weiße Seitenlinie. Die Färbung des Rückens ist olivgrün bis braun marmoriert. Im Atlantik wird er bis zu 1,5 m lang, das mittlere Gewicht beträgt 10–20 kg; der Nordsee-Kabeljau erreicht

5–7 kg Gewicht. Die Ostsee- und Jugendform des Kabeljau wird als *Dorsch* bezeichnet, durchschnittliches Gewicht 1 kg. *Stockfisch* ist der geköpfte, ausgenommene und an der Luft getrocknete Fisch; er muß vor der Zubereitung gewässert werden. *Klippfisch* ist der aufgeschnittene, stark gesalzene und getrocknete Fisch.
Der Kabeljau ist ein sehr begehrter Speisefisch von großer wirtschaftlicher Bedeutung. Sein zartes, etwas brüchiges Fleisch ist sehr wohlschmeckend. Frisch wird er als ganzer Fisch, vorwiegend aber als Filet angeboten, auch tiefgefroren. Seine sehr fett- und vitaminreiche Leber wird zu Lebertran verarbeitet. Den ganzen Fisch (ohne Kopf) sowie Tranchen oder große Stücke kann man kochen, größere Stücke sowie dicke Scheiben auch braten. Beliebt sind die Filetstücke, die man braten, backen, fritieren oder auch pochieren kann. Das durchgedrehte Fleisch eignet sich gut für Klößchen oder Frikadellen.

Schellfisch

In Europa wird der Schellfisch im nördlichen Atlantik und in der Nordsee gefangen.
Charakteristisch für den Schellfisch ist der große, schwarze Fleck über der Brustflosse. Rücken und Kopf sind dunkel gefärbt, die Seiten dunkel silberglänzend, der Bauch weißlich. Typisch sind die tiefschwarzen Seitenlinien. Gehandelt wird der Schellfisch in einer Länge von 30–50 cm und 2–3 kg Gewicht; maximale Länge bis 1 m.
Der Schellfisch gehört zu unseren beliebtesten und wichtigsten Speisefischen. Sein Fleisch ist weiß, zart und sehr schmackhaft. Er wird überwiegend als Frischfisch verkauft, die Filets auch tiefgefroren. Der ganze Fisch wird wie Kabeljau zubereitet. Die Filets kann man pochieren, nach Müllerin Art braten, grillen, panieren und in Fett ausbacken, fritieren. Der gekochte Schellfisch wird gerne zu Fischsalat verwendet. Als Räucherfisch ist er vor allem in England beliebt und unter der Bezeichnung »smoked haddock« im Handel.

Seehecht oder Meerhecht

Die Hauptfanggebiete sind an der Atlantikküste in West- und Südwesteuropa. Er wird auch im Mittelmeer und an der westafrikanischen Küste gefischt.
Der Seehecht hat einen schlanken Körper mit spitzem Kopf und leicht vorspringendem Unterkiefer. Die Färbung des Rückens ist schwarzgrau bis bräunlich, die Seiten silbrigweiß. Die mittlere Handelslänge beträgt 50 cm, die Mindestlänge ist durch die Nordseekonvention auf 30 cm festgelegt.
Der Seehecht kommt frisch auf den Markt, Filets auch gefroren. Sein feines, weißes Fleisch ist am schmackhaftesten im Sommer. Kleine, ganze Fische oder ein Mittelstück von einem großen Fisch kann man kochen, Tranchen oder Filets werden pochiert, gebraten oder fritiert. Das durchgedrehte Fleisch eignet sich gut für Fischklößchen oder Pastete.

Lengfisch oder Leng

Der Lengfisch oder Leng wird an den europäischen Küsten vom Ärmelkanal bis Nordnorwegen gefangen. Die Fänge erreichen jedoch keinen nennenswerten Marktanteil.
Der Leng gehört zu den kabeljauartigen Fischen. Kennzeichnend ist seine langgestreckte Körperform, die ihm den Namen Leng eingebracht hat. Er erreicht nicht selten eine Länge von 1,50 m und ein Gewicht von 25 kg und mehr. Die Färbung des Rückens ist grau oder braun, der Bauch heller.
Das Fleisch des Leng wird qualitativ nicht so hoch bewertet wie das des Kabeljau. Die Filets kann man braten, im Ofen mit Gemüse garen, zu gedünsteten Fischspeisen mit verschiedenen Fischarten verwenden.
Der *Blauleng* ist etwas kleiner, mit metallisch blau glänzender Rückenfärbung. Sein Fleisch ist von besserer Qualität als das des Leng. Im Norden wird er großenteils zu Klippfisch verarbeitet.

Seelachs oder Köhler

Hauptfanggebiete sind die schottische, norwegische und isländische Küste sowie die nördliche Nordsee.
Der Seelachs oder Köhler hat am vorstehenden Unterkiefer einen kleinen Bartfaden, helle Seitenlinien, der Körper ist oliv- bis schwarzgrün. Der Mund ist schwarz, daher der Name Köhler. Die mittlere Länge liegt bei 50 cm.
Der Seelachs hat festes, etwas graues Fleisch von mittlerer Qualität, das frisch zu jeder Jahreszeit auf den Markt kommt. Die Filets werden auch gefroren und geräuchert gehandelt. Beträchtliche Mengen der Anlandungen werden zu Klippfisch verarbeitet. Das geräucherte und leicht gefärbte Fleisch wird in Deutschland als »Seelachs in Öl«, die Abschnitte davon als »Lachsschnitzel« als Ersatz für echten Räucherlachs verarbeitet. Diese Produkte der Fischindustrie haben ihm auch die Handelsbezeichnung Seelachs eingebracht, obwohl er mit dem echten Lachs nichts zu tun hat.
Seelachs kann man zubereiten wie Kabeljau. Das durchgedrehte Fleisch wird gerne für Fischfrikadellen verwendet.

Wittling oder Weißling

International ist der Wittling oder Weißling unter seinem französischen Namen *Merlan* bekannt. Die Fanggebiete erstrecken sich vom nördlichen Eismeer bis zum Schwarzen Meer. Der auf dem deutschen Markt bisher nahezu unbekannte Wittling ist erst seit einiger Zeit als neue Fischart in den Anlandungen unserer Seefischerei von Bedeutung.
Der Wittling oder Weißling gehört zur Familie der kabeljauartigen Fische. Er hat einen schwarzen Fleck am Ansatz der Brustflossen. Sein schlanker Körper ist dem Schellfisch ähnlich, doch ist er wesentlich kleiner. Die Färbung ist am Rücken grau- bis olivgrün, die Seiten sind silbrig mit goldfarbenen Flecken oder Streifen, der Bauch weißlich. Er ist meist weniger als 30 cm lang, selten über 40 cm.
Der Wittling hat sehr zartes, feines und wohlschmeckendes Fleisch. Der Fisch muß vorsichtig behandelt werden, er verträgt keinen Eisdruck. Wegen seiner geringen Größe kommt er meist als ganzer Fisch zum Verkauf. Man kann ihn pochieren, braten, fritieren, vor allem für Fischsuppen und Fischfarcen verwenden.

Seefische

Lengfisch
Roter Knurrhahn
Sardine
Seeteufel
Rotzunge
Meeraal
Gestreifter Seewolf oder Katfisch
Glattbutt
Dornhai
Goldbrassen
Seelachs

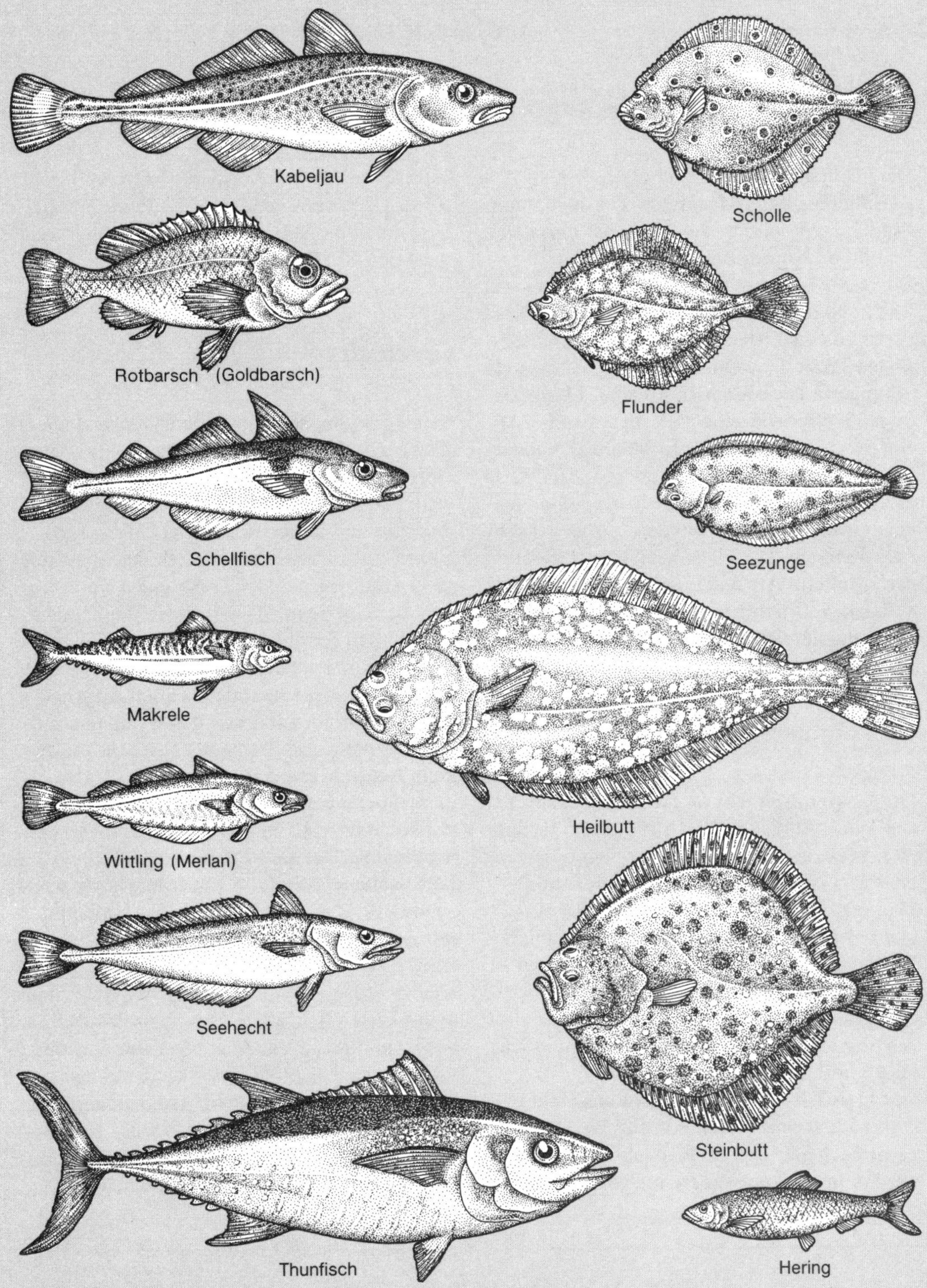
Kabeljau
Scholle
Rotbarsch (Goldbarsch)
Flunder
Schellfisch
Seezunge
Makrele
Heilbutt
Wittling (Merlan)
Seehecht
Steinbutt
Thunfisch
Hering

Rotbarsch oder Goldbarsch

Der Rotbarsch oder Goldbarsch lebt in den gemäßigten, tiefen Gebieten des Nordatlantiks. Gefischt wird er vor allem bei Grönland, Island und vor der norwegischen Küste.
Der seitlich zusammengedrückte Körper mit leuchtend roter Färbung ist in der oberen Körperhälfte dunkel marmoriert, der Bauch heller. Er hat große Stacheln und harte, festsitzende Schuppen. Die durchschnittliche Länge beträgt 30–50 cm bei einem Gewicht von 1–2 kg. Der Rotbarsch ist ein sehr beliebter und bedeutender Speisefisch. Er kommt frisch, Filets auch tiefgefroren oder geräuchert in den Handel. Größere Stücke werden gerne gekocht oder gebraten. Die Filets kann man pochieren, nach Müllerin Art braten, panieren und in Fett ausbacken, fritieren und grillen. Aus der Leber wird vitaminreiches Öl gewonnen.

Goldbrassen

Der Goldbrassen lebt im Atlantik an der afrikanischen Küste und im Mittelmeer. In Spanien heißt er *Dorada*, nach seinem Vorkommen dort ist die »Costa dorada« benannt.
Man erkennt den Goldbrassen an dem zusammengedrückten Körper mit dem stumpfen Kopf und den großen Augen. Der Rücken ist dunkelblau, die Seiten goldfarbig mit gelbsilbrigen Längsstreifen. Auffallend sind die dikken, harten Schuppen. Die durchschnittliche Länge liegt bei 30–50 cm.
Das Fleisch des Goldbrassen ist sehr fein und schmackhaft, am besten von Juli bis Oktober. Er ist auch gefroren im Handel. Kleine Fische werden im Ganzen zubereitet. Man schneidet nur die Flossen ab und stutzt den Schwanz, die Schuppen müssen restlos entfernt werden. Kleine Goldbrassen kann man in der Pfanne braten, grillen oder fritieren. Große Fische werden pochiert, gedünstet, im Ofen gebraten oder in Folie gegart. Die Filets bereitet man nach den Rezepten für Seezungenfilets zu.

Seeteufel

Man kennt ihn auch unter den Namen *Anglerfisch*, *Forellenstör* oder (französisch) *Lotte*. Der Seeteufel ist ein auf dem Meeresgrund wohnender Raubfisch, der im Mittelmeer, im Atlantik und in der Nordsee gefangen wird.
Er ist unverwechselbar zu erkennen an der merkwürdigen, beinahe kreisrunden Kopfform und dem riesigen Maul mit den zahlreichen, nach hinten gerichteten Fangzähnen. Die Ränder der Stirnfurchen sind mit Stacheln besetzt und unterstreichen mit den kleinen Augen den abschreckenden Eindruck dieses äußerst häßlichen Fisches. Die Farbe des Rückens ist dunkelbraun, mit einem Netz von schwarzen Linien überzogen, der Bauch weißlich. Die durchschnittliche Länge beträgt 40–60 cm, maximal wird er fast 2 m lang.
Der Seeteufel kommt – ohne den furchterregenden Kopf und meist auch schon enthäutet – seit einiger Zeit auch bei uns auf den Markt. Sein festes, schneeweißes Fleisch ist sehr geschätzt. Man findet es regelmäßig auf den Speisekarten vor allem der Speiselokale mit höherem Preisniveau unter seinem französischen Namen »Lotte«. Das Fleisch des Seeteufels eignet sich vor allem für gedünstete Fischspeisen und für Fischsuppen. In der Bouillabaisse darf es nicht fehlen. In Scheiben geschnitten wird es pochiert, gebraten, gegrillt.

Gestreifter Seewolf oder Katfisch

Im Handel kennt man ihn auch als *Austernfisch* oder *Steinbeißer*, in Stücke geschnitten und geräuchert als *Karbonadenfisch*. Der Seewolf wird auf beiden Seiten des Atlantiks gefangen, in der Nordsee, im Ärmelkanal.
Auffallend sind der langgestreckte, vom Hinterkopf ab gleichmäßig sich verjüngende Körper sowie der große Kopf mit breitem Maul und raubtierartigem Gebiß. Die Grundfärbung ist grau, bräunlich-rot oder grünlich mit dunklen Querbinden, die sich über Rücken und Rückenflossen erstrecken. Durchschnittliche Länge 50–60 cm, maximale Länge 120 cm.
Der Seewolf kommt ohne den abschreckend häßlichen Kopf und enthäutet auf den Markt. Das weiße, sehr schmackhafte Fleisch wird frisch, gefroren oder geräuchert gehandelt. Man verwendet es gerne für Fischsuppen. In Scheiben geschnitten wird es fritiert, gegrillt, vor allem aber gebraten.

Dornhai

Der Dornhai ist die am häufigsten vorkommende Haiart des Nordatlantiks. Er bewohnt sowohl die flachen Gewässer als auch Tiefen bis zu 400 Metern.
Die Färbung des Rückens ist blaugrau. Vor jeder der beiden Rückenflossen sitzt ein kräftiger Stachel (Dorn). Der Dornhai wird etwa 1 m lang. Nach dem Fang werden die Tiere enthäutet und der Kopf entfernt.
Das Fleisch des Dornhai wird auf dem Markt als *Seeaal* verkauft. Es kommt frisch auf Eis, vor allem auch in Gelee mariniert, in den Handel. Die dünnen Bauchlappen werden geräuchert und unter der Bezeichnung *Schillerlokken* verkauft. In Dänemark wird das frische Fleisch des Dornhai als *Königsaal* gehandelt. Das frische Fleisch kann man als Schnitzel braten, backen oder grillen.

Hering

Der Hering wird in der Nordsee und im Atlantik gefangen.
Er hat einen schlanken, seitlich etwas zusammengedrückten Körper. Die Färbung des Rückens ist meergrün oder graublau, die Seiten silberschimmernd. Große, weiche Schuppen bedecken den ganzen Körper.
Größe, Qualität und Fettgehalt des Herings sind nach Rasse, Laichplatz, Laichzeit und biologischem Zustand (Reife) unterschiedlich. Nach Reife und Alter unterscheidet man
Matjeshering: Das ist der noch nicht geschlechtsreife Hering, bei dem sich Rogen und Milch noch nicht gebildet haben (Matje = Mädchen in der holländischen Sprache). Er wird von Mitte Mai bis Anfang Juni gefangen.
Vollhering: Das ist der Hering mit Rogen oder Milch, der vor dem Ablaichen gefangen wird. Der männliche heißt Milchner, der weibliche Rogener.
Leerhering oder Yhlen: Das ist der ausgelaichte Hering.
Die wirtschaftliche Bedeutung des Herings ist groß. Ein großer Teil der Fänge wird schon an Bord der Fangschiffe verarbeitet und verpackt. Das Fleisch des Herings ist sehr schmackhaft, reich an Eiweiß und Fett. Frisch wird er als *Grüner Hering* bezeichnet; man kann ihn braten, sehr beliebt ist er auch zum Grillen auf dem Holzkohlengrill. Ein großer Teil der

Fänge wird zu Halbkonserven verarbeitet, z. B. Bismarckhering, Rollmops, Brathering, Salzhering. *Bückling* ist ein ausgenommener, gesalzener, kaltgeräucherter Hering. Frisch geräucherte Heringsfilets sind eine Delikatesse.

Sardine

Die verschiedenen Sardinenarten sind auf der ganzen Welt wichtige Nutzfische. In Europa kommen sie im Mittelmeer vor, im Atlantik, vor allem an der portugiesischen Küste. Die Sardine ist dem Hering ähnlich, aber bedeutend kleiner. Im Alter von drei Jahren ist sie 19–20 cm lang, maximale Länge 26 cm.
Frisch werden Sardinen hauptsächlich in Küstenländern gehandelt, da ihr Fleisch äußerst empfindlich ist. Bei uns kann man sie tiefgefroren kaufen. Man kann sie nach Müllerin Art braten, fritieren oder grillen; die italienische Küche kennt auch Zubereitungen von gefüllten Sardinen. Der überwiegende Teil der Fänge wird in Öl eingelegt (Ölsardinen), eingesalzen oder mariniert und zu Konserven verarbeitet. Für die Konservenindustrie werden die Sardinen von 13–15 cm Länge ausgeschieden. Ölsardinen mit Zitronensaft und gehackten Zwiebeln sind eine beliebte Vorspeise.

Makrele

Die Makrele lebt in großen Schwärmen – vom Nordkap entlang der europäischen Atlantikküste einschließlich der Nordsee und westlichen Ostsee bis ins Mittelmeer.
Dieser schnelle Fisch hat einen torpedoförmigen Körper mit wechselnder Färbung, meist grün und blau. Der Rücken ist bis zur Seitenlinie von gekrümmten, schwarzen Querstreifen überzogen; perlmuttfarbener Schimmer an den Seiten, der Bauch ist fast weiß. Die ursprünglich leuchtenden Farben verblassen nach dem Töten. Durchschnittliche Länge 30–50 cm.
Die Makrele hat schmackhaftes, leicht rötliches Fleisch, das sehr empfindlich ist und daher ganz frisch verwendet werden muß. Man kann sie braten oder grillen und in Folie garen. Sie ist auch tiefgefroren im Handel. Die Fänge werden zum großen Teil geräuchert oder zu Dauerkonserven verarbeitet.

Thunfisch

Der Thunfisch kommt im Atlantik, der Biskaya und der Nordsee vor; seine Laichgebiete liegen aber im Mittelmeer.
Der Thunfisch ist der größte Fisch in der Familie der Makrelen und wie diese ein Raubfisch. Die durchschnittliche Länge beträgt 2 m, selten über 2,60 m lang, und 300 kg schwer. Der Rücken ist dunkelblau, die Seiten grau, der Bauch weiß. Der außerordentlich kräftige Fisch ist schwer zu fangen.
Das rötliche Fleisch des Thunfisches ist sehr schmackhaft und begehrt. Im Geschmack ähnelt es dem Kalbfleisch. Frisches Thunfischfleisch wird bei uns nur selten angeboten. Überwiegend kommt es gefroren, geräuchert sowie in Öl eingelegt und konserviert in den Handel. Das frische Thunfischfleisch wird in Scheiben geschnitten. Man kann es braten oder grillen. Größere Stücke kann man dünsten und schmoren wie Kalbfleisch. Konservierter Thunfisch in Öl wird gerne zu Salatgerichten und als Vorspeise verwendet.

Roter Knurrhahn

Der Rote Knurrhahn wird von Norwegen bis zur Adria gefangen. Auffallend sind der mit Hautknochen gepanzerte Kopf und der kegelförmige Körper. Die drei untersten Brustflossen sind fingerähnlich getrennt und dienen als Tastorgane. Durch eine Bewegung der Muskulatur der Schwimmblase kann er knurrende Laute erzeugen. Der Fisch ist am Rücken lebhaft rot gefärbt (im Gegensatz zum Grauen Knurrhahn mit grauer Färbung), am Bauch hellrosa. Durchschnittliche Länge 25–50 cm.
Der Rote Knurrhahn ist ein sehr geschätzter Speisefisch mit festem, weißem Fleisch. Der Abfall ist durch seinen großen Kopf überdurchschnittlich hoch. Er wird auch ohne Kopf und enthäutet angeboten. Er ist ein beliebter Fisch zu Fischsuppen, Bouillabaisse, gedünsteten Fischgerichten mit verschiedenen Fischen. Die Filets kann man nach Müllerin Art braten oder panieren und in Fett ausbacken.

Meeraal

Der Meeraal kommt im Mittelmeer, im Atlantik, in der Nordsee vor. Er unterscheidet sich vom Flußaal u. a. durch die Ausdehnung der Rückenflosse, die bereits über den Spitzen der Brustflossen beginnt. Weibliche Tiere erreichen eine durchschnittliche Länge von 1,50–2 m, männliche bis 1 m. Er zieht, im Gegensatz zum Flußaal, nie ins Süßwasser.
Meeraal kann man wie Flußaal verwenden; das Fleisch ist jedoch etwas weich, derb und nicht so schmackhaft. Man verwendet es für Fischsuppen und Matrosengerichte, für gedünstete Gerichte mit verschiedenen Fischen.

Plattfische

Die Plattfische unterscheiden sich von den anderen Fischarten durch ihre seitlich stark zusammengedrückte Körperform. Die Larven der Plattfische schwimmen zunächst aufrecht im Wasser, mit der Bauchseite nach unten. Während der Wachstumsperiode verlagert sich das eine Auge nach rechts oder links auf die andere Körperseite und die Jungfische beginnen, quer in Seitenlage zu schwimmen. Die Verlagerung der Augen nach rechts oder links unterliegt – nach Gruppen unterschiedlich – einer gewissen Gesetzmäßigkeit. Man unterscheidet demnach rechts- und linksäugige Arten. Der Heilbutt beispielsweise ist ein rechtsäugiger Plattfisch, der Steinbutt dagegen linksäugig. Die Flunder ist in der Regel rechtsäugig, es kommen aber auch linksäugige Flundern vor. Die Augenseite (Oberseite) der Plattfische ist stets dunkel gefärbt, die Blindseite (Unterseite) meist weißlich-farblos. Die Plattfische bewohnen den Meeresboden, wo sie sich von Muscheln, Krebsen, Würmern und kleinen Grundfischen ernähren.
Seezunge und Steinbutt haben besonders feines Fleisch und werden von den Plattfischarten am höchsten bewertet. Von Seezungen kann man die Haut leicht abziehen, die anderen Plattfische dagegen lassen sich roh nur schwer enthäuten.
Plattfische schneidet man, wenn sie im Ganzen zubereitet werden, am Rückgrat entlang rechts und links ein, um das Garen zu erleichtern. Der Kopf wird meist entfernt, der Schwanz gestutzt und der Flossenkranz mit einer Schere abgeschnitten.

Scholle

Die Scholle wird in den nordatlantischen Küstengewässern sowie in der Nord- und Ostsee gefischt. In der Ostsee nennt man sie *Goldbutt*. Die Haut ist glatt, die Farbe der Augenseite graubraun mit den für die Scholle typischen roten Punkten. Durchschnittliche Länge 25–40 cm.
Die Scholle hat von allen Plattfischen die wirtschaftlich größte Bedeutung. Ihr Fleisch ist weiß, schmackhaft, doch nicht so fest wie das der Seezunge. Die Haut läßt sich nur schwer abziehen, man kann jedoch enthäutete Schollenfilets kaufen. Die Scholle wird vor allem frisch verbraucht. Man kann sie braten oder pochieren, auch grillen. Die Filets können nach den Rezepten für Seezungenfilets zubereitet werden. Am schmackhaftesten ist das Fleisch der kleinen Schollen.

Flunder

Die Flunder bewohnt die flachen Küstengebiete der Nord- und Ostsee. Sie kommt mit einem geringeren Salzgehalt im Wasser aus und wandert in den einmündenden Flüssen auch flußaufwärts. Von den nordeuropäischen Plattfischen ist sie die einzige Art, die auch im Süßwasser leben kann. In der Ostsee hat die Flunder von allen Plattfischarten die größte Bedeutung.
Die Flunder ist in der Körperform der Scholle sehr ähnlich. Man kann sie jedoch von der glatten Scholle gut durch ihre rauhe Oberfläche unterscheiden; auch fehlen ihr die typischen roten Punkte der Scholle. Die Färbung der Oberseite ist bräunlich bis grau mit schmutziggelben bis orangefarbenen Flecken, die Unterseite ist gelblich-weiß. Die Flunder ist etwas kleiner als die Scholle.
Die frische Flunder wird hauptsächlich gebraten. Die Filets kann man nach den Rezepten für Seezunge zubereiten. Große Bedeutung hat die geräucherte Flunder.

Steinbutt

Den Steinbutt findet man im Nordatlantik sowie in der Nord- und Ostsee. Er bevorzugt flaches Wasser mit Sand-, Schlamm- und Geröllgrund.
Der Steinbutt hat einen fast kreisrunden Körper. Auf der Augenseite ist er graubraun bis dunkelbraun mit großen, unregelmäßig verteilten Knochenhöckern, »Steinen«; daher der Name. Durchschnittliche Länge in der Nord- und Ostsee um 40 cm, im Atlantik länger.
Neben der Seezunge ist der Steinbutt einer der feinsten Meeresfische mit weißem, festem Fleisch. Die ganz kleinen Fische, *Turbotin* genannt, werden im Ganzen pochiert, gebraten oder gegrillt. Große Fische werden vorher halbiert und in Stücke geschnitten.

Glattbutt

Hauptfanggebiete sind die Nord- und Ostsee sowie der Atlantik.
Der Glattbutt hat eine glatte Haut. Die Oberseite ist gelblich-grau, die Unterseite glasig hell. Durchschnittliche Länge um 40 cm.
Das Fleisch des Glattbutt ist sehr geschätzt, es wird jedoch geringer bewertet als das von Steinbutt oder Seezunge. Verwendung in der Küche wie Steinbutt.

Heilbutt

Die Hauptfanggebiete in Europa sind die Gewässer vor Grönland, Island, Spitzbergen.
Der Heilbutt ist der größte Plattfisch; er kann eine Länge bis zu 2 m erreichen, Mindestmaß 50 cm. Der Körper ist langgestreckt, die Farbe der Oberseite graubraun.
Die wirtschaftliche Bedeutung dieses Fisches ist durch seine Größe und dank ergiebiger Fänge groß. Gehandelt wird er in Größen von 1,5–50 kg und mehr.
Das Fleisch ist weiß und schmackhaft, erreicht jedoch nicht die Qualität des Steinbutt. Am besten ist es im Spätjahr und Winter. Der Fisch wird in Scheiben oder Stücke geschnitten oder filetiert. Man kann ihn pochieren, braten, grillen und backen.

Seezunge

Die Seezunge wird in allen Küstengewässern Europas gefangen.
Sie hat einen länglich-ovalen Körper mit abgerundetem Kopf. Die Oberseite ist meist braun oder graubraun gefärbt mit großen, dunklen, unregelmäßigen Flecken. Die Unterseite ist weißlich. Mittlere Länge 25–30 cm bei 500 g Gewicht.
Seezungen haben das feinste Fleisch aller Seefische. Sie sind das ganze Jahr über frisch auf dem Markt; auch tiefgefroren im Handel, als ganzer Fisch oder filetiert. Die Haut läßt sich von dem festen Fleisch leicht abziehen. Man kann die Seezunge pochieren, grillen, braten, die Filets zu Röllchen verarbeiten und füllen. Die klassische Zubereitung ist »Seezunge nach Müllerin Art«.

Rotzunge

An den europäischen Küsten wird die Rotzunge von Norwegen bis zum Ärmelkanal gefangen, vorwiegend im Winter.
In der Form ist sie der Seezunge ähnlich. Die Augenseite ist rot- bis gelbbraun, dunkel marmoriert, glatte Haut. Kopf und Mund sind auffallend klein. Die durchschnittliche Länge beträgt 25–30 cm, maximal 45 cm.
In der Küche ist ihr weißes, schmackhaftes Fleisch sehr geschätzt, obwohl es etwas brüchig ist. Man kann den Fisch pochieren, grillen und braten. Die Filets bereitet man nach den Rezepten für Seezungen- oder Schollenfilets zu.

Kaviar

Kaviar sind die gereinigten und gesalzenen Eier (Rogen) verschiedener Störarten, die überwiegend im Schwarzen und Kaspischen Meer sowie in den Zuflüssen dieser Meere vorkommen. Der Rogen wird durch ein Sieb gedrückt, um die Gewebeteile zu entfernen, anschließend wird er sorgfältig eingesalzen und mit dem Konservierungsmittel Benzoe- oder Sorbinsäure haltbar gemacht. Hauptlieferanten für echten Kaviar sind Rußland und Persien.

Nach der Behandlung unterscheidet man:
Malossolkaviar: Das ist ein wenig (= mal) gesalzener Kaviar von grober Körnung. Er gilt als besonders delikat, da der Salzgeschmack bei einem Salzgehalt von nur 2–4% nicht vorherrschend ist. Die Haltbarkeit ist durch den geringen Salzgehalt natürlich eingeschränkt.
Faß- oder Salzkaviar, auch Preßkaviar: Das ist stark gesalzener Kaviar mit einem Salzgehalt

von 7–10%. Die Haltbarkeit dieses Kaviars ist höher, doch ist die Qualität durch den hohen Salzanteil herabgesetzt.

Nach der Herkunft unterscheidet man u. a.:
Beluga-Kaviar: Er wird aus dem Rogen des Hausen, der größten Störart, gewonnen. Es handelt sich um grobkörnigen, silbergrauen Kaviar von bester Qualität.
Sevruga-Kaviar: Das ist der Rogen von der kleinsten und am häufigsten vorkommenden Störart. Er ist besonders kleinkörnig, aber von guter Qualität.
Keta- oder Lachskaviar: Er wird aus dem Rogen von Lachsarten hergestellt. Der rötliche, sehr grobkörnige Keta-Kaviar wird gerne für Garnituren verwendet.
Amerikanischer Kaviar: Er wird aus Störarten in Gewässern von Oregon und Alaska gewonnen.
Deutscher Kaviar, auch Kaviar-Ersatz: Er wird vorwiegend aus dem Rogen von Seehasen, aber auch von Dorsch und Hering unter Zusatz von Bindemitteln, Konservierungs- und Farbstoffen hergestellt.

Die Qualität des Kaviars wird neben dem Salzgehalt von der Größe des einzelnen Kornes und der Farbe bestimmt. Er ist um so wertvoller, je größer und silbergrau hell das Korn ist. Die Körner sollen in Größe und Farbe gleichmäßig, prall, trocken und glasig sein.
Echter Kaviar ist eine Delikatesse, die ihren Preis hat. Serviert wird er in der Originaldose oder in einer Kristallschale, auf Eis gebettet, mit Zitrone, Toastbrot und Butter. Man verwendet ihn zu Garnituren, als Bestandteil einer Vorspeisenplatte, für Appetitbrötchen. Zu rotem Lachskaviar harmoniert auch Crème fraîche, die man in einem Schälchen serviert.
Kaviar muß immer kühl gelagert werden, angebrochene Dosen sind rasch zu verbrauchen.

Rezepte

Gekochter Seefisch

Kabeljau, Schellfisch, Seehecht, Seelachs, Goldbarsch.

1–1,5 kg Seefisch (ganzer Fisch oder ein Mittelstück), küchenfertig vorgerichtet, 4 EL Zitronensaft, Einfacher Fischsud (Seite 203), 8 Zitronenspalten, krause Petersilie.

Den Fisch mit Zitronensaft marinieren. Fischsud kochen, den Fisch in den lauwarmen Sud geben; er soll vollständig mit Sud bedeckt sein. Langsam zum Kochen bringen, abschäumen, den Fisch an der Herdseite bei mäßiger Hitze garziehen lassen (nicht kochen!). Garzeit je nach Dicke des Fisches oder des Fischstückes 20–25 Minuten. Den Fisch aus dem Sud nehmen, abtropfen lassen. Auf vorgewärmter Platte anrichten. Mit Zitronenspalten und Petersiliensträußchen garnieren.
Beilagen: Zu gekochtem Fisch passen immer Salzkartoffeln und zerlassene Butter oder eine feine Soße. Wählen Sie aus den Rezeptvorschlägen auf Seite 209 ff. eine Soße nach Ihrem Geschmack.

Gedämpfter Seefisch

Kabeljau, Schellfisch, Goldbarsch, Meerhecht, Wittling, Seelachs, Seewolf, Seeteufel.

1 kg Seefisch, 4 EL Zitronensaft, Salz, Pfeffer, 1 EL frische Kräuter, gehackt, etwa ¾ l Einfacher Fischsud (Seite 203).

Man verwendet ganze oder angeschnittene Fische bis zu 1 kg Gewicht oder Fischkoteletts. Fisch mit Zitronensaft, Salz, Pfeffer und Kräutern würzen. Fischsud kochen, nicht durchseihen; die Menge richtet sich nach der Größe des Fischkochkessels bzw. des Gefäßes, das zum Kochen verwendet wird. Der Sud soll den Boden des Fischkochkessels einige Zentimeter hoch bedecken. Den Fisch auf den Einsatz legen, zugedeckt zum Kochen bringen und bei gleichbleibender, nicht zu starker Hitze garen. Die Garzeit ist nur wenig länger als beim Kochen.

Geschmorter Seefisch

Kabeljau, Schellfisch, Seelachs, Goldbarsch, Seehecht.

1–1,5 kg Seefisch (ganzer Fisch oder ein Mittelstück), küchenfertig vorgerichtet,
4 EL Zitronensaft, Salz, Pfeffer, 2 EL frische Kräuter, gehackt.
Zum Schmoren: *40 g Butter,*
200 g Wurzelgemüse (Zwiebel, Sellerie, Karotten, Petersilienwurzel, weißer Lauch), in Scheiben geschnitten, etwa 1 l Flüssigkeit (halb Weißwein, halb Fischbrühe, Seite 205).
Für die Soße: *2/10 l Sahne, 20–30 g Mehlbutter, 30 g frische Butter.*
8 Zitronenspalten, krause Petersilie.

Den Fisch am Rückgrat entlang 1–2 cm tief einschneiden, damit er gleichmäßig gar wird. Innen und außen mit Zitronensaft, Salz, Pfeffer und Kräutern marinieren, einen Teil der Kräuter in den Einschnitt am Rücken geben. Das Wurzelgemüse in heißer Butter andünsten, auf den Boden des Fischkochkessels streuen, den gelochten Einsatz daraufgeben. Den Fisch auf den Einsatz legen oder stellen. So viel Wein und Fischbrühe angießen, daß der Fisch bis zu einem Viertel seiner Höhe in Flüssigkeit liegt. Den Topf zudecken, auf dem Herd langsam zum Kochen bringen. Dann in den auf 180 °C vorgeheizten Ofen schieben; den Deckel einen Spalt offen lassen, damit ein Teil der Flüssigkeit verdunsten kann. Den Fisch 40–50 Minuten schmoren. Er muß häufig mit dem einkochenden Sud begossen werden, damit er saftig bleibt und die Haut schön glänzend wird. Der Fisch ist gar, wenn sich die Rückenflosse leicht herausziehen läßt. Man kann auch mit einem spitzen Messer am Rükken einstechen und prüfen, ob er gar ist. Nach beendeter Garzeit den Fisch herausnehmen, abtropfen lassen und warm stellen.
Die Garflüssigkeit durch ein Sieb in den Soßentopf gießen und bei starker Hitze rasch auf die Hälfte einkochen. Die Sahne dazugeben und nochmal gut durchkochen. Die Soße mit Mehlbutter leicht binden; abseits vom Feuer ein Stückchen frische Butter darunterschlagen. Den Fisch auf einer Platte anrichten, mit Zitronenspalten und Petersiliensträußchen garnieren. Die Soße extra dazu servieren.

Variationen für die Soße
Mit Senf abschmecken.
Kapern daruntermischen.
Gehackte Kräuter daruntermischen.
Feingewiegte Sardellen daruntermischen.
Krabben oder Champignons hineingeben.

Gebratener Seefisch

Kabeljau, Schellfisch, Seelachs, Goldbarsch, Seehecht, Wittling, Seewolf, Seeteufel.

1–1,5 kg Seefisch (ganzer Fisch oder ein Mittelstück), 4 EL Zitronensaft, Salz, Pfeffer, 2 EL grüne Kräuter, gehackt, 3 EL Öl.
Zum Braten: *40 g Butter, 100 g Schalotten und 2 EL Petersilie, gehackt, nach Belieben eine Knoblauchzehe, gehackt, 40 g Butterflocken, 1/8 l Weißwein. 2–3 EL Crème fraîche für die Soße.*

Den Fisch am Rückgrat entlang 1–2 cm tief einschneiden, damit er gleichmäßig gart. Innen und außen mit Zitronensaft, Salz, Pfeffer, Kräutern und Öl marinieren.
In einer feuerfesten Form oder im Bräter die Butter zergehen lassen, mit der Hälfte der Schalotten und Petersilie ausstreuen; nach Belieben auch Knoblauch dazugeben. Den Fisch in die Form legen, mit dem Rest der Schalotten-Petersilie-Mischung bestreuen und mit Butterflocken belegen. Die Form in den auf 200 °C vorgeheizten Ofen schieben, 10 Minuten anbraten. Dann den Wein angießen, die Form mit Alufolie abdecken (damit der Fisch nicht austrocknet) und noch etwa 30 Minuten bei 180 °C braten. Während der Bratzeit den Fisch häufig mit dem Bratsaft begießen. 10 Minuten vor beendeter Garzeit die Alufolie abnehmen und offen fertigbraten, damit der Fisch etwas Farbe nimmt.
Die Bratflüssigkeit mit dem angegossenen Wein ergibt eine ausgezeichnete, kleine Soße, die man natur belassen oder mit Crème fraîche abziehen kann. Man serviert den Fisch in der Bratform oder auf einer vorgewärmten Platte.
Beilagen: Petersilienkartoffeln, zarte Gemüse, Zwiebelpüree, Blattsalat.

Gebratener Seefisch mit Champignons

Schellfisch, Wittling, Seeteufel, Kabeljau, Goldbarsch, Seelachs.

Es ist zweckmäßig, den Fisch vorher zu entgräten. Man bringt ihn dann wieder in Form oder legt ihn flach ausgebreitet, mit der Hautseite nach unten, in die Bratform.

3/4–1 kg Fisch (ganzer Fisch bis zu 1 kg Gewicht oder ein Mittelstück oder dicke Fischkoteletts), 4 EL Zitronensaft, Salz, Pfeffer, 40 g Butter für die Form, 100 g Schalotten, 2 EL Petersilie, 250 g Champignons, alles gehackt, 3 EL Semmelbrösel, 80 g zerlassene Butter, 6 EL Wein.

Fisch mit Zitronensaft, Salz und Pfeffer würzen. In einer feuerfesten Form oder im Bräter die Butter zergehen lassen. Schalotten, Petersilie und Champignons mischen, die Hälfte der Masse auf den Boden der Form streuen, den Fisch darauflegen, mit der anderen Hälfte der Schalotten-Petersilie-Champignon-Mischung bedecken. Den Fisch mit Semmelbröseln bestreuen und mit zerlassener Butter beträufeln. Seitlich den Wein angießen. Bei 200–220 °C im vorgeheizten Ofen je nach Art und Größe des Fisches 15–30 Minuten braten.

Oben: *Seezungenröllchen mit Champignons und Krabben, Rezept Seite 166*

Unten: *Schollenfilets, auf Gemüse gedämpft, Rezept Seite 160*

Schellfisch in Dillsoße

Foto Seite 103

Oder Kabeljau, Goldbarsch, Seelachs, Wittling, Lengfisch, Seewolf, Seeteufel.

1 kg Schellfisch (Mittelstück),
4 EL Zitronensaft, Einfacher Fischsud (Seite 203), 100 g gekochte Miesmuscheln ohne Schale, 150 g Krabben ohne Schale.
Für die Soße: *1/8 l Sahne, 10 g Mehlbutter, weißer Pfeffer, Salz, 1 Bund Dill, 1 Eigelb, mit 2 EL Sahne verquirlt, 30 g frische Butter.*

Den Schellfisch mit Zitronensaft säuern. Fischsud kochen, den Fisch in den heißen Sud geben und langsam zum Kochen bringen. Die Hitze reduzieren und den Fisch zugedeckt nahe dem Siedepunkt 15–20 Minuten garziehen lassen. Den Fisch aus dem Sud nehmen, abtropfen lassen und zugedeckt warm stellen.
Den Fischsud durch ein Haarsieb gießen. 3/8 l davon in den Soßentopf gießen, mit der Sahne auffüllen und bei starkem Feuer auf die Hälfte einkochen. Die Soße mit Mehlbutter binden, 5 Minuten kochen, vom Feuer nehmen. Die Hälfte des Dills fein wiegen und in die Soße geben, mit Salz und Pfeffer abschmecken. Das Eigelb, mit Sahne verquirlt, in die Soße rühren, mit einem Stückchen Butter verfeinern.
Muschelfleisch und Krabben mit kaltem Wasser abspülen, in dem Fischsud kurz erhitzen. Den angerichteten Schellfisch damit garnieren und etwas Soße darübergießen. Die restliche Soße extra servieren. Den Fisch mit Dillzweigen garnieren.

Fischfilet mit Gemüse und Speck, Rezept Seite 152

Gebratener Kräuterfisch

Kabeljau, Schellfisch, Seelachs, Goldbarsch, Seehecht, Wittling, Lengfisch.

1–1,5 kg Seefisch, 4 EL Zitronensaft, Salz, Pfeffer, 2 TL Senf, reichlich frische Kräuter (Petersilie, Dill, Estragon, Kerbel, Zitronenmelisse), gehackt.
Zum Braten: *30 g Butter, 3 Schalotten, gehackt, 80 g durchwachsener Räucherspeck, gewürfelt, 2 Fleischtomaten, Salz, Pfeffer, 1 kleine Knoblauchzehe, durchgepreßt, 2 EL geriebener Käse, 20 g Butterflocken, 1/8 l Weißwein.*
Für die Soße nach Belieben: *1–2 TL Senf, 3 EL Crème fraîche.*

Den Fisch an den Seiten mehrmals schräg einschneiden. Innen und außen mit Zitronensaft, Salz und Pfeffer einreiben. Den Fisch innen mit Senf bestreichen. Die Einschnitte an den Seiten mit Kräutern füllen.
Die Bratform mit Butter ausstreichen, mit den Schalotten ausstreuen. Den Fisch in die Form legen. Die Speckwürfel hellgelb ausbraten, das Speckfett über den Fisch träufeln, die Speckwürfel beiseite stellen.
Die Tomaten halbieren, mit der Schnittfläche nach oben seitlich neben den Fisch legen, mit Salz, Pfeffer und Knoblauch leicht würzen, Käse und Butterflocken über die Tomaten geben.
Die Bratform mit Alufolie abdecken, in den auf 200 °C vorgeheizten Ofen schieben und den Fisch 10 Minuten anbraten. Dann seitlich den Wein angießen, bei 180 °C noch etwa 30 Minuten braten. Während der Bratzeit den Fisch mehrmals mit dem Bratsaft begießen; 5 Minuten vor beendeter Garzeit die Alufolie entfernen und offen fertigbraten. Der Fisch

soll durch die Folie vor dem Austrocknen geschützt werden, aber am Schluß noch etwas Farbe nehmen.
Den Fisch mit den Tomaten auf einer Platte anrichten, mit den Speckwürfelchen und mit Kräutern bestreuen. Nach Belieben kann die Soße mit Senf abgeschmeckt und mit einigen Eßlöffeln Crème fraîche abgeschmeckt werden.

Kabeljau, mit Gemüse gebraten

Oder Seehecht, Goldbarsch, Schellfisch, Seewolf.

1–1,5 kg Kabeljau, 4 EL Zitronensaft, Salz, Pfeffer, reichlich grüne Kräuter, gehackt, 30 g Butter für die Form.
Für das Gemüse: *4 EL Olivenöl, 2–3 Zwiebeln, in Scheiben geschnitten, 2 Knoblauchzehen, gehackt, 2 Paprikaschoten, entkernt und in Streifen geschnitten, 3 Fleischtomaten, enthäutet und geviertelt, Salz, Pfeffer, 1 EL Petersilie und 1 TL Basilikum, gehackt, 80 g schwarze Oliven, entsteint.*

Den Fisch innen und außen mit Zitronensaft, Salz und Pfeffer würzen, innen mit Kräutern ausstreuen. Den Fisch in eine gebutterte Bratform legen.
In heißem Öl die Zwiebeln andünsten, ohne daß sie Farbe nehmen, Knoblauch und Paprikaschoten zugeben, 10 Minuten dünsten, dann die Tomaten dazugeben, mit Salz und Pfeffer würzen. Das Gemüse etwa 20 Minuten dünsten. Die Kräuter und die Oliven daruntermischen. Den Fisch mit dem Gemüse bedecken. Im vorgeheizten Ofen bei 200 °C etwa 30 bis 40 Minuten braten.

Gebratener Kabeljau mit Zwiebeln und Kartoffeln

Oder Goldbarsch, Schellfisch, Seehecht, Seelachs, Lengfisch.

1 kg Kabeljau (Mittelstück), 4 EL Zitronensaft, Salz, Pfeffer, 60 g Butter für die Form, 1 Bund Frühlingszwiebeln, 500 g sehr kleine, neue Kartoffeln, geschält und halbiert, 40 g zerlassene Butter, mit 3 EL Olivenöl vermischt, 1 EL Petersilie, gehackt.

Den Fisch innen und außen mit Zitronensaft, Salz und Pfeffer einreiben. In einer Bratform die Butter zergehen lassen, den Fisch in die Form legen. Die Frühlingszwiebeln (nur das Weiße) halbieren; Zwiebeln und Kartoffeln um den Fisch legen, salzen. Den Fisch und das Gemüse mit zerlassener Butter, die mit Olivenöl vermischt wurde, beträufeln. Die Form in den vorgeheizten Ofen schieben, den Fisch bei 180 °C 35–40 Minuten braten.
Während der Bratzeit den Fisch mehrmals mit dem Bratensaft begießen und das Gemüse hin und wieder wenden. Vor dem Anrichten den Fisch mit Petersilie bestreuen. In der Form servieren.

Kabeljau mit Basilikumsoße

Oder Schellfisch, Goldbarsch, Seewolf, Seeteufel, Seehecht, Knurrhahn, Goldbrassen, Lengfisch.

Fischkoteletts pochiert man in wenig Sud, so daß sie gerade bedeckt sind. Große, ganze Fische oder große Fischstücke sollen zum Kochen ganz mit Sud bedeckt sein.

1 kg Kabeljau (Mittelstück) oder 4 dicke Fischkoteletts, 4 EL Zitronensaft, Einfacher Fischsud (Seite 203), 8 Zitronenspalten zum Anrichten.
Für die Soße: *1–2 Knoblauchzehen, zerdrückt, Saft einer Zitrone, 1 TL Salz, frisch gemahlener Pfeffer, 1/8 l Olivenöl, 2 EL frisches Basilikum und 3 EL gemischte grüne Kräuter (Petersilie, Estragon, Kerbel, Zitronenmelisse), gehackt.*

Fisch mit Zitronensaft säuern, 30 Minuten einziehen lassen. Fischsud kochen, den Kabeljau in den warmen Sud geben, langsam zum Kochen bringen, abschäumen. Den Topf zur Seite ziehen, den Fisch zugedeckt 20–25 Minuten pochieren (Fischkoteletts oder Filet kürzer). Den Fisch aus dem Sud nehmen, abtropfen lassen, auf einer vorgewärmten Platte anrichten. Mit Zitronenspalten garnieren.
Für die Basilikumsoße Knoblauch, Zitronensaft, Salz und Pfeffer verrühren, das Öl und die Kräuter darunterrühren. Die Soße extra zum Fisch servieren.

Variation
Der Fisch kann auch kalt gereicht werden, als leichte Mahlzeit an heißen Sommertagen oder als Vorspeise. Die Basilikumsoße wird über den erkalteten, von Haut und Gräten befreiten Fisch gegossen und mindestens eine Stunde in den Kühlschrank gestellt. Man kann auch Fischreste verwenden.

Gebratener Seewolf mit Tomaten und Käsesoße

Oder Seeteufel, Wittling, Kabeljau, Schellfisch, Seehecht, Rotbarsch

1–1,2 kg Seewolf, 4 EL Zitronensaft, Salz, Pfeffer, 40 g Butter für die Form, 3 EL Öl, 200 g Zwiebeln, in Scheiben geschnitten, 1 Knoblauchzehe, gehackt, 500 g vollreife Tomaten, enthäutet, entkernt und gewürfelt, 1 TL Kräuter der Provence, 1 TL Paprika edelsüß.
Für die Käsesoße: *1/8 l Sahne, 3 El Crème fraîche, 100 g Gouda-Käse, 1 EL Weißwein, 1 TL Cognac, Salz, weißer Pfeffer.*
Zum Anrichten: *30 g Mandelblättchen, im Ofen trocken geröstet.*

Den Fisch mit Zitronensaft säuern. Kurz vor der Zubereitung mit Salz und Pfeffer würzen. In einer feuerfesten Form die Butter zergehen lassen, den Fisch in der Butter wälzen.
Das Öl in einem flachen Topf erhitzen, die Zwiebeln bei schwacher Hitze 15 Minuten dünsten, ohne daß sie Farbe nehmen. Knoblauch und Tomaten dazugeben, mit Kräutern, Salz, Pfeffer und Paprika würzen. Das Gemüse schmoren, bis die Flüssigkeit verdampft ist. Den Fisch mit dem Gemüse bedecken. Im vorgeheizten Ofen bei 200 °C etwa 30 Minuten braten.
Sahne und Crème fraîche erhitzen, aber nicht aufkochen. Den Käse in Scheibchen schneiden und in der Sahne schmelzen lassen. Mit Wein, Cognac, Salz und Pfeffer abschmecken. Die Käsesoße über den Fisch gießen, noch 10 bis 15 Minuten überbacken. Vor dem Anrichten die Mandelblättchen über den Fisch streuen. In der Form zu Tisch bringen.

Gebratener Goldbarsch mit Pilzen und Tomaten

Oder Kabeljau, Schellfisch, Seehecht, Seelachs, Wittling, Seeteufel, Seewolf.

1 kg Goldbarsch, 4 EL Zitronensaft, Salz, Pfeffer, 40 g Butter für die Form, 50 g Schalotten, 1 Knoblauchzehe und 2 EL Petersilie, alles gehackt, 4 Tomaten, geschält, entkernt und gewürfelt, 200 g Champignons, in Scheiben geschnitten, 1 EL frisches Basilikum, gehackt, 4 EL Parmesan, 40 g Butterflocken.

Den Fisch mit Zitronensaft säuern. Kurz vor der Zubereitung mit Salz und Pfeffer würzen. In einer feuerfesten Form die Butter zergehen lassen, Schalotten, Knoblauch und Petersilie hineinstreuen, leicht andünsten. Den Fisch in die Form legen und in der Butter wälzen. Die Tomaten mit den Pilzen und dem Basilikum vermischen und den Fisch damit bedecken, leicht salzen und pfeffern. Den Parmesan darüberstreuen und mit Butterflocken belegen. Im vorgeheizten Ofen bei 200–220 °C etwa 30 Minuten braten. Man serviert den Fisch in der Form.

Gebratener Wittling

1 Wittling von etwa 1 kg ohne Kopf, Salz, Pfeffer, 100 g Butter, 4 EL Zitronensaft, 4 EL Weißwein.

Den Wittling entgräten, auseinanderklappen, mit Salz und Pfeffer würzen.
Die Hälfte der Butter in einer feuerfesten Form erhitzen, den Fisch mit der Hautseite nach oben hineinlegen. Mit Zitronensaft und Wein beträufeln, Butterflocken darübergeben. Die Form in den vorgeheizten Ofen schieben, den Fisch bei 200 °C unter häufigem Begießen mit der Bratbutter etwa 20 Minuten braten.

Variation
Man kann den aufgeklappten Fisch in Mehl wenden und in der Stielpfanne in reichlich heißem Öl, mit Butter vermischt, braten.

Fritierter Wittling

Alle kleinen Fische bis zu Portionsgröße können nach diesem Rezept fritiert werden. Die Fische müssen geschuppt werden und küchenfertig vorgerichtet sein.

4 kleine Wittlinge ohne Kopf, 4 EL Zitronensaft, Salz, 1 EL Petersilie, gehackt, 1 Tasse gesalzene Milch, Mehl zum Wenden, reichlich Öl zum Fritieren, 8 Zitronenspalten, krause Petersilie.

Die Fische innen mit Zitronensaft, Salz und Petersilie würzen. An den Seiten mehrmals schräg einschneiden, durch gesalzene Milch ziehen und in Mehl wenden.
In einem schweren Topf so viel Öl erhitzen, daß die Fische darin schwimmen können (oder volle Friteuse benützen). Die Fische auf beiden Seiten goldbraun backen. Auf Küchenkrepp abtropfen lassen, mit feinem Salz bestreuen, mit Zitronenspalten anrichten. Petersilie kurz in heißem Öl fritieren, die Fische damit garnieren und sofort servieren.

Variation
Die Wittlinge können auch in Mehl, verquirltem Ei und Semmelbröseln paniert und ausgebacken werden.

Wittling in Folie

Das Rezept ist anwendbar für alle Fische oder Fischstücke bis zu 1 kg Gewicht.

2 Wittlinge zu je 500 g, 4 EL Zitronensaft, Salz, 100 g Kräuterbutter (Seite 216), mit 2 zerdrückten Knoblauchzehen gewürzt, 1 TL grüne Pfefferkörner, gestoßen, 150 g Crème fraîche, 2 EL Sherry.

Die Fische an der Seite vier- bis fünfmal schräg einschneiden, fast bis zur Mittelgräte. Die Fische außen und innen mit Zitronensaft und Salz einreiben, 10 Minuten einziehen lassen. Die Einschnitte sowie die Bauchhöhle der Fische mit Kräuterbutter ausstreichen. Die Fische auf gebutterte Alufolie legen, nochmal mit Zitronensaft beträufeln. Die grünen Pfefferkörner im Mörser zerstoßen, mit Crème fraîche und Sherry verrühren, leicht salzen, die Fische damit überziehen. Jeden Fisch einzeln in Alufolie einschlagen, die Folie so falzen, daß kein Saft austreten kann. Im vorgeheizten Ofen bei 190–200 °C etwa 30 Minuten garen.

Fischfilet Müllerin Art

4 Portionen Fischfilet von je 180–200 g, 5 EL Zitronensaft, Salz, Pfeffer, Mehl zum Wenden, reichlich Öl zum Braten, 2 EL Petersilie, gehackt, 80 g Butter zum Übergießen, 4 Zitronenspalten.

Die Fischfilets mit 4 EL Zitronensaft säuern und 10 Minuten einziehen lassen. Mit Salz und Pfeffer würzen. Die Filets in Mehl wenden, andrücken, überschüssiges Mehl abschütteln. In der Stielpfanne ½ cm hoch Öl stark erhitzen, die Fischfilets auf beiden Seiten goldbraun braten. Auf vorgewärmter Platte anrichten, mit einigen Tropfen Zitronensaft beträufeln, mit Petersilie bestreuen. Die Butter in der Bratpfanne erhitzen, über die angerichteten Filets gießen. Mit Zitronenspalten garnieren und sofort servieren.

Garniervorschläge: Die gebratenen Filets mit gedünsteten Champignons und Grilltomaten garnieren.

In heißer Butter Schalotten, blättrig geschnittene Champignons und Krabben andünsten; nach Belieben auch Muschelfleisch dazugeben. Mit Salz, Pfeffer und gehackter Petersilie würzen. Mit 100 g Crème fraîche binden und die gebratenen Fischfilets damit garnieren.

Gebackenes Fischfilet

4 Portionen Fischfilet von je 180–200 g, 4 El Zitronensaft, Salz, Pfeffer.
Zum Panieren: *Mehl, 2 verquirlte, gesalzene Eier, Semmelbrösel.*
Reichlich Öl zum Backen, 8 Zitronenspalten, krause Petersilie.

Die Fischfilets mit Zitronensaft säuern, 15 Minuten einziehen lassen. Mit Salz und Pfeffer würzen. Die Fischfilets in Mehl wenden, durch die Eimasse ziehen, abtropfen lassen, in Semmelbröseln panieren, die Panade andrücken. In der Stielpfanne 2 cm hoch Öl erhitzen. Die panierten Filets auf beiden Seiten goldbraun backen. Auf Küchenkrepp abtropfen lassen und mit Zitronenspalten anrichten. Petersilie einige Sekunden im heißen Fett fritieren und die Fischfilets damit garnieren.

Fischfilet in Backteig

4 Portionen Fischfilet von je 180 g,
4 EL Zitronensaft, Salz, Pfeffer, Backteig (Seite 208), reichlich Öl zum Backen,
4 Zitronenspalten, krause Petersilie.

Die Fischfilets mit Zitronensaft säuern, 15 Minuten einziehen lassen. Mit Salz und Pfeffer würzen. Backteig anrühren und quellen lassen. In einem schweren Topf so viel Öl erhitzen, daß die Fischfilets darin schwimmen können (oder volle Friteuse benützen). Die Fischstücke, eines nach dem anderen, in den Backteig tauchen und schwimmend in Fett ausbakken. Auf Küchenkrepp abtropfen lassen. Mit Zitronenspalten und Petersilie garnieren.

Pochiertes Fischfilet oder Fischkotelett

Filets oder Tranchen von Kabeljau, Schellfisch, Seehecht, Seelachs, Goldbarsch, Seewolf, Seeteufel (Lotte), Lengfisch, Stör.

Zum Pochieren verwendet man halb Wein und halb Fischbrühe, die man aus Fischköpfen und Gräten nach Rezept zubereitet. Notfalls kann die Fischbrühe durch helle Fleischbrühe ersetzt werden.

4 Portionen Fischfilet von je 200 g
oder 4 Tranchen Fisch von je 250 g,
4 EL Zitronensaft, etwa 5/8 l Flüssigkeit (halb Fischbrühe, Seite 205, halb trockener Weißwein).
Für die Soße: *40 g Butter, 40 g Mehl, 4/10 l Fischbrühe, 2/10 l trockener Weißwein, 1/10 l Sahne, Salz, Pfeffer, 2 Eigelb, mit 2 EL Sahne verquirlt, 30 g frische Butter.*

Die Fischstücke mit Zitronensaft säuern. Fischbrühe und Wein in einem flachen Topf zum Kochen bringen. Die Fischstücke hineinlegen, den Topf zur Seite ziehen, zugedeckt 8–10 Minuten pochieren. Die Fischstücke herausnehmen, warm stellen. Von Fischtranchen die Gräten auslösen und die Haut entfernen. Den Sud durch ein Sieb in den Soßentopf gießen, bei starker Hitze kurz einkochen. Aus Butter und Mehl eine helle Einbrenne anrühren, mit 4/10 l eingekochter Garflüssigkeit und dem Wein aufgießen, 15 Minuten durchkochen. Die Sahne dazugießen und nochmal mindestens 10 Minuten kochen. Die Soße vom Feuer nehmen, mit Salz und Pfeffer abschmekken. Mit verquirltem Eigelb legieren und ein Stückchen frische Butter darunterrühren, nicht mehr kochen lassen. Die Fischfilets oder Fischkoteletts in der Soße servieren.
Beilagen: Butterreis, Nudeln oder Salzkartoffeln, Salat.

Fischfilet oder Fischkotelett, im Ofen pochiert

Filets oder Tranchen von Kabeljau, Schellfisch, Seehecht, Seelachs, Goldbarsch, Seeteufel (Lotte), Seewolf, Stör, Heilbutt, Lengfisch.

4 Portionen Fischfilet von je 200 g
oder 4 Tranchen Fisch von je 250 g,
4 EL Zitronensaft, Salz, Pfeffer, 40 g Butter für die Form, 50 g Schalotten und 2 EL frische Kräuter (Petersilie, Dill, Estragon), gehackt, etwa 1/4 l Fischbrühe (Seite 205) oder halb Fischbrühe und halb Weißwein.
Für die Soße: *3 EL Crème fraîche, 1 TL Zitronensaft, 30–50 g frische Butter.*

Die Fischstücke mit Zitronensaft, Salz und Pfeffer marinieren.
In einer feuerfesten Form die Butter zergehen lassen, Schalotten und Kräuter leicht andünsten. Die Fischstücke in die Form legen. So viel Fischbrühe (und Wein) angießen, daß die Fischstücke knapp bedeckt sind; anstelle von Fischbrühe kann notfalls auch helle Fleischbrühe verwendet werden. Die Form mit Alufolie oder gebuttertem Pergamentpapier abdekken, in den vorgeheizten Ofen schieben. Die Fischstücke bei 200–220 °C etwa 15 Minuten pochieren. Die Fischstücke herausnehmen und warm stellen.
Die Garflüssigkeit in den Soßentopf abseihen und bei starkem Feuer kurz einkochen. Mit Zitronensaft und Crème fraîche abschmecken, nach und nach flöckchenweise frische Butter darunterrühren. Die Soße über die angerichteten Fischstücke gießen.
Beilagen: Petersilienkartoffeln oder Reis, Salat.

Variationen

Die eingekochte Garflüssigkeit kann man mit Sahne auffüllen und mit Mehlbutter zu einer sämigen Soße binden.
Man kann die Soße beliebig mit Senf, feingewiegten Kräutern, Sardellen, Wein, Kapern abschmecken.
Pochiertes Fischfilet mit Champignons:
100–200 g blättrig geschnittene Champignons mit in die Form geben und den Fisch pochieren wie oben.
Pochiertes Fischfilet in Currysoße: Fischfilet im Ofen pochieren wie oben. Die Soße mit 1/10 l Sahne auffüllen, mit 2 TL Curry und 1 Msp Zucker würzen, 2 EL Apfelwürfel darin weich dünsten. 30 g frische Butter unter die Currysoße rühren und die Fischstücke in der Soße servieren.

Fischfilet auf provenzalische Art

4 Portionen Fischfilet von je 200 g oder 4 Tranchen Fisch von je 250 g, 4 EL Zitronensaft, Salz, Pfeffer, 1 TL Kräuter der Provence oder 1 EL gemischte grüne Kräuter, 1/8 l Weißwein und 1/8 l Fisch- oder Fleischbrühe zum Pochieren.
Für das Schmorgemüse: *6 EL Olivenöl, 100 g Schalotten und 2 Knoblauchzehen, gehackt, 100 g Champignons, in Scheiben geschnitten, 300 g Tomaten, geschält, entkernt und geviertelt, Salz, Pfeffer, 1 EL Petersilie, gehackt.*

Die Fischfilets mit Zitronensaft, Salz, Pfeffer und Kräutern marinieren.
In einem flachen Topf das Öl erhitzen, Schalotten und Knoblauch leicht andünsten, dann die Champignons dazugeben und einige Minuten dünsten, zuletzt die Tomaten dazugeben. Mit Salz, Pfeffer und Petersilie würzen. Alles gut weich schmoren, bis die Flüssigkeit verdampft ist.
Die marinierten Fischfilets in kochender Flüssigkeit (Weißwein und Fisch- oder Fleischbrühe) 5–8 Minuten pochieren. Die Fischstücke aus dem Sud nehmen, abtropfen lassen, auf einer Platte anrichten und warm stellen. Den Sud bei starkem Feuer rasch auf die Hälfte einkochen, zu dem Schmorgemüse geben; das gibt dem Gemüse einen intensiven Geschmack. Die Fischfilets mit dem Gemüse überziehen.

Fischfilet auf Wurzelgemüse

4 Portionen Fischfilet von je 200 g oder
4 Tranchen Fisch von je 250 g,
4 EL Zitronensaft, Salz, 40 g Butter für die Form, ½ Zwiebel, gehackt,
200 g Wurzelgemüse (Sellerie, gelbe Rübe, Petersilienwurzel, Lauch), in sehr feine Streifen geschnitten oder geraspelt, 2 EL grüne Kräuter, gehackt, etwa ¼ l Fleischbrühe,
1 TL grüne Pfefferkörner, gestoßen, 1 TL Senf, 100 g Crème fraîche.

Die Fischstücke mit Zitronensaft marinieren, mit Salz würzen. In einer feuerfesten Form die Butter erhitzen, Zwiebel und Gemüse 15 Minuten andünsten, ohne daß es Farbe nimmt, leicht salzen, die Kräuter daruntermischen. Die Fischstücke auf das Gemüse legen. So viel Fleischbrühe angießen, daß das Gemüse gerade mit Flüssigkeit bedeckt ist. Gestoßene Pfefferkörner mit Senf und Crème fraîche vermischen, die Fischstücke damit bestreichen. Im vorgeheizten Ofen bei 200 °C etwa 15 Minuten pochieren.

Fischfilet in Pastis

600 g Fischfilet, 2 EL Zitronensaft, 20 g Butter, 3 EL Olivenöl, ½ Zwiebel, gehackt, 1 Stange Bleichsellerie, in feine Scheiben geschnitten, 2 Knoblauchzehen, gehackt, Salz, weißer Pfeffer, 2 Tomaten, geschält und in Würfel geschnitten, 1 EL Petersilie, ½ EL Estragonblättchen und die Sellerieblätter, alles gehackt, 2 EL Crème fraîche, 2 EL Pastis (Anisschnaps).

Das Fischfilet in vier Portionen teilen, mit Zitronensaft säuern.
In einem flachen Topf Butter und Öl erhitzen, Zwiebel und Sellerie 15 Minuten dünsten, ohne daß sie Farbe nehmen. Knoblauch und das mit Küchenkrepp abgetupfte Fischfilet dazugeben, mit Salz und Pfeffer würzen, kurz anbraten. Die Tomatenwürfel, Petersilie, Estragon und Sellerieblätter dazugeben, bei milder Hitze zugedeckt 8–10 Minuten dünsten, bis das Fischfilet gar ist. Crème fraîche und den Pastis zugeben. Die Soße abschmekken, die Fischfilets noch kurz in der Soße ziehen lassen.
Beilagen: Reis oder Weißbrot.

Fischfilet in Safransoße

4 Portionen Fischfilet von je 200 g oder
4 Tranchen Fisch von je 250 g,
4 EL Zitronensaft, Salz, Pfeffer,
5 EL Olivenöl, 50 g Schalotten,
2 Knoblauchzehen, 2 EL Petersilie, alles gehackt, je 1 Prise Thymian, Rosmarin, Estragon, ½ Lorbeerblatt, 1 gute Prise Safranfäden, 1 Tomate, geschält, entkernt und gewürfelt, 8 schwarze Oliven, entsteint, etwa ⅛ l Fischbrühe (Seite 205) oder Weißwein.

Die Fischstücke mit Zitronensaft säuern, mit Salz und Pfeffer würzen.
In einem großen, flachen Topf das Öl erhitzen, Schalotten, Knoblauch, Kräuter, Lorbeerblatt, Safran, Tomatenwürfel und die Oliven dazugeben, leicht andünsten. Die Fischfilets darauflegen. Zugedeckt bei milder Hitze etwa 5 Minuten dünsten. Dann die Fischstücke umdrehen, etwas Fischbrühe oder Wein angießen. Zugedeckt noch etwa 5 Minuten dünsten. Die Fischfilets in der Soße servieren.
Beilagen: Reis, Petersilienkartoffeln, grüner Salat.

Fischauflauf mit Pilzen und Tomaten

4 Portionen Fischfilet von je 180–200 g,
4 EL Zitronensaft, Salz, Pfeffer, Mehl zum Wenden, Öl zum Braten, 20 g Butter für die Form.
Für das Gemüse: *40 g Butter, 50 g Schalotten, gehackt, nach Belieben 1–2 Knoblauchzehen, zerdrückt, 200 g Champignons oder Egerlinge, in Scheiben geschnitten,*
4 Tomaten, geschält, entkernt und gewürfelt, Salz, Pfeffer, ½ TL Kräuter der Provence oder 1 EL Petersilie.
3 EL Parmesan.

Das Fischfilet mit Zitronensaft, Salz und Pfeffer würzen, in Mehl wenden, überschüssiges Mehl abschütteln.
In einer Stielpfanne ½ cm hoch Öl erhitzen, den Fisch auf beiden Seiten anbraten, aber nicht ganz durchgaren. Die Fischfilets nebeneinander in eine gebutterte Auflaufform legen, mit Zitronensaft beträufeln.
Schalotten und Knoblauch in heißer Butter andünsten, aber nicht bräunen, die Pilze dazugeben und einige Minuten dünsten, dann die Tomatenwürfel dazugeben. Mit Salz, Pfeffer und Kräutern würzen. Im offenen Topf etwa 20 Minuten dünsten, bis der Saft weitgehend verdampft ist. Das Gemüse über den Fisch geben und bei 200 °C etwa 15 Minuten im Ofen überbacken. 5 Minuten vor beendeter Garzeit den Parmesan darüberstreuen und schmelzen lassen.

Fischkoteletts auf Ratatouille

Ratatouille ist ein Gemüseeintopf aus Südfrankreich, den man im Ofen garen, oder, wie in unserem Rezept, auf dem Herd dünsten kann.

4 Fischkoteletts von je 250 g,
4 EL Zitronensaft, Salz, Pfeffer,
2 Knoblauchzehen, durchgepreßt.
Für die Ratatouille: *⅛ l Olivenöl,*
2–3 Zwiebeln, in Ringe geschnitten,
2–3 Knoblauchzehen, gehackt,
3 Paprikaschoten (je 1 rote, 1 gelbe und 1 grüne), entkernt und in Streifen geschnitten,
300 g Auberginen, in große Würfel geschnitten,
300 g Zucchini, in fingerdicke Stücke geschnitten, 500 g Fleischtomaten, enthäutet und geviertelt, Salz, frisch gemahlener Pfeffer, einige Blättchen frisches Basilikum, gehackt.

Die Fischstücke mit Zitronensaft säuern, mit Salz, Pfeffer und Knoblauch würzen.
In einem flachen Topf die Hälfte des Öles erhitzen, Zwiebelringe andünsten, ohne daß sie Farbe nehmen. Knoblauch und Paprikaschoten dazugeben und halbweich dünsten. Die andere Hälfte des Öles dazugießen. Auberginen und Zucchini zugeben und dünsten, bis sie beginnen, weich zu werden. Zum Schluß gibt man die Tomaten dazu, würzt mit Salz, Pfeffer und Basilikum und dünstet das Gemüse im offenen Topf etwa 20 Minuten, bis die Flüssigkeit nahezu verdampft ist.
Die Hälfte des Gemüses in eine feuerfeste Form füllen, die Fischstücke darauflegen, mit der anderen Hälfte des Gemüses bedecken. Im vorgeheizten Ofen bei 200 °C schmoren, bis der Fisch gar ist. Man reicht Weißbrot dazu.
Beilage: Knoblauchbrot oder aufgebackenes Stangenweißbrot.

Fischkoteletts auf Letscho

Letscho ist ein Mischgemüse, das im Balkan gerne gegessen wird. Man bereitet es immer mit Schweineschmalz oder Speck zu.

4 Fischkoteletts von je 250 g,
4 EL Zitronensaft, Salz, Pfeffer,
1 Knoblauchzehe, durchgepreßt.
Für das Gemüse: *75 g Schweineschmalz (oder fetter Räucherspeck, in Würfel geschnitten), 2 große Zwiebeln, in Ringe geschnitten, 750 g Paprikaschoten, entkernt und in fingerdicke Streifen geschnitten, 500 g vollreife Tomaten, enthäutet und geviertelt, Salz, 1 TL Paprika edelsüß, 1 Prise Zucker.*

Die Fischstücke mit Zitronensaft, Salz, Pfeffer und Knoblauch würzen.
Das Schweineschmalz in einem flachen Topf erhitzen oder die Speckwürfel ausbraten, die Zwiebelringe andünsten, ohne daß sie Farbe nehmen. Paprikaschoten zugeben, etwa 10 Minuten dünsten. Dann die Tomaten dazugeben, mit Salz, Paprika und Zucker würzen und noch etwa 30 Minuten dünsten, bis die Flüssigkeit weitgehend verdampft ist. Die Hälfte des Gemüses in eine feuerfeste Form füllen, die Fischstücke darauflegen, mit dem restlichen Gemüse bedecken. Bei 200 °C etwa 30 Minuten schmoren, bis der Fisch gar ist.
Beilagen: Salzkartoffeln oder Weißbrot.

Variation
Das Gemüse weich dünsten, wie oben beschrieben, durch ein Sieb streichen oder pürieren. Eine feuerfeste Form 2 cm hoch mit dem Gemüsepüree ausfüttern, die Fischstücke darauflegen. Das restliche Gemüsepüree darüberstreichen und den Fisch garen wie oben.

Gratinierte Fischkoteletts

4 Fischkoteletts von je 250 g,
4 EL Zitronensaft, Salz, Pfeffer,
1 Knoblauchzehe, durchgepreßt,
30 g Butter für die Form.
Für die Tomatensoße: *4 EL Olivenöl, 1 Zwiebel und 1 Knoblauchzehe, gehackt, 3 Tomaten, enthäutet, entkernt und gewürfelt, Salz, Pfeffer, einige Blättchen Basilikum, gehackt, 1 Prise Rosmarin.*
Für die Käsesoße: *$^{2}/_{10}$ l Sahne, 100 g Chester Käse, 100 g Crème fraîche, 1 EL Weißwein, 1 EL Cognac, Salz, Pfeffer.*

Die Fischkoteletts mit Zitronensaft säuern, einziehen lassen. Mit Salz, Pfeffer und Knoblauch würzen. Die Fischstücke in eine gebutterte feuerfeste Form legen.
In einem flachen Topf das Öl erhitzen, die Zwiebel hell andünsten, dann den Knoblauch und die Tomatenwürfel dazugeben, mit Salz, Pfeffer, Basilikum und Rosmarin würzen. Etwa 30 Minuten dick einkochen. Die Soße über die Fischstücke gießen, in den auf 200 °C vorgeheizten Ofen schieben und 15 Minuten garen.
Die Sahne erhitzen, den Käse in Scheibchen schneiden und darin schmelzen lassen (nicht kochen, sonst zieht er Fäden), Crème fraîche daruntermischen. Die Käsesoße mit Wein, Cognac, Salz und Pfeffer abschmecken, über den Fisch gießen. Bei 230 °C noch 5–10 Minuten gratinieren. Den Fisch in der Form servieren.
Beilagen: Petersilienkartoffeln, Blattspinat, Brokkoli, gedünstete Zucchini.
Garnierungsvorschlag: Bestreuen Sie die gratinierten Fischkoteletts mit trocken gerösteten Mandelblättchen und garnieren Sie sie mit Krebsschwänzchen (Scampi).

Fischgulasch

Foto Seite 85

750 g Fischfilet, in große Würfel geschnitten, 4 TL Zitronensaft, Salz, Pfeffer, 2 EL Petersilie, gehackt, 40 g Fett oder Öl, 100 g magerer Räucherspeck, in kleine Würfel geschnitten, 500 g Zwiebeln, in Scheiben geschnitten, 3 Paprikaschoten, entkernt und geviertelt, 1 Knoblauchzehe, durchgepreßt, 300 g Tomaten, enthäutet und geviertelt, 2 TL Paprika edelsüß, 1 TL Rosenpaprika, 3 EL Rotwein.

Das Fischfleisch mit Zitronensaft, Salz, Pfeffer und Petersilie marinieren.
Die Speckwürfel in heißem Fett oder Öl ausbraten. Zwiebelscheiben und Paprikaschoten 10 Minuten andünsten, ohne daß sie Farbe nehmen. Knoblauch und Tomaten zugeben. Das Gemüse mit Salz und Paprika würzen, den Wein angießen, etwa 15 Minuten weich dünsten. Die Fischwürfel auf das Gemüse geben, zugedeckt bei milder Hitze noch 8–10 Minuten dünsten, bis das Fischfleisch gar ist.
Beilage: Brot oder Salzkartoffeln.

Fischfilet, mit Tomaten gebraten

4 Portionen Fischfilet von je 200 g oder 4 Tranchen Fisch von je 250 g, 4 EL Zitronensaft, Salz, Pfeffer, 40 g Butter für die Form, 100 g Schalotten, 2 Knoblauchzehen, 2 EL Petersilie, alles gehackt, 250 g Fleischtomaten, geschält, entkernt und gewürfelt, einige Blättchen frisches Basilikum, gehackt, 40 g Butterflocken, 1/10 l Fischbrühe (Seite 205) oder Weißwein.

Die Fischstücke mit Zitronensaft, Salz und Pfeffer marinieren.
In einer feuerfesten Form die Butter zergehen lassen, mit Schalotten, Knoblauch und Petersilie ausstreuen. Die Fischstücke in die Form legen, mit den Tomatenwürfeln bedecken. Leicht salzen und pfeffern, Basilikum darüberstreuen, mit Butterflocken belegen. Seitlich die Flüssigkeit angießen. Die Fischfilets in den auf 220 °C vorgeheizten Ofen schieben und 15 bis 20 Minuten braten. Den Fisch in der Form servieren.

Variation
Die Fischfilets 10 Minuten vor beendeter Garzeit mit Crème fraîche beträufeln und geriebenen Parmesan darüberstreuen.

Fischfilet mit Lauch und Sojasprossen

800 g Fischfilet, 4 EL Zitronensaft, Salz, Pfeffer, Mehl zum Wenden, Öl zum Braten, 75 g durchwachsener Räucherspeck, klein gewürfelt, 1 Stange Lauch, in sehr feine Ringe geschnitten, 1 kleine Dose Sojasprossen, 2 TL Sojasauce, 30 g zerlassene Butter.

Fischfilet in vier Portionen teilen, mit Zitronensaft, Salz und Pfeffer würzen. Die Filets in Mehl wenden, überschüssiges Mehl abschütteln. Die Fischfilets in heißem Öl auf beiden Seiten kurz anbraten.
Den Räucherspeck in einer feuerfesten Form ausbraten, den Lauch und die abgetropften Sojasprossen dazugeben und etwa 10 Minuten dünsten, mit Sojasauce, Salz und Pfeffer würzen. Die Fischfilets auf das Gemüsebett legen, zerlassene Butter darüberträufeln. Im vorgeheizten Ofen bei 200 °C etwa 10–15 Minuten überbacken.

Fischfilet auf Gemüse

750 g Fischfilet, Salz, Pfeffer, 2 EL Senf, 40 g Butter für die Form, 1 Zwiebel, gehackt, 500–750 g Gemüse (Sellerieknolle oder Bleichsellerie, gelbe Rübe, Lauch, Weißkraut oder Wirsing), in feine Streifen geschnitten, 4 EL Petersilie, gehackt, 1/8–1/4 l Flüssigkeit (Fischbrühe, Seite 205, oder helle Fleischbrühe), 40 g Butterflocken, 4 EL saure Sahne, 1 EL Tomatenmark.

Fischfilet mit Salz und Pfeffer würzen, mit Senf bestreichen.
In einer feuerfesten Form die Butter zergehen lassen, Zwiebel und das Gemüse hineingeben, mit 2 EL Petersilie bestreuen, salzen. Nur wenig Brühe angießen. Zugedeckt im vorgeheizten Ofen bei 200 °C etwa 30 Minuten dünsten. Die Fischstücke auf das fast gare Gemüse legen, mit der restlichen Petersilie bestreuen und Butterflocken darübergeben. Etwa 10 Minuten im Ofen garen. Saure Sahne mit Tomatenmark verquirlen, die Fischstücke damit bestreichen und noch 5–10 Minuten überbacken.

Fischfilet mit Gemüse und Speck

Foto Seite 140

4 Portionen Fischfilet von je 180 g, 4 EL Zitronensaft, Salz, Pfeffer, 1 TL Paprika edelsüß, 50 g Butter, 1 EL Zwiebeln, gehackt, 500 g gelbe Rüben, in kleine Würfel geschnitten, 250 g frische grüne Erbsen ohne Schoten, 250 g Brokkoli, in Röschen geteilt, etwa 1/4 l Fleischbrühe, 8 dünne Scheiben durchwachsener Räucherspeck.

Fischfilet mit Zitronensaft, Salz, Pfeffer und Paprika marinieren.
In einer feuerfesten Form die Butter erhitzen, Zwiebel, gelbe Rüben und Erbsen 10 Minuten andünsten; dann den Brokkoli dazugeben, salzen, mit Brühe aufgießen, zugedeckt weitere 10 Minuten dünsten, bis das Gemüse fast weich ist. Die Fischfilets nebeneinander auf das Gemüse legen, jedes Filet mit 2 Scheiben Räucherspeck bedecken. Im vorgeheizten Ofen bei 200 °C noch etwa 20 Minuten garen, bis der Speck knusprig gebraten und das Fischfleisch gar ist.

Zwiebelfisch

Foto Seite 121

750 g Fischfilet, 4 EL Zitronensaft, Salz, Pfeffer, Paprika, 60 g Fett, 500 g Zwiebeln, in Scheiben geschnitten, 1/8 l saure Sahne, 1 TL Paprika.

Fischfilet mit Zitronensaft, Salz, Pfeffer und Paprika würzen.
In heißem Fett die Zwiebeln weich dünsten, ohne daß sie braun werden. Die Zwiebeln in eine feuerfeste Form geben, die Fischfilets darauflegen. Saure Sahne mit Salz und Paprika würzen und über den Fisch gießen. Bei 200 °C 20 Minuten im Ofen garen.

Fisch auf italienische Art

Man verwendet Fischkoteletts oder Fischfilet von verschiedenen Fischarten.

3/4–1 kg Fisch, 4 EL Zitronensaft, 6 EL Öl, Salz, Pfeffer, 2 Zwiebeln, 2 Knoblauchzehen, 1 EL Petersilie, alles gehackt, 2–3 Tomaten, geschält und geviertelt, 1 Lorbeerblatt, 1 TL Basilikum, gehackt, 4 EL geriebener Parmesan.

Den Fisch mit Zitronensaft säuern, 15 Minuten einziehen lassen. In einem flachen Topf 3 EL Öl erhitzen, die Fischstücke anbraten, herausnehmen, mit Salz und Pfeffer würzen, warm stellen.
3 Eßlöffel frisches Öl in den Topf geben, Zwiebeln, Knoblauch und Petersilie andünsten. Tomaten, Lorbeerblatt und Basilikum zugeben, mit Salz und Pfeffer würzen, 20 Minuten dünsten. Den angebratenen Fisch dazugeben und noch 5 Minuten in der Soße ziehen lassen. In einer vorgewärmten Schüssel anrichten.
Beilagen: Aufgeschnittenes Weißbrot oder Butterkartoffeln. Geriebenen Parmesan zum Bestreuen separat dazu servieren.

Fisch auf spanische Art

Man verwendet Fischkoteletts oder Fischfilet von verschiedenen Fischarten.

¾–1 kg Fisch, 4 EL Zitronensaft, 5 EL Öl, 1 Zwiebel, gehackt, Salz, 2–3 Knoblauchzehen, 4 Mandeln, 8 Pfefferkörner, ½ Bund Petersilie, 2–3 vollreife Tomaten, geschält.

Fisch mit Zitronensaft säuern, 15 Minuten einziehen lassen. In einem flachen Topf oder in einer Stielpfanne mit hohem Rand das Öl erhitzen, Fisch und Zwiebel darin anbraten, den Fisch salzen. Knoblauch, Mandeln, Pfefferkörner und Petersilienblättchen mit etwas Salz im Mörser zerstoßen, die Tomaten dazugeben und mit den Gewürzen fein verreiben. Die Masse über den angebratenen Fisch geben. Zugedeckt 15–20 Minuten dünsten. Bei Bedarf einige Eßlöffel Wasser oder Wein angießen.
Beilage: Weißbrot oder Kartoffeln.

Gemischter spanischer Fischtopf

Man verwendet neben verschiedenen Fischarten auch Gambas oder Langostinos und Tintenfische und bereitet sie zu wie im vorherigen Rezept.

Fischfilet oder Fischkotelett in Folie

Filet oder Tranchen von Kabeljau, Schellfisch, Goldbarsch, Seehecht, Seelachs, Heilbutt, Lengfisch, Seeteufel, Seewolf.

2 EL zerlassene Butter zum Bestreichen der Alufolie, 4 Portionen Fischfilet zu je 180 g oder 4 Tranchen Fisch zu je 220 g, 4 EL Zitronensaft oder 2 EL Senf, Salz, Pfeffer, nach Belieben 1–2 Tomaten, enthäutet und in Scheiben geschnitten, 2 EL grüne Kräuter, gehackt, 4 EL Crème fraîche, 2–4 EL geriebener Käse.

Vier rechteckige Stücke Alufolie zuschneiden, so daß man jede Portion Fisch für sich einschlagen und die Ränder falzen kann. Die Folie mit Butter bestreichen (matte Seite nach innen).
Die Fischstücke mit Zitronensaft säuern oder mit Senf bestreichen und 10 Minuten einziehen lassen. Nur wenig mit Salz und Pfeffer würzen, weil das Aroma in der Folie voll erhalten bleibt. Die Filets auf die Folie legen. Nach Belieben mit Tomatenscheiben belegen, mit Kräutern bestreuen. Crème fraîche darüberträufeln und Käse darüberstreuen (den Käse kann man auch weglassen; anstelle von Crème fraîche kann man Butterflocken daraufgeben). Die Folie schließen und so falzen, daß kein

Saft austreten kann. Die Folienpäckchen auf den Grillrost oder das Grillblech legen und in dem auf 220 °C vorgeheizten Ofen oder im Grill 15–20 Minuten garen. Der Fisch ist gar, wenn sich die Folie wölbt. Die Folienpäckchen in der Mitte mit der Schere aufschneiden, die Folie nach beiden Seiten zurückbiegen, den Fisch in der Folie servieren.

Gegrilltes Fischfilet oder Fischkotelett

Filets oder Tranchen von Goldbarsch, Schellfisch, Seeteufel, Seewolf, Stör, Heilbutt.

4 Portionen Fischfilet zu je 200 g oder
4 Tranchen Fisch zu je 250 g,
4 EL Zitronensaft, 4 EL Öl, Salz, Pfeffer,
8 Zitronenscheiben, 80 g Kräuterbutter
(Seite 216), grüner Dill.

Die Fischstücke mit Zitronensaft säuern und 10 Minuten einziehen lassen. Den Fisch beiderseits mit Öl bestreichen. Im vorgeheizten Grill auf jeder Seite etwa 5 Minuten grillen. Mit Salz und Pfeffer würzen. Die Fischstücke auf einer vorgewärmten Platte anrichten, mit Zitronenscheiben belegen und je eine Scheibe Kräuterbutter darauflegen. Mit Dillzweigen garnieren.
Garnierungsvorschläge: Jedes Fischstück mit einem Artischockenboden (aus der Dose) belegen und diesen mit Sauce Béarnaise füllen, die restliche Soße zum Fisch servieren.
Mit Grilltomaten oder Schmortomaten garnieren.
Mit gedünsteten Champignons garnieren.
Mit Krabbenbutter oder Aioli anrichten.

Gegrilltes Fischfilet mit Tomaten und Käse

Zutaten wie nebenstehend.
Außerdem: *2 Tomaten, geschält*
und in Scheiben geschnitten,
1 Knoblauchzehe, durchgepreßt,
Oregano, 4 Käse-Scheibletten.

Fischfilet grillen wie oben, jedoch nicht auf den Rost, sondern in die gebutterte Grillpfanne legen. 2 Minuten vor beendeter Garzeit die Fischfilets mit Tomatenscheiben belegen, mit Knoblauch, Oregano, Salz und Pfeffer würzen. Mit Käse-Scheibletten bedecken und fertiggrillen.

Thunfisch vom Grill

4 Scheiben Thunfisch von je 200 g.
Für die Marinade: *2 TL Salz,*
1 TL schwarze Pfefferkörner, gestoßen,
1 Zwiebel, gehackt, je 1 Zweig Petersilie,
Thymian und Rosmarin, gehackt,
1 Lorbeerblatt, zerrieben,
Saft von 2 Zitronen, 4 EL Weißwein,
4 EL Öl.
4 EL Öl zum Grillen.

Die angegebenen Zutaten zu einer Marinade verrühren. Die Thunfischscheiben mit der Marinade übergießen und 1–2 Stunden einziehen lassen; dabei mehrmals wenden. Die Thunfischscheiben aus der Marinade nehmen, mit Küchenkrepp sorgfältig abtupfen, mit Öl bestreichen. Im vorgeheizten Grill bei nicht zu starker Hitze auf beiden Seiten grillen. Thunfischscheiben kann man auch in der Pfanne in heißem Öl braten.
Beilagen: Knoblauchbrot, Tatarensoße.

Geschmorter Thunfisch

4 Scheiben Thunfisch von je 200 g,
4 EL Zitronensaft, Salz, Pfeffer, 5 EL Öl,
2 Zwiebeln, in Ringe geschnitten,
1 Knoblauchzehe, gehackt, 2 Stangen Bleichsellerie, in feine Scheiben geschnitten,
300 g Tomaten, enthäutet und geviertelt,
1 Bund Petersilie und je 1 Zweig Thymian und Rosmarin, gehackt, 1/4 Lorbeerblatt.

Die Thunfischscheiben mit kaltem Wasser abspülen, abtrocknen, mit Zitronensaft, Salz und Pfeffer würzen.
In einer feuerfesten Form das Öl erhitzen. Zwiebeln, Knoblauch und Bleichsellerie andünsten, ohne daß sie Farbe nehmen. Die Tomaten, die Kräuter und das Lorbeerblatt dazugeben und 5 Minuten mitdünsten, mit Salz und Pfeffer würzen. Die Thunfischscheiben auf das Gemüse legen, die Form zudecken und in den auf 220 °C vorgeheizten Ofen schieben. Etwa 30 Minuten schmoren; nach halber Garzeit die Thunfischscheiben umdrehen.
Beilagen: Salzkartoffeln, Reis, aufgebackenes Stangenweißbrot.

Gebratene Seeteufelschnitten

Oder Seewolf (Steinbeißer).

4 Seeteufelschnitten, Salz, Pfeffer,
4 EL Zitronensaft, Mehl zum Wenden,
4 EL Öl, 60 g Butter, 1 EL Petersilie, gehackt,
4 Zitronenspalten.

Die Seeteufelschnitten mit Salz, Pfeffer und Zitronensaft würzen, in Mehl wenden, überschüssiges Mehl abschütteln. In der Stielpfanne Öl und Butter erhitzen, die Schnitten auf beiden Seiten goldbraun braten. Auf einer vorgewärmten Platte anrichten, mit Petersilie bestreuen. Die restliche Bratbutter darübergießen, mit Zitronenspalten garnieren.
Beilage: Grüne Nudeln, mit Crème fraîche vermischt.

Gebackene Seeteufelschnitten

Oder Seewolf (Steinbeißer).

Das feine, feste Fleisch von Seeteufel oder Seewolf, das man enthäutet einkauft, ist gebraten oder gebacken besonders schmackhaft.

4 Seeteufelschnitten, Salz, Pfeffer.
Zum Panieren: *1 Tasse gesalzene Milch, Mehl, 1 Ei, mit 1 EL Öl verquirlt und gesalzen, Semmelbrösel.*
2 EL Öl und 100 g Butter zum Braten,
2 Zitronen, halbiert, krause Petersilie.

Die Seeteufelschnitten mit Salz und Pfeffer würzen. Die Schnitten durch gesalzene Milch ziehen, in Mehl wenden, durch mit Öl verquirltes Ei ziehen, abtropfen lassen, in Semmelbröseln panieren, die Panade andrücken.
In der Stielpfanne Öl, mit Butter vermischt, erhitzen. Die Schnitten auf beiden Seiten goldbraun backen. Auf Küchenkrepp abtropfen lassen. Mit halbierten Zitronen und fritierter Petersilie garnieren.

Florentiner Fischauflauf

*600–750 g gekochter Fisch (Reste),
500–750 g Spinat, 30–40 g Butter, Salz,
1 EL Zitronensaft, 20 g Butter für die Form,
$^{1}/_{4}$ l Käsesoße (Seite 211), 2 EL Parmesan,
2 EL Semmelbrösel, 30 g zerlassene Butter.*

Den Spinat in Salzwasser einige Minuten weich dünsten, den Saft abgießen. Den Spinat in zerlassener Butter schwenken, mit Salz und Zitronensaft würzen. Den Spinat in eine gebutterte Auflaufform geben, darüber das Fischfleisch. Käsesoße zubereiten und darübergießen. Mit Parmesan und Semmelbröseln bestreuen. Zerlassene Butter darüberträufeln. Den Auflauf im vorgeheizten Ofen bei 220 °C etwa 10 Minuten überbacken.

Fisch, mit Käsesoße überbacken

*600–750 g gekochter Fisch (Reste),
3 EL Zitronensaft, Salz, Pfeffer, 1 EL Kapern,
30 g Butter für die Form.*
Für die Käsesoße: *$^{2}/_{10}$ l Sahne, $^{1}/_{10}$ l saure Sahne,
50 g geriebener Käse, 1 EL Wein, Salz,
1 Msp Paprika.*

Das Fischfleisch in kleine Stücke zerpflücken, mit Zitronensaft, Salz, Pfeffer und Kapern marinieren. Den Fisch in eine gebutterte Auflaufform füllen.
Sahne, saure Sahne, geriebenen Käse und Wein vermischen, mit Salz und Paprika würzen, über den Fisch gießen. Bei 220 °C im vorgeheizten Ofen etwa 15 Minuten überbacken.

Fischauflauf mit Gemüse

*600 g gekochter Fisch (Reste),
3 EL Zitronensaft, Salz, Pfeffer,
2 EL grüne Kräuter, gehackt, 30 g Butter für die Form, 500 g beliebiges gekochtes Gemüse (Spargel, Blumenkohl, Spinat, Brokkoli),
Käsesoße (Seite 211), 2 EL Semmelbrösel,
40 g Butterflocken.*

Den Fisch in mundgerechte Stücke teilen. Mit Zitronensaft, Salz, Pfeffer und Kräutern marinieren.
Eine feuerfeste Form mit Butter ausstreichen. Abwechselnd Fisch und Gemüse hineinschichten. Käsesoße zubereiten und den Auflauf damit übergießen. Semmelbrösel darüberstreuen, mit Butterflocken belegen. Bei 220 °C etwa 15 Minuten überbacken.

Variation
Fischauflauf mit Reis oder Nudeln: Die Zubereitung ist die gleiche wie oben. Anstelle der Gemüse verwendet man gekochten Reis oder Nudeln.

Fischfrikassee

Reste von gekochtem Fisch erwärmt man in einer hellen Soße. Man kann Champignons, Krabben oder Streifen von gekochtem Schinken daruntermischen. Eine Auswahl passender Soßen: Weiße Soße, Kräutersoße, Senfsoße, Sardellensoße, Kapernsoße, Grüne Eiersoße, Béchamelsoße, Käsesoße, Weißweinsoße, Samtsoße (Seite 209 ff.).

Variationen
Das Fischfrikassee im Reisrand anrichten, mit Petersilie bestreuen.

Das Frikassee in eine gebutterte Auflaufform füllen, mit geriebenem Käse und Semmelbröseln bestreuen, mit zerlassener Butter beträufeln und überbacken.

Fischröllchen in Soße

4 Scheiben Fischfilet von je 200 g,
4 EL Zitronensaft, 2 EL Senf oder Sardellenpaste, 2 EL Petersilie, gehackt.
Für die Soße: *30 g Butter, 30–40 g Mehl, 3/8–1/2 l Flüssigkeit (Fischbrühe oder helle Fleischbrühe), Salz, Weißer Pfeffer, 4 EL Weißwein, 4 EL Sahne.*

Fischfilet der Länge nach halbieren, mit Zitronensaft beträufeln. Die Filets mit Senf oder Sardellenpaste bestreichen, mit Petersilie bestreuen. Die Filets aufrollen, mit Zahnstochern befestigen.
Aus Butter und Mehl eine helle Einbrenne anrühren, mit Brühe aufgießen, mit Salz und Pfeffer würzen. Die Soße gut durchkochen, dann mit Wein und Sahne abschmecken. Die Fischröllchen in der Soße 25 Minuten ziehen lassen. Die Zahnstocher entfernen und die Röllchen in der Soße anrichten.
Beilagen: Salzkartoffeln oder Nudeln oder Reis, Salat.

Variationen
Zum Füllen der Fischröllchen Kalbsbrätfülle (Seite 207, halbe Rezeptmenge) verwenden.
Die Soße mit gehackten Kräutern oder Kapern abschmecken.
Krabben oder/und gedünstete Champignons mit in die Soße geben.

Gefüllte Fischfilets oder Fischrollen

4 Portionen Fischfilet von je 180 g,
4 EL Zitronensaft, Salz, Pfeffer, 1 Apfel, geschält und gerieben, etwa 4 EL Meerrettich, frisch gerieben, 40 g Butter für die Form, 2 Schalotten, gehackt, 40 g Butterflocken.
Zum Überbacken: *1/8 l Sahne, 2 Eigelb, Salz, 1 Prise Muskat.*

Fischfilet mit Zitronensaft, Salz und Pfeffer würzen. Geriebenen Apfel mit dem Meerrettich vermischen, die Filets damit bestreichen. Man kann die Filets falten oder je zwei Filets aufeinandersetzen oder sie zu Röllchen formen.
Die Butter in einer feuerfesten Form zergehen lassen, die Schalotten andünsten. Die gefüllten Filets oder Röllchen in die Form geben, mit Butterflocken belegen. Im vorgeheizten Ofen bei 200 °C etwa 10 Minuten braten. Dann die Sahne mit Eigelb, Salz und Muskat verquirlen, über den Fisch gießen und noch 5–10 Minuten überbacken. In der Form servieren.

Variationen zum Überbacken
Béchamel- oder Käse- oder Senfsoße.
Saure Sahne mit geriebenem Käse und Paprika.
Saure Sahne mit Tomatenmark.

Variationen für die Füllung
Speckwürfelchen und Kapern.
Streifen von Essiggurken und Cervelatwurst.
Lachsschnitzel.
Sardellenpaste oder Senf und Speckscheiben.
Gehackte Fischabschnitte mit Sardellenpaste.
Gehackte Schalotten und Kräuter mit Speckwürfelchen oder zerlassener Butter.
Gehackte Kräuter, zerlassene Butter oder Crème fraîche und geriebener Käse.

Scholle, in Speck gebraten

Oder Flunder, Glattbutt, Rotzunge.

4 kleine Schollen, gesäubert und ohne Kopf, 4 EL Zitronensaft, 125 g durchwachsener Räucherspeck, in kleine Würfel geschnitten, 4 EL Öl, 1 Tasse Milch zum Anfeuchten, Salz, Pfeffer, Mehl zum Wenden, 8 Zitronenspalten.

Die Schollen rechts und links am Rückgrat entlang einschneiden. Mit Zitronensaft säuern und 10 Minuten einziehen lassen. In der Pfanne, in der die Schollen gebraten werden sollen, die Speckwürfelchen knusprig braun braten. Die Speckwürfel herausnehmen und beiseite stellen. Das Speckfett in der Pfanne lassen und noch etwas Öl dazugeben.
Die Schollen mit Milch anfeuchten, mit Salz und Pfeffer würzen, in Mehl wenden, überschüssiges Mehl abschütteln. Die Fische in der Pfanne auf beiden Seiten goldbraun braten. Die Schollen auf vorgewärmter Platte anrichten, die Speckwürfelchen darübergeben, mit Zitronenspalten garnieren.

Gebratene Scholle

Oder Seezunge, Steinbutt, Glattbutt, Rotzunge, Tranchen von Heilbutt.

1 kg Scholle (4 kleine oder 2 große), gesäubert und ohne Kopf, 4 EL Zitronensaft, Salz, Pfeffer.
Zum Braten: *40 g Butter, 100 g Schalotten, 2 EL Petersilie, 100 g Champignons, alles gehackt, 40 g Butterflocken, 1/10 l Weißwein, 3 EL Crème fraîche für die Soße.*

Die Fische rechts und links am Rückgrat entlang einschneiden. Mit Zitronensaft, Salz und Pfeffer einreiben.
In einer feuerfesten Bratform die Butter zergehen lassen, die Hälfte der Mischung aus Schalotten, Petersilie und Pilzen hineinstreuen, die Fische darauflegen, mit dem Rest der Mischung bedecken. Butterflocken darüber verteilen. Die Fische im vorgeheizten Ofen bei 220 °C 10 Minuten anbraten. Dann seitlich den Wein angießen, die Hitze auf 200 °C reduzieren und noch etwa 10 Minuten braten; dabei die Fische mit dem Bratsaft begießen. Die Schollen auf einer Platte anrichten und warm stellen.
Die Garflüssigkeit kurz einkochen, mit Crème fraîche abziehen und über die angerichteten Fische gießen.

Variation
Bestreuen Sie die angerichteten Fische mit in Butter gerösteten Semmelbröseln und servieren Sie die Soße extra dazu.

Pochierte Scholle

Oder Seezunge, Steinbutt, Glattbutt, Rotzunge, Flunder.

2 große Schollen, gesäubert und ohne Kopf, 4 EL Zitronensaft, Salz, Pfeffer.
Zum Pochieren: *40 g Butter, 2 Schalotten, gehackt, 50 g Champignons oder Egerlinge, in Scheiben geschnitten, etwa 1/4 l Flüssigkeit, halb Weißwein und halb Fischbrühe (Seite 205, oder helle Fleischbrühe), 30 g Butterflocken.*
Für die Soße: *1/10 l Sahne, etwa 1 EL Mehlbutter, 1 TL Zitronensaft, 30 g frische Butter.*

Die Schollen rechts und links an der Hauptgräte entlang einschneiden. Mit Zitronensaft, Salz und Pfeffer marinieren.
In einer Bratform die Butter zergehen lassen, die Schalotten kurz andünsten, die Pilze darüberstreuen. Die Fische mit der dunklen Seite nach unten in die Form legen. So viel Flüssigkeit angießen, daß die Fische nicht ganz bedeckt sind. Die Schollen mit Butterflocken belegen, mit Alufolie abdecken. Auf dem Herd gerade zum Kochen bringen, dann in den auf 200 °C vorgeheizten Ofen schieben und 15 bis 20 Minuten pochieren. Die Fische herausnehmen, abtropfen lassen, auf vorgewärmter Platte anrichten und zugedeckt warm stellen.
Die Garflüssigkeit (nach Belieben durch ein Sieb) in den Soßentopf gießen und auf zwei Drittel einkochen. Mit Sahne auffüllen und mit Mehlbutter leicht binden. Die Soße mit Zitronensaft abschmecken und bei Bedarf mit Salz und Pfeffer nachwürzen. Ein Stückchen frische Butter darunterrühren.
Beilagen: Nußkartoffeln, zarte Gemüse, Blattsalat.

Variation
Die Soße kann man mit Eigelb legieren und beliebig mit gehackten Kräutern, Kapern oder Senf abschmecken.

Pochierte Schollenfilets mit Kräutern

Oder Seezungenfilets, Rotzungenfilets.

800 g Schollenfilets, 4 EL Zitronensaft, Salz, Pfeffer, reichlich grüne Kräuter, fein gewiegt, 60 g Butter zum Füllen.
Für die Fischbrühe: *Fischköpfe und Gräten, 100 g Wurzelgemüse, in Scheiben geschnitten, 1/8–1/4 l Weißwein, 1/2 l Wasser, Salz, 1/4 Lorbeerblatt, 6 Pfefferkörner, gestoßen, je 1 Zweig Thymian und Petersilie.*
Zum Pochieren: *30 g Butter, 2 EL grüne Kräuter, fein gewiegt, etwa 1/4 l Fischbrühe.*
Für die Soße: *1 EL Mehlbutter, 1/10 l Sahne, 1 Eigelb, 30 g frische Butter.*

Aus den beim Filetieren der Fische übriggebliebenen Köpfen und Gräten bereitet man eine Brühe: Fischköpfe und in kleine Stücke gebrochene Gräten eine Stunde wässern. Mit allen Zutaten langsam zum Kochen bringen und 30–45 Minuten kochen. Durchseihen.
Die Schollenfilets mit Zitronensaft, Salz und Pfeffer würzen, mit Kräutern bestreuen. Auf das breitere Ende der Filets je ein Stückchen Butter legen, das andere Ende darüberschlagen.
Einen flachen Topf oder eine Pfanne mit hohem Rand oder eine feuerfeste Form mit Butter ausstreichen, Kräuter hineinstreuen. Die gefalteten Filets dicht nebeneinander in die Form legen, Kräuter darüberstreuen. So viel Fischbrühe angießen, daß die Filets nicht ganz bedeckt sind. Zugedeckt auf dem Herd langsam zum Kochen bringen, den Topf sofort zurückziehen und die Filets etwa 10 Minuten bei milder Hitze pochieren (nicht kochen!). Die Filets herausnehmen, abtropfen lassen, auf einer tiefen Platte anrichten und warm stellen.
Die Garflüssigkeit durch ein Sieb in den Soßentopf gießen, bei starkem Feuer kurz einkochen. Mit Mehlbutter leicht binden. Sahne und Eigelb verquirlen und die nicht mehr kochende Soße damit legieren. Ein Stückchen frische Butter darunterrühren. Die Soße über die angerichteten Schollenfilets gießen.
Beilagen: Butterreis oder Nudeln, Stangenspargel, Brokkoli, Zucchini.

Schollenfilets, auf Gemüse gedämpft

Foto Seite 139

Oder Filets von Seezunge, Rotzunge, Glattbutt, Steinbutt, Heilbutt.

8 Schollenfilets, 4 EL Zitronensaft, Salz, Pfeffer.
Für den Sud: *$^1/_2$ l Wasser, Salz, $^1/_4$ l Weißwein, 1 Prise Zucker, $^1/_4$ Lorbeerblatt, 3 zerdrückte Pfefferkörner, 1 Zwiebel, in Scheiben geschnitten, 2–3 gelbe Rüben, in sehr feine Streifen geschnitten.*
Zum Dämpfen: *1 Bund Petersilie, gehackt, einige Blättchen Estragon, 2 Tomaten, geschält und gewürfelt, $^1/_8$ l Weißwein, 40 g Butter.*

Die Schollenfilets mit Zitronensaft, Salz und Pfeffer marinieren. Aus den angegebenen Zutaten einen Sud bereiten und etwa 20 Minuten kochen, bis die Zwiebelringe und die gelben Rüben weich sind. Den Sud durchseihen.
Den Fischkochkessel nur einige Zentimeter hoch mit Sud füllen. Auf den gelochten Einsatz das Gemüse aus dem Sud geben. Die Petersilie, die Estragonblättchen und die Tomatenwürfel darübergeben. Die Schollenfilets auf das Gemüse legen, mit Wein und zerlassener Butter beträufeln. Den Sud im Fischkochkessel zum Kochen bringen. Die Schollenfilets zugedeckt bei gleichmäßiger, nicht zu starker Hitze 8–10 Minuten im Dampf garen, auf einer vorgewärmten Platte mit dem Gemüse anrichten.
Beilagen: Salzkartoffeln, Holländische Soße.

Schollenfilets in Safranbutter

Oder Filets von Seezunge, Rotzunge, Glattbutt, Flunder.

8 Schollenfilets, 4 EL Zitronensaft, Salz, Mehl zum Wenden, 100–120 g Butter, 1 kleine Prise Safran.

Die Schollenfilets mit Zitronensaft marinieren, salzen, in Mehl wenden, überschüssiges Mehl abklopfen.
In einer Stielpfanne 80 g Butter erhitzen, die Schollenfilets anbraten, den Safran in die Bratbutter geben. Nachdem eine Seite gebraten ist, die Filets wenden und die andere Seite ebenso braten. Die gebratenen Filets anrichten, ein Stückchen frische Butter in der Pfanne erhitzen und über die Schollenfilets gießen.
Beilagen: Weißbrot oder Petersilienkartoffeln, Blattspinat.
Garnierungsvorschlag: Mit gebratenen Scampi und Champignons garnieren.

Gefüllte Schollenfilets

8 Schollenfilets, 2 EL Zitronensaft, Pfeffer.
Für das Champignonpüree:
300 g Champignons, gehackt oder im Mixer püriert, 30 g Butter, Salz, Pfeffer, 1 EL Zitronensaft.
Für das Fischpüree: *200 g Filet von Hecht, Forelle, Meerhecht, Wittling, Kabeljau oder Seelachs, $^1/_8$ l Sahne, 1 Ei, 2 TL Salz, 1 Prise Muskat, weißer Pfeffer.*
Zum Pochieren: *40 g Butter, 2 Schalotten und 1 EL frische Kräuter, gehackt, etwa $^1/_4$ l Flüssigkeit (halb Fisch- oder Fleischbrühe, halb Weißwein).*
Für die Soße: *$^1/_8$ l Sahne, 10 g Mehlbutter.*

Schollenfilets werden als breite Doppelfilets verkauft. Man würzt sie mit Zitronensaft und Pfeffer und läßt sie durchziehen, bis die Fülle zubereitet ist.
Die Champignons mit Butter, Salz, Pfeffer und Zitronensaft dünsten, bis alle Flüssigkeit verdampft ist; erkalten lassen. Das Fischfleisch in Würfel schneiden, mit Sahne, Ei und den Gewürzen im Mixer pürieren. Zugedeckt eine Stunde in den Kühlschrank auf gestoßenes Eis stellen. Vor der Verwendung die Hälfte der gedünsteten Champignons daruntermischen.
Die Schollenfilets mit der glatten Seite nach unten auf die Arbeitsfläche legen. Jedes Filet mit einem Eßlöffel Fülle belegen. Die Filets falten.
In einer feuerfesten Form die Butter zergehen lassen, Schalotten und Kräuter hineinstreuen und kurz andünsten. Die gefüllten Schollenfilets hineinlegen. So viel Fischbrühe oder Fleischbrühe und Wein angießen, daß die Filets knapp bedeckt sind. Die Form mit Alufolie abdecken und in den auf 200 °C vorgeheizten Ofen schieben. Etwa 20 Minuten pochieren. Falls von der Fülle etwas übriggeblieben ist, formt man Klößchen daraus und pochiert sie mit den gefüllten Schollenfilets. Die Filets herausnehmen, abtropfen lassen, in einer flachen Schüssel anrichten und warm stellen.
Die Garflüssigkeit in den Soßentopf gießen, bei starkem Feuer auf die Hälfte einkochen. Die Sahne dazugießen, das restliche Champignonpüree in die Soße geben. Die Soße mit Mehlbutter leicht binden und über die angerichteten Schollenfilets gießen.
Beilagen: Reis oder Petersilienkartoffeln, grüner Salat.

Gefüllter Steinbutt

Oder Seezunge, Scholle, Rotzunge, Glattbutt.

Es können auch andere Füllungen verwendet werden. Rezeptvorschläge Seite 206 ff.

2 Steinbutte zu je 600–800 g,
4 EL Zitronensaft, Salz, Pfeffer, Pilzfülle (Seite 206, etwa die eineinhalbfache Rezeptmenge), 50 g Butter zum Braten,
30 g Butterflocken, 6 EL Weißwein.
Für die Soße: *1/8 l Sahne, 4 EL Crème fraîche, 50 g Chester Käse.*

Die Fische zum Füllen vorbereiten (oder vom Fischhändler vorbereiten lassen): Auf der dunklen Hautseite mit einem Messer rechts und links am Rückgrat entlang einen Schnitt machen. Die Klinge schräg ansetzen und eines der Filets fast bis zum Rand von den Gräten lösen. Das zweite Filet ebenso lösen, so daß beiderseits je eine große Tasche entsteht. Die Fische mit Zitronensaft, Salz und Pfeffer würzen.
Die Pilzfülle zubereiten. Die Taschen damit füllen. Die Fülle soll in der Mitte auch die Rückengräte bedecken und sichtbar bleiben.
Die flachen Fische brauchen zum Braten viel Platz. Man verwendet eine feuerfeste Form von entsprechender Größe, den Bräter oder die Grillpfanne. Die Butter in der Form zergehen lassen, die Fische in die Form legen. Mit Zitronensaft beträufeln und Butterflocken darüber verteilen. Die Form in den auf 220 °C vorgeheizten Ofen schieben und 10 Minuten anbraten. Dann den Wein angießen und bei 200 °C weitere 10–15 Minuten braten; die Fische dabei mit dem Bratsaft begießen. Die Fische auf vorgewärmter Platte anrichten.

Den Bratensatz ablösen und durch ein Sieb in den Soßentopf gießen. Die Sahne dazugeben und kurz aufkochen. Crème fraîche dazugeben und den in Scheiben geschnittenen Käse in der nicht mehr kochenden Soße schmelzen lassen. Mit Salz und Pfeffer abschmecken.

Pochierter Heilbutt

Oder Steinbutt.

4 Scheiben Heilbutt zu je 200–250 g,
4 EL Zitronensaft, 1/2 l Milchsud (Seite 204),
4 Zitronenspalten, krause Petersilie.

Die Fischscheiben mit Zitronensaft säuern.
In einem flachen Topf den Milchsud zum Kochen bringen, die Fischstücke einlegen, den Topf zurückziehen. Zugedeckt bei milder Hitze 8–10 Minuten pochieren. Die Fischstücke aus dem Sud nehmen, abtropfen lassen und anrichten. Mit Zitronenspalten und Petersiliensträußchen garnieren.
Beilagen: Salzkartoffeln, Holländische Soße oder Kräuterbutter.

Gegrillte Seezunge

Oder Steinbutt, Scholle, Rotzunge, Glattbutt, Heilbuttschnitten.

800–1000 g Seezunge (4 kleine oder 2 große) ohne Kopf, 4 EL Zitronensaft, Salz, frisch gemahlener Pfeffer, 1 Knoblauchzehe, zerdrückt, 6 EL Öl, Salz, 60 g Butter.

Von den Seezungen die dunkle Oberhaut abziehen, den Schwanz stutzen, den Flossenkranz abschneiden (andere Plattfische, die sich nur schwer enthäuten lassen, werden am Rückgrat entlang eingeschnitten und mit der Haut gegrillt). Zitronensaft mit Salz, Pfeffer, Knoblauch und Öl zu einer Marinade verrühren, die Fische damit begießen und 15 Minuten einziehen lassen.
Die Fische bei nicht zu starker Hitze im vorgeheizten Grill auf jeder Seite etwa 6–8 Minuten grillen. Während des Grillens mehrmals mit Marinade begießen. Die Fische auf einer vorgewärmten Platte anrichten, leicht salzen, mit heißer Butter übergießen.
Beilagen und Garnierung: Grilltomaten, gedünstete Champignons, Kräuterbutter, Sauce Béarnaise, Sauce Choron.

Gefüllte Seezunge

Oder Scholle, Steinbutt, Rotzunge, Glattbutt.

2 Seezungen von etwa 400 g,
4 EL Zitronensaft, Salz, Pfeffer,
Fischmousseline (Seite 207), nach Belieben
1 EL Pistazien, gehackt.
Zum Braten: *60 g Butter, 3 Schalotten*
und 2 EL Petersilie, gehackt,
150 g Champignons, in Scheiben geschnitten,
Salz, Pfeffer, 2 Tomaten, enthäutet und
halbiert, 6 EL Weißwein.

Die Fische zum Füllen vorbereiten (oder vom Fischhändler vorrichten lassen): Von den ausgenommenen Seezungen die dunkle Oberhaut abziehen. Mit einem Messer entlang dem Rückgrat einen Schnitt machen. Die beiden oberen Filets fast bis zum Rand von den Gräten lösen. Die Filets am Kopf- und Schwanzende so weit zurückschlagen, daß über dem Grätengerüst eine große Tasche entsteht.

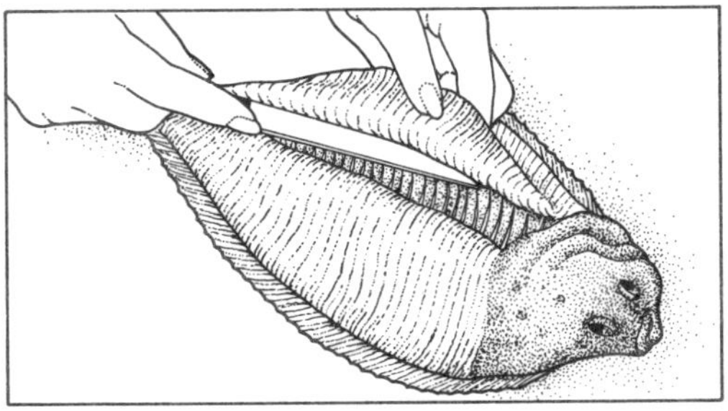

Die Fische innen und außen mit Zitronensaft, Salz und Pfeffer würzen. Die Fischmousseline zubereiten, die Pistazien daruntermischen. Die Seezungen mit der Mousseline füllen.

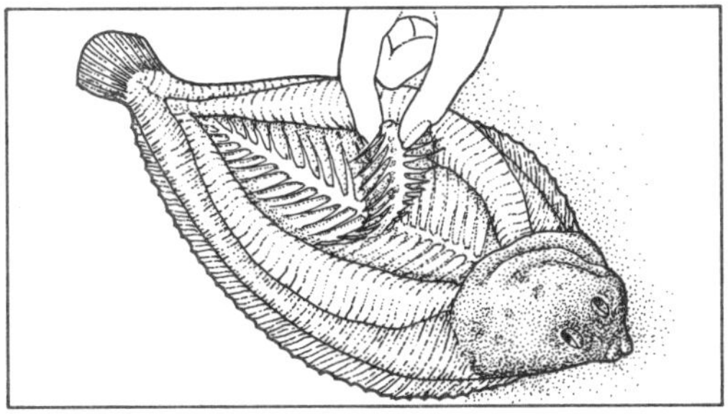

Zum Braten verwendet man eine große, feuerfeste Form oder den Bräter oder die Grillpfanne. 40 g Butter in der Form zergehen lassen, Schalotten, Petersilie und Champignons leicht andünsten, mit Salz und Pfeffer würzen und an den Rand der Bratform schieben. Die gefüllten Fische in die Form legen. Die halbierten Tomaten mit der Schnittseite nach oben an die Seite legen, leicht salzen und pfeffern und mit der restlichen Butter beträufeln. Den Wein angießen. Die Bratform mit Alufolie abdecken. Im vorgeheizten Ofen bei 200 °C etwa 15 Minuten braten. Dann die Folie abnehmen und noch einige Minuten offen fertigbraten. Die Fische auf einer vorgewärmten Platte anrichten. Mit den mitgebratenen Tomaten und Champignons garnieren.

Seezunge Müllerin Art

Oder Scholle, Steinbutt, Rotzunge, Glattbutt.

4 Seezungen von 250–300 g, einige EL Milch zum Anfeuchten, Salz, Pfeffer, Mehl zum Wenden, reichlich Öl oder Butterschmalz zum Braten, 2 EL Petersilie, gehackt, 8 Zitronenspalten, 1 EL Zitronensaft, 80–120 g Butter zum Übergießen.

Von den ausgenommenen Seezungen die dunkle Oberhaut abziehen, den Kopf entfernen, den Schwanz stutzen und den Flossenkranz abschneiden. Die Fische mit Milch anfeuchten, mit Salz und Pfeffer würzen, in Mehl wenden. Das Mehl andrücken, überschüssiges Mehl abschütteln.

Zum Braten verwendet man eine Stielpfanne, die den Ausmaßen einer Seezunge entspricht. Man füllt sie etwa ½ cm hoch mit Öl oder Butterschmalz und erhitzt es. Die Seezunge zunächst scharf anbraten, dann bei etwas verminderter, aber immer noch guter Hitze goldbraun braten. Den Fisch wenden und die andere Seite ebenso braten. Die Seezunge warm stellen, bis alle Fische gebraten sind.

Die Fische auf einer vorgewärmten Platte anrichten, die Platte mit Zitronenspalten garnieren. Die Seezungen mit einigen Tropfen Zitronensaft beträufeln und mit Petersilie bestreuen. Das Bratfett aus der Pfanne abgießen und pro Person 20–30 g frische Butter in der Pfanne erhitzen, bis sie schäumt. Die schaumigheiße Butter über die Seezungen gießen und sofort servieren, die Butter soll noch schäumen, wenn die Fische aufgetragen werden.

Beilagen: Petersilienkartoffeln, zarte Gemüse, in Butter geschwenkt, Blattsalat.

Gebratene Seezungenfilets

Oder Filets von Scholle, Steinbutt, Rotzunge, Glattbutt, Heilbutt.

8 Seezungenfilets, einige EL Milch zum Anfeuchten, Salz, Mehl zum Wenden, 2 EL Öl, 100 g Butter, 1 EL Petersilie, gehackt, 8 Zitronenscheiben.

Die Filets mit Milch anfeuchten, mit Salz würzen, in Mehl wenden, überschüssiges Mehl abschütteln.
Das Öl mit 40 g Butter in der Stielpfanne erhitzen, die Filets auf beiden Seiten goldbraun braten. Auf vorgewärmter Platte anrichten, mit Petersilie bestreuen und mit Zitronenscheiben garnieren. Die restliche Butter in der Bratpfanne erhitzen, über die angerichteten Seezungenfilets gießen und sofort servieren.
Beilagen: Zarte Gemüse, in Butter geschwenkt, Spargel mit Vinaigrette-Soße, Petersilienkartoffeln.

Variationen
Mandelblättchen in der Butter anrösten und über die gebratenen Filets gießen.
Die angerichteten Filets mit Kapern bestreuen, Zitronenwürfel in der Butter andünsten und über die Seezungenfilets gießen.
Die gebratenen Seezungenfilets mit Spargelspitzen garnieren, geriebenen Käse darüberstreuen und im Ofen kurz überbacken.
Die angerichteten Filets mit geschälten Zitronenscheiben belegen. Auf jede Zitronenscheibe eine Scheibe Estragonbutter legen und mit blanchierten Estragonblättern garnieren.
Dünne Auberginenscheiben in heißem Öl auf beiden Seiten knusprig braten und die angerichteten Seezungenfilets damit garnieren. Petersilie darüberstreuen.

Gratinierte Seezungenfilets

Oder Schollenfilets, Rotzungenfilets.

Aus den Köpfen und Gräten, die beim Filetieren der Seezungen übriggeblieben sind, kocht man eine kleine Fischbrühe (Seite 205), die man zum Pochieren und für die Soße verwendet.

8 Seezungenfilets, etwa 1/4 l Fischbrühe.
Für die Soße: *30 g Speisestärke, 3 Eigelb, 3/8 l Fischbrühe, 4 EL Wein, 75 g Butter, Salz, weißer Pfeffer, 1 Prise Zucker, 3 EL Sahne, 1 EL Petersilie.*
20 g Butter für die Form, 200 g gedünstete Champignons, halbiert.

Die Fischbrühe in einem flachen Topf zum Kochen bringen. Die Seezungenfilets mehrmals schräg einschneiden, damit sie sich nicht

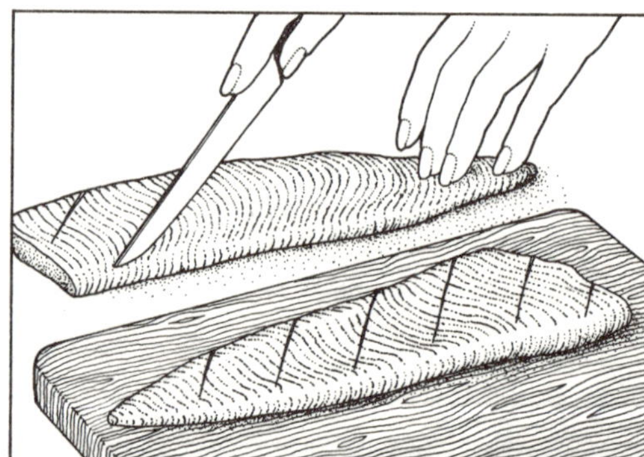

verformen. Die Filets falten, in die Brühe legen. Den Topf zur Seite ziehen und die Filets zugedeckt nahe dem Siedepunkt 5–7 Minuten pochieren. Die Seezungenfilets herausnehmen und warm stellen.
Die Garflüssigkeit bei starker Hitze kurz einkochen; sie wird für die Soße verwendet und –

falls die Menge nicht ausreicht – mit Fischbrühe auf 3/8 l aufgefüllt. In einem kleinen Topf die Speisestärke mit Eigelb, abgekühlter Fischbrühe und dem Wein mit dem Schneebesen glattrühren. Den Topf ins Wasserbad hängen, bei zunehmender Hitze abschlagen und erhitzen, bis die Masse dickcremig wird (nicht kochen!). Nach und nach die Butter flöckchenweise darunterschlagen. Die Soße mit Salz, Pfeffer, Zucker, Sahne und Petersilie abschmecken.
Eine Gratinform mit Butter ausstreichen. Die Seezungenfilets hineinlegen. Die Champignons in die Zwischenräume füllen. Die Soße darübergießen. Bei 230 °C 5–8 Minuten gratinieren.
Beilagen: Reis, zarte Salate.

Variation
Anstelle der Champignons Krabben mit in die Form füllen. Man kann auch Champignons und Krabben verwenden.

Gefüllte Seezungenröllchen

Es können auch Filets von anderen Fischen mit festem Fleisch verwendet werden. Sie sollen dünn geschnitten und schmal sein. Aus den Köpfen und Gräten, die beim Filetieren der Fische übriggeblieben sind, kocht man eine kleine Fischbrühe (Seite 205), die man zum Pochieren verwendet.

8 Seezungenfilets, Fischmousseline (Seite 207) aus Hecht- oder Lachsforellenfleisch,
20 g Butter für die Form, etwa 1/4 l Fischbrühe.
Für die Soße: *30 g Butter, 40 g Mehl,*
3/8 l Fischbrühe, 1/8–2/10 l trockener Weißwein,
Salz, Pfeffer, 1/10 l Sahne, 2 Eigelb,
mit 2 EL Sahne verquirlt,
30 g frische Butter.

Fischmousseline zubereiten. Die Seezungenfilets auf die Arbeitsfläche legen. Die Hautseite der Filets mehrmals leicht einritzen. Die Filets dick mit der Fischmousseline bestreichen, vom breiten zum schmalen Ende aufrollen.

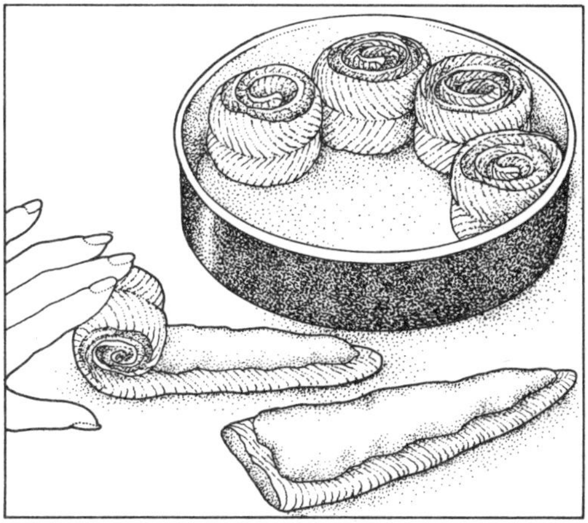

Die Röllchen dicht nebeneinander in eine gebutterte, feuerfeste Form setzen. So viel Fischbrühe angießen, daß sie fast ganz bedeckt sind. Mit Alufolie abdecken, auf dem Herd langsam zum Kochen bringen, dann in den auf 200 °C vorgeheizten Ofen schieben und 10–12 Minuten pochieren. Die Röllchen herausnehmen, auf einer tiefen Platte oder in einer flachen Schüssel anrichten und warm stellen.
Die Garflüssigkeit durch ein Sieb gießen und für die Soße verwenden. Aus Butter und Mehl eine helle Einbrenne anrühren, mit Fischbrühe und Wein aufgießen, mit Salz und Pfeffer würzen. Die Soße auf zwei Drittel einkochen. Die Sahne dazugießen, nochmals gut durchkochen. Die Soße vom Feuer nehmen, Eigelb mit Sahne verquirlen und einlaufen lassen. Ein Stückchen frische Butter unter die Soße rühren. Die Soße über die Seezungenröllchen gießen.
Beilagen: Butterreis, grüner Salat.

Gratinierte Seezungenröllchen

Aus den Köpfen und Gräten, die beim Filetieren der Seezungen übriggeblieben sind, kocht man eine kleine Fischbrühe (Seite 205), die man zum Pochieren und für die Soße verwendet.

8 Seezungenfilets, 4 EL Zitronensaft,
¼ l Fischbrühe, ¼ l Weißwein,
60 g Sellerieknolle, in kleine Würfel geschnitten, 30 g Butter für die Form,
250 g gedünstete Champignons, halbiert,
250 g gekochte Krabben ohne Schale,
½ l Einfache Holländische Soße (Seite 213).

Die Seezungenfilets mit Zitronensaft beträufeln, aufrollen, mit Zahnstochern befestigen. Die Röllchen in Fischbrühe und Wein knapp unter dem Siedepunkt 5 Minuten pochieren. Die Röllchen aus dem Sud nehmen. Im gleichen Sud die Selleriewürfel weich dünsten, mit dem Schaumlöffel herausnehmen.
Die Butter in einer flachen, feuerfesten Form zergehen lassen, die Seezungenröllchen hineinsetzen, die Zahnstocher entfernen. Selleriewürfel, Champignons und Krabben zwischen den Fischröllchen verteilen. Holländische Soße zubereiten, über die Seezungenröllchen gießen. Bei 230 °C im vorgeheizten Ofen 8–10 Minuten gratinieren.
Beilagen: Gedünsteter Reis, Blattsalat mit Tomaten.

Variation
Anstelle von Holländischer Soße kann Weißweinsoße (Seite 211) verwendet werden.

Seezungenröllchen mit Champignons und Krabben

Foto Seite 139

Aus den Köpfen und Gräten, die beim Filetieren der Seezungen übriggeblieben sind, kocht man eine kleine Fischbrühe (Seite 205).

8 Seezungenfilets, etwa ⅜ l Flüssigkeit (halb Fischbrühe, halb trockener Weißwein),
250 g Champignons, ⅛ l Salzwasser,
Saft einer halben Zitrone, 30 g Butter,
150 g Krabben ohne Schale.
Für die Soße: *2 Eigelb, 2 TL Zitronensaft,*
1/10 l eingekochte Fischbrühe, 150 g Butter,
1 TL Tomatenpüree, 1 Prise Cayennepfeffer.

Die Seezungenfilets vom breiten zum schmalen Ende so aufrollen, daß innen ein Hohlraum entsteht, den man füllen kann. Die Röllchen mit Zahnstochern befestigen, in einem Sud aus Fischbrühe und Wein zugedeckt 5–7 Minuten pochieren (nicht kochen!). Aus dem Sud nehmen und beiseite stellen.
Die gereinigten Champignonköpfe in einem Sud aus Salzwasser, Zitronensaft und Butter etwa 5 Minuten pochieren.
Die Brühe, in der die Seezungenröllchen pochiert wurden, bei starkem Feuer auf ein Drittel einkochen. In einem kleinen Topf Eigelb und Zitronensaft glattrühren, den Topf in ein warmes Wasserbad stellen. Nach und nach bei ansteigender Hitze 1/10 l der eingekochten Fischbrühe darunterschlagen. Die Butter flöckchenweise darunterrühren; erst wenn ein Stückchen Butter geschmolzen ist, gibt man das nächste Stückchen dazu. Das Wasserbad darf dabei nicht zum Kochen kommen, sonst gerinnt die Soße. Zum Schluß das Tomatenpüree daruntermischen und die Soße mit Cayennepfeffer und Salz abschmecken.

Die Seezungenröllchen abtropfen lassen, die Zahnstocher entfernen, auf einer Platte anrichten. Mit den pochierten, abgetropften Champignonköpfen und den Krabben, die man in der Fischbrühe kurz erhitzt hat, füllen. Die Platte mit den restlichen Champignons und Krabben garnieren. Die Soße über die gefüllten Seezungenröllchen und über die Garnitur gießen.
Beilagen: Butterreis, Petersilienkartoffeln.

Gebratene Heringe

4 grüne Heringe, ausgenommen und küchenfertig vorgerichtet, Salz, Pfeffer, 4 EL Zitronensaft, einige EL Milch, Mehl zum Wenden, reichlich Öl zum Braten.

Die Heringe waschen, Köpfe entfernen, am Bauch bis zum Schwanz aufschneiden, flach ausbreiten. Die Gräten vom Fleisch lösen und das Rückgrat herausziehen, verbliebene feine Gräten mit einer Pinzette oder mit dem Kartoffelschäler herausziehen. Die Fische mit Salz, Pfeffer und Zitronensaft würzen, mit Milch anfeuchten, die Innen- und die Außenseite in Mehl wenden (man kann für diesen Fisch auch Vollkornmehl verwenden).
In einer Stielpfanne ½ cm hoch Öl erhitzen, den flach ausgebreiteten Fisch mit der Hautseite nach unten in die Pfanne legen und goldbraun braten, dann umdrehen und auch die andere Seite braten. Den Hering warm stellen, bis alle Fische gebraten sind.
Beilagen: Kartoffelsalat mit Speck, Krautsalat.

Variationen Foto Seite 121
Gebratener Hering im Speckmantel: Die Heringe entgräten, innen und außen mit Salz, Pfeffer und Zitronensaft würzen, innen mit gehackten Kräutern ausstreuen. Die Heringe wieder in Form bringen. Jeden Hering mit zwei dünnen Scheiben durchwachsenem Räucherspeck umwickeln und in heißem Öl braten.
Panierter Hering: Die Heringe entgräten, würzen und wieder in Form bringen. Die Fische mit gesalzener Milch anfeuchten, in Mehl wenden, durch gesalzenes, verquirltes Ei ziehen und in Semmelbröseln panieren. In reichlich heißem Öl backen.

Gebratene Makrelen

2 große Makrelen, 4 EL Zitronensaft,
Salz, Pfeffer, Senf,
100 g durchwachsener Räucherspeck, in feine Streifen geschnitten,
250 g Schalotten, in Scheibchen geschnitten,
4 EL gemischte grüne Kräuter, gehackt,
⅛ l trockener Weißwein,
2 Tomaten, geschält und halbiert,
30 g Butterflocken.

Die Fische innen und außen mit Zitronensaft, Salz und Pfeffer einreiben, innen mit Senf bestreichen.
Eine feuerfeste Form mit der Hälfte der Speckstreifen auslegen, darauf die Schalotten und die Kräuter streuen. Die Fische auf das Kräuterbett legen, die restlichen Speckstreifen auf den Fischen verteilen. Seitlich den Wein angießen, in den auf 200 °C vorgeheizten Ofen schieben und 20–25 Minuten braten. Die Fische während der Bratzeit häufig mit der Bratflüssigkeit begießen. 10 Minuten vor beendeter Garzeit die Tomaten mit der Schnittfläche nach oben zu den Fischen legen, leicht salzen und pfeffern, mit Butterflocken belegen und mitbraten.
Beilage: Salzkartoffeln.

Gegrillte Makrelen oder grüne Heringe

Makrelen und grüne Heringe sind beliebte Fische für die Gartenparty. Für die Zubereitung am Holzkohlengrill können sie auch einmal scharf gewürzt werden. Ein aromatisches und zugleich sehr scharfes Gewürz ist *Harissa,* eine Gewürzpaste aus Tunesien, die man in Kaufhäusern und Fachgeschäften kaufen kann. Mischen Sie drei Teelöffel davon unter die Marinade und reiben Sie die Fische damit ein.

4 Makrelen oder grüne Heringe, geschuppt und ausgenommen, 3 TL Pfefferkörner, Salz, 1 Bund Petersilie, ½ Bund Dill, 2 Knoblauchzehen, 1 TL Streuwürze, 3 TL Harissa, Saft einer Zitrone, 6 EL Öl.

In einem Mörser die Pfefferkörner mit Salz, Petersilienblättchen, Dill und Knoblauch zerstoßen. Mit Streuwürze, Harissa, Zitronensaft und Öl zu einer Marinade verrühren. Die Fische an den Seiten zwei- bis dreimal schräg einschneiden, innen und außen mit der Marinade einreiben, 30 Minuten einziehen lassen. Die Fische unter den vorgeheizten Grill oder auf den Rost des Holzkohlenfeuers legen und bei mäßiger Hitze langsam grille-n. Die Fische müssen öfters gewendet werden; es ist daher zweckmäßig, spezielle Wenderoste zu verwenden. Vermeiden Sie am Anfang zu starke Bräunung, damit die Fische außen nicht verbrennen, bevor sie auch innen gar sind. Während des Grillens bestreicht man die Fische hin und wieder mit Marinade.
Beilagen: Brot, Salate, Knoblauchmayonnaise.

Marinierte Heringe oder Makrelen

4 grüne Heringe oder 4 kleine Makrelen.
Für die Marinade: *4/10 l herber Weißwein, 2/10 l Essig, 1 TL Salz, 1 TL Zucker, 1 kleine Zwiebel und 1 gelbe Rübe, in Scheiben geschnitten, 6 Pfefferkörner, zerdrückt, 1 Lorbeerblatt, je 1 Zweig Thymian und Petersilie.*

Die Fische schuppen, Flossen abschneiden, ausnehmen, Köpfe entfernen, gründlich waschen. Die Fische entgräten, wieder zusammenklappen, in eine feuerfeste Form legen. Aus Wein, Essig und allen übrigen Zutaten eine Marinade bereiten und 20 Minuten kochen. Die Fische mit der kochenden Marinade übergießen, zugedeckt bei 180 °C im vorgeheizten Ofen etwa 10 Minuten pochieren. Man läßt die Fische in der Marinade erkalten; sie sollen ganz mit Marinade bedeckt sein. Es ist gut, sie schon zwei Tage vor Gebrauch zuzubereiten und im Kühlschrank aufzubewahren, damit sie gut durchziehen können.
Beilage: Pellkartoffeln oder Brot.

Heringstopf

Foto Seite 122

4 Salzheringe, filetiert, gewässert und in 5 cm große Stücke geschnitten, 2 blaue Zwiebeln, 2 gelbe Rüben, 2 Essiggurken, alles in dünne Scheiben geschnitten, 4 Scheiben Meerrettich, 1 Apfel, geschält und gewürfelt, 100 g süßsaurer Kürbis aus dem Glas, gewürfelt, 1 EL schwarze Pfefferkörner, 1 EL Senfkörner, 2 Lorbeerblätter.
Für die Marinade: *1/8 l süße Sahne, 1/8 l saure Sahne, je 1 Prise Salz und Zucker, 2 EL Essig.*

Die Heringsstücke abwechselnd mit Zwiebeln, gelben Rüben, Essiggurken, Meerrettich, Apfel- und Kürbiswürfeln in ein Glas füllen. Pfefferkörner, Senfkörner und Lorbeerblätter dazwischenstreuen.
Süße Sahne mit sauerer Sahne verquirlen, mit Salz, Zucker und Essig abschmecken, über die Heringe gießen, das Glas zubinden. Im Kühlschrank einige Stunden durchziehen lassen.
Beilage: Brot oder neue Kartoffeln.

Salzheringe süßsauer

4 Filets von Salzheringen,
je 1 rote und 1 gelbe Zwiebel, in Scheiben geschnitten, 4 Scheiben gelbe Rüben.
Für die Marinade: *$^1/_2$ Tasse Essig,*
gut $^1/_2$ Tasse Wasser, 1 Tasse Zucker,
1 EL Pimentkörner, zerdrückt, 1 Lorbeerblatt.

Die Heringsfilets über Nacht wässern. Die Filets quer in drei bis vier Stücke schneiden, zusammen mit den Zwiebelringen und den gelben Rüben in einen Heringstopf oder in eine Schüssel füllen. Die angegebenen Zutaten zu einer Marinade verrühren, aufkochen und abkühlen lassen. Die Marinade über den Fisch gießen; er soll vollkommen mit Marinade bedeckt sein. Kalt gestellt zwei bis drei Tage durchziehen lassen.
Beilage: Schwarzbrot mit Butter.

Salzheringe in Rahmsoße

8 Filets von Salzheringen,
2 Essiggurken und 1–2 Äpfel,
in kleine Würfel geschnitten,
1 Zwiebel, in Ringe geschnitten,
1 Lorbeerblatt.
Für die Rahmsoße: *$^1/_4$–$^3/_8$ l Sahne (nach Belieben süße Sahne, saure Sahne oder eine Mischung aus beiden), je 1 Prise Salz, Pfeffer und Zucker, 1–2 EL Essig.*

Die Heringsfilets je nach Schärfe einige Stunden oder über Nacht in Milch legen oder wässern. Die Filets in kleine Stücke schneiden und in einen irdenen Heringstopf oder in eine Schüssel legen. Alle übrigen Zutaten dazugeben und vermischen. Die Sahne mit Salz, Pfeffer, Zucker und Essig abschmecken, darübergießen. Zugedeckt einige Stunden im Kühlschrank durchziehen lassen.

Matjesfilets Hausfrauenart

Matjesfilets werden genauso zubereitet wie Salzheringe in Rahmsoße. Beachten Sie die Hinweise auf der Packung; nur scharf gesalzene Matjesfilets müssen vorher in Milch gelegt oder gewässert werden.
Matjesfilets werden auch gerne im Ganzen, also unzerteilt, ohne weitere Zutaten in Rahmsoße angerichtet.

Matjesfilets in Dillsahne

8 Matjesfilets, $^2/_{10}$ l Sahne, $^1/_{10}$ l saure Sahne,
je 1 Prise Salz, Pfeffer und Zucker,
1 Bund grüner Dill, gehackt.

Falls die Heringe sehr scharf sind, muß man sie einige Stunden in Milch legen oder wässern. Die Matjesfilets in 4 cm große Stückchen schneiden, in einen irdenen Topf legen. Die Sahne mit allen Zutaten mit dem Schneebesen verrühren und über die Matjesfilets gießen. Einige Stunden durchziehen lassen.

Matjesfilets in Pfeffersahne

8 Matjesfilets, 1 Zwiebel, in Scheiben geschnitten, 1 Apfel, geschält und gewürfelt, 1/10 l Sahne, 1/10 l saure Sahne, 100 g Crème fraîche, 1/2 Becher Joghurt, 1 Prise Salz, 1 Prise Zucker, 1 EL Zitronensaft, 1 EL grüne Pfefferkörner (aus dem Glas), zerdrückt.

Die Matjesfilets bei Bedarf wässern. Die Zwiebelringe in kochendem Wasser 2–3 Minuten blanchieren, abtropfen lassen. Matjesfilets, Zwiebelringe und Apfelwürfel lagenweise in einen irdenen Topf füllen.
Die Sahne mit allen Zutaten mit dem Schneebesen verrühren, über die vorbereiteten Matjesfilets füllen. Einige Stunden im Kühlschrank durchziehen lassen.

Gebratene Sardinen

Sardinen gibt es gefroren zu kaufen. Sie werden aber auch frisch auf Eis angeboten.

500–750 g Sardinen, Salz, Mehl zum Wenden, reichlich Öl zum Braten, Zitronenscheiben, krause Petersilie.

Die Sardinen säubern: Bauch aufschneiden, ausnehmen, Kopf abtrennen. Die Fische auseinanderklappen, das Rückgrat am Kopfende anfassen, zusammen mit den kleinen Gräten herauslösen und abzwicken; den Schwanz läßt man daran. Die Fische waschen und abtrocknen.
Die auseinandergeklappten Sardinen salzen, in Mehl wenden, überschüssiges Mehl abschütteln. In heißem Öl auf beiden Seiten goldbraun braten. Auf einer runden Platte anrichten, in die Mitte Zitronenspalten und krause Petersilie, die man zuvor in Fett fritieren kann, geben. Reichen Sie die gebratenen Sardinen als Vorspeise oder als kleinen Imbiß.

Fritierte Sardinen

500–750 g Sardinen, Salz, einige EL Milch, Mehl zum Wenden, Pfeffer, reichlich Öl zum Backen, 8 Zitronenspalten, krause Petersilie.

Die Fische ausnehmen, Köpfe entfernen und entgräten wie oben. Die Fische salzen und wieder in Form bringen.
Man befeuchtet die Sardinen leicht mit gesalzener Milch, wendet sie in mit Salz und Pfeffer gewürztem Mehl und schüttelt sie in einem Sieb durch, um überschüssiges Mehl zu entfernen. Die gleichmäßig mit Mehl überzogenen Fische können nun fritiert werden; man kann sie aber auch noch in verquirltem Ei und in Semmelbröseln panieren.
So viel Öl erhitzen, daß die Fische darin schwimmen können (oder volle Friteuse benützen). Die Sardinen portionsweise goldbraun backen, auf Küchenkrepp abtropfen lassen. Auf einer Platte mit Zitronenspalten anrichten. Nachdem alle Fische fritiert sind, bäckt man die Petersilie einige Sekunden im Frit-ierfett und garniert die Fische damit.

Fritto misto

Für diese Spezialität der italienischen Küche können kleine Krebse, kleine Fische sowie alle Fische mit festem, weißem Fleisch verwendet werden. Kleine Fische läßt man ganz, größere werden filetiert, evtl. in Stücke geschnitten.

750 g verschiedene Meeresfrüchte (Tintenfische, ungekochte Scampi mit Schale, Sardinen, Sardellen, Fischfilet), Backteig (Seite 208), reichlich Öl zum Fritieren, 8 Zitronenspalten.

Die Meeresfrüchte vorbereiten: Tintenfische, die man bereits gesäubert und abgezogen einkauft, in Ringe schneiden; Scampi aus den Schalen lösen, am Rücken einschneiden und den Darm entfernen, den fächerförmigen Schwanz läßt man am Körper, damit man sie besser anfassen kann; Sardinen und Sardellen ausnehmen, entgräten, Köpfe entfernen; Fischfilet in Stücke von 3×5 cm schneiden.
Backteig anrühren und 30 Minuten quellen lassen.
In einem schweren Topf so viel Öl erhitzen, daß die Fische darin schwimmen können (oder volle Friteuse benützen). Die Meeresfrüchte nacheinander mit zwei Gabeln im Backteig wenden, die Scampi dabei am Schwanz anfassen. Portionsweise in das heiße Öl geben und 3–5 Minuten goldbraun fritieren. Auf Küchenkrepp abtropfen lassen. Mit Zitronenspalten auf einer vorgewärmten Platte anrichten.

Gemischte Meeresfrüchte, gebraten

750 g verschiedene Meeresfrüchte (Tintenfisch, Scampi, Sardinen, Sardellen, kleine Meerbarben, Fischfilet), Mehl zum Wenden, Salz, Pfeffer, reichlich Öl zum Braten, 8 Zitronenspalten.

Die Meeresfrüchte vorbereiten, wie im vorherigen Rezept beschrieben, in mit Salz und Pfeffer gewürztem Mehl wenden. In einer Stielpfanne in reichlich heißem Öl goldbraun braten. Mit Zitronenspalten anrichten.

Krake, Kalmar und Tintenfisch

Von der Familie der Kopffüßer werden bei uns hauptsächlich Krake, Kalmar und Tintenfisch angeboten. Sie kommen immer küchenfertig gesäubert zum Verkauf, meist tiefgefroren. Die kleinen Exemplare werden gewöhnlich im Ganzen zubereitet, größere muß man klein schneiden. Tiefgefroren kann man sie häufig schon kleingeschnitten kaufen.

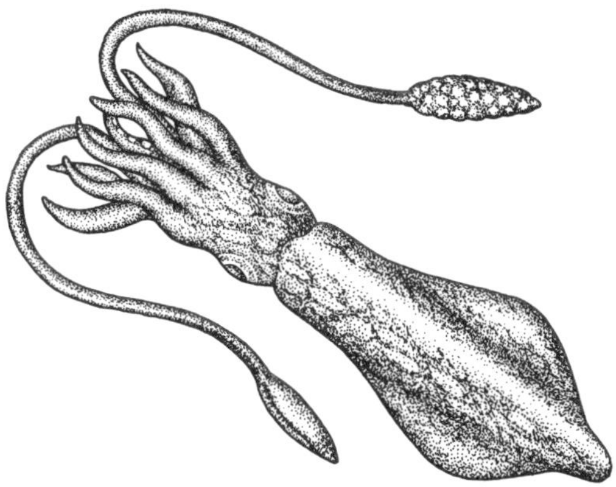

Gekochter Krake (Octopus)

750 g Krake, gesäubert und abgezogen, Salzwasser zum Kochen.

In einem großen Topf Salzwasser zum Kochen bringen, den Kraken hineingeben und weich kochen. Kleine Kraken haben zartes Fleisch und sind schon nach 20 Minuten gar. Das Fleisch größerer Tiere jedoch ist zäh und kann eine Stunde Garzeit benötigen. Man muß mit der Gabel einstechen und prüfen, ob der Fisch gar ist.
Den Kraken aus dem Sud nehmen, abtropfen lassen, in kleine Stücke schneiden und anrichten.
Beilagen: Zitronensaft und Weißbrot.

Gebratener Kalmar

Oder Tintenfisch.

750 g kleine Kalmare, gesäubert, Salz, Mehl zum Wenden, 6 EL Öl.

Die Kalmare salzen, kurz einziehen lassen, abtupfen. Die Fische in Mehl wenden, in heißem Öl auf jeder Seite 5–7 Minuten braten.
Beilage: Zitronensaft und Weißbrot.

Tintenfisch (Sepia) in Tomatensoße

1000 g
750 g Tintenfische, gesäubert, 4 EL Öl, 3 Knoblauchzehen, gehackt, 1 kleine Zwiebel, gehackt, $\frac{1}{2}$ Dose geschälte Tomaten, Salz, 1 EL Petersilie, gehackt. *ganze Dose, Wein*

Die Tintenfische klein schneiden. In heißem Öl Knoblauch und Zwiebel andünsten, ohne daß sie Farbe nehmen. Das Fischfleisch dazugeben und 5 Minuten dünsten. Die Tomaten (ohne Saft) dazugeben, salzen. Zugedeckt etwa 30 Minuten weich dünsten. Mit Petersilie bestreuen.
Beilage: Weißbrot oder Reis.

Geräucherter Fisch in Milchsud

Mild gesalzener, geräucherter Schellfisch, in Milch gekocht, ist eine Spezialität der englischen Küche und ein beliebtes Frühstücksgericht. Geräucherten Kabeljau, Goldbarsch oder Seelachs kann man genauso zubereiten.

600–700 g geräucherter Fisch (Filet oder Kotelett), $\frac{1}{4}$–$\frac{1}{2}$ l Milch (oder halb Milch, halb Wasser).

Die Fischstücke in einen flachen Topf legen, mit so viel Milch übergießen, daß sie gerade bedeckt sind. Langsam zum Kochen bringen, zugedeckt an der Herdseite 7–10 Minuten ziehen lassen. Die Fischstücke herausnehmen, abtropfen lassen und anrichten.
Beilage: Zerlassene oder schaumig gerührte Butter.

Variation
Weiße Grundsoße (Seite 209) zubereiten, mit Zitronensaft abschmecken und 30 g frische Butter darunterrühren. 2 hartgekochte Eier grob hacken und unter die Soße mischen. Man serviert die Eiersoße zu dem in Milch pochierten Räucherfisch.

Räucherfisch-Auflauf

500 g Räucherfisch, 100–125 g Reis, 20 g Butter für die Form, 1 EL Petersilie, gehackt, Champignonsoße (Seite 212), 2 EL Parmesan.

Den Räucherfisch kurz in kochendes Wasser tauchen, von Haut und Gräten befreien, in mundgerechte Stücke zerpflücken. Den Reis in Salzwasser körnig weich kochen, abtropfen. Eine gebutterte Auflaufform abwechselnd mit Räucherfisch und Reis füllen, Petersilie über den Fisch streuen. Die Champignonsoße über die Speise gießen, den Käse darüberstreuen. Im vorgeheizten Ofen bei 220 °C 10–15 Minuten überbacken.

Variation
Anstelle von Reis gekochte Nudeln oder Blumenkohl verwenden.

Frisch gekochte Krebse, Rezept Seite 194

Tröpfchen

Überbackener Räucherfisch

750 g geräucherter Fisch (Kotelett oder Filet), 20 g Butter für die Form, 4 Wacholderbeeren, zerdrückt, 1 Lorbeerblatt, etwa ½ l Sahne, 1 Msp Salz, schwarzer Pfeffer aus der Mühle.

Den geräucherten Fisch in kochendes Wasser geben und 5 Minuten an der Herdseite ziehen lassen. Den Fisch aus dem Sud nehmen, abtropfen lassen. Haut und Gräten entfernen, das Fleisch in mundgerechte Stücke zerpflücken.
Eine feuerfeste Form mit Butter ausstreichen. Die Fischstücke hineingeben. Wacholderbeeren und Lorbeerblatt darüberstreuen. So viel Sahne angießen, daß der Fisch gerade bedeckt ist. Mit Salz und Pfeffer würzen. In den auf 230 °C vorgeheizten Ofen schieben und 10–15 Minuten goldbraun überbacken. Ofenheiß in der Form servieren.

Geräucherter Goldbarsch auf Spinat

500 g geräucherter Goldbarsch, 500 g Spinat, Salz, 1 EL Zitronensaft, 30 g zerlassene Butter, 1–2 hartgekochte Eier, gehackt.

Den Goldbarsch über Dampf erhitzen. Den Spinat im eigenen Saft an der Herdseite zerfallen lassen, salzen und weich dünsten. Den Saft abgießen, den Spinat auf einer Platte anrichten, mit Zitronensaft und zerlassener Butter beträufeln. Die Eier darüberstreuen. Den erwärmten Fisch auf dem Gemüse anrichten.

Oben: *Muscheln mit Suppengemüse, Rezept Seite 187*

Unten: *Muschelsalat, Rezept Seite 188*

Räucherfisch in Paprikaschoten

4 große Paprikaschoten, entstielt und entkernt, 500 g Räucherfisch, 150 g Champignons oder Egerlinge, in Scheiben geschnitten, 20 g Butter, Salz, weißer Pfeffer, 1 TL Zitronensaft, 1 EL Petersilie, gehackt.
Für die Soße: *30 g Butter, 30–40 g Mehl, ⅜–½ l Flüssigkeit (Milch oder halb Milch, halb Fleischbrühe), Salz, weißer Pfeffer, 1 Prise Muskat, 2 EL geriebener Käse.*
Zum Braten: *30 g Butter, 2 EL Zwiebeln, gehackt, 2 Tomaten, enthäutet und gewürfelt, etwa ⅛ l Fleischbrühe, Salz, 1 EL Crème fraîche, 1 Prise Cayennepfeffer.*

Die Paprikaschoten gründlich ausspülen und waschen, die Scheidewände entfernen. Den Räucherfisch von Haut und Gräten befreien, in kleine Stückchen zerpflücken. Die Pilze in heißer Butter 3 Minuten dünsten, mit Salz, Pfeffer und Zitronensaft würzen und Petersilie daruntermischen.
Aus Butter und Mehl eine helle Einbrenne anrühren, nach und nach so viel Flüssigkeit aufgießen, daß eine ziemlich dicke Soße entsteht. Mit Salz, Pfeffer und Muskat abschmekken, gut durchkochen. Den Käse, den Räucherfisch und die Pilze unter die Soße mischen. Die Paprikaschoten mit der Masse füllen.
Die Butter in einer feuerfesten Form zergehen lassen, die Zwiebeln und die Tomatenwürfel hineinstreuen. Die gefüllten Paprikaschoten in die Form setzen. Die Form in den auf 200 °C vorgeheizten Ofen schieben und 10 Minuten anbraten; dann ganz wenig Brühe angießen, salzen und noch etwa 20 Minuten braten. Nach beendeter Garzeit den Bratsaft mit Crème fraîche abrühren und mit Cayennepfeffer zu leichter Schärfe würzen.

Räucherfisch auf Sauerkraut

750 g Räucherfisch, 125 g durchwachsener Räucherspeck, in kleine Würfel geschnitten, 1 Zwiebel, gehackt, 1 TL Zucker, 750 g Sauerkraut, 1 Lorbeerblatt, 3 Wacholderbeeren, 1/10 l trockener Weißwein, 20 g Butter für die Form, 500 g Kartoffelpüree, 2 EL geriebener Käse, 30 g Butterflocken.

Den Räucherfisch von Haut und Gräten befreien, in kleine Stücke zerpflücken. Die Speckwürfelchen hellgelb ausbraten, die Zwiebel darin leicht andünsten, den Zucker dazugeben und langsam zu goldgelber Farbe rösten. Das Sauerkraut dazugeben und unter beständigem Wenden anschmoren, Lorbeerblatt und Wacholderbeeren zugeben, dann etwas Wein angießen und das Sauerkraut zugedeckt schmoren, bis es fast gar ist. In der Zwischenzeit das Kartoffelpüree zubereiten.
Eine Auflaufform mit Butter ausstreichen. Das Sauerkraut in die Form füllen, den Räucherfisch darüber verteilen, mit Kartoffelpüree abdecken, mit Käse bestreuen und mit Butterflocken belegen. Im vorgeheizten Ofen bei 200 °C 15–20 Minuten überbacken.

Stockfisch

Der ausgenommene, vom Kopf befreite, entgrätete und in der Luft an Stangen getrocknete Fisch kommt unter der Bezeichnung Stockfisch in den Handel. Die fettarmen Fische aus der Familie der Dorschartigen eignen sich am besten zum Konservieren durch Trocknung in Sonne und Wind. Der bei uns angebotene Stockfisch ist in der Regel getrockneter Kabeljau. Seit Einführung der Kühl- und Tiefkühltechnik hat der Stockfisch viel von seiner früheren Bedeutung verloren. In Südfrankreich und Italien behauptet er gleichwohl seinen traditionellen Platz in der Küche. Dort kennt man vielerlei Zubereitungen für Stockfisch: als Püree, als Auflauf zubereitet oder mit Zwiebeln, Petersilie und Knoblauch in Öl gedünstet. Bei uns und in den nordischen Ländern ist Stockfisch dagegen nur noch wenig gefragt.
Stockfisch muß vor der Zubereitung gewässert werden, damit das zusammengeschrumpfte Fischfleisch wieder prall und weiß wird. Wir können ihn in den Fischgeschäften von Faschingsdienstag bis Ostern kaufen. Er kommt bereits, in Stücke geschnitten und gewässert, in den Handel.
Die Zubereitung ist sehr einfach: Den gut gewässerten Stockfisch unter fließendem Wasser abspülen, in kaltem Wasser ansetzen, langsam zum Kochen bringen, abschäumen. An der Herdseite, je nach Größe der Stücke, 15–20 Minuten pochieren. Die abgetropften Stücke entgräten, enthäuten und aufblättern. Auf einer Platte anrichten, mit gerösteten Semmelbröseln und braun gerösteten Zwiebeln bestreuen. Braune Butter darübergießen.

Schal- und Krustentiere

Allgemeine Hinweise

Das Fleisch von Schal- und Krustentieren ist wegen des hohen Eiweißgehaltes leicht verderblich. Im Binnenland werden sie daher überwiegend tiefgefroren oder konserviert angeboten. Frische, lebende Tiere werden per Luft-Eilfracht an ihre Bestimmungsorte gebracht.

Muscheln

Muscheln sind Weichtiere. Sie sind von zwei Schalen umgeben, die durch ein elastisches »Schloßband« miteinander verbunden sind. Schließmuskeln bewirken, daß sich die Muschel öffnen oder schließen kann.
Das Fleisch kann man auf zwei verschiedene Arten aus den Muschelschalen herausholen: Man bricht die rohe Muschel mit einem Messer auf; dies ist die übliche Methode, Austern zu öffnen. Oder man öffnet die Muscheln durch Erhitzen; dabei öffnet sich die Schale automatisch. Miesmuscheln zum Beispiel, die meist gekocht oder gedämpft werden, kommen ungeöffnet in den Topf, wo sie sich unter Hitzeeinwirkung nach einigen Minuten öffnen.

Qualitätsmerkmale
Es dürfen nur lebende Frischmuscheln angeboten werden. Man erkennt lebende Muscheln daran, daß die beiden Schalen durch die Schließmuskeln fest geschlossen sind. Bei abgestorbenen Muscheln mit erschlafften Schließmuskeln klaffen die Schalen auseinander, der Saft ist ausgelaufen, das Muschelfleisch ist verdorben. Muscheln mit geöffneter Schale sind tot und müssen unbedingt aussortiert werden. Das Essen verdorbener Muscheln kann zu lebensgefährlichen Vergiftungen führen.

Krustentiere

Die Krebs- oder Krustentiere sind eine sehr formen- und artenreiche Gruppe. Die für die menschliche Ernährung geeigneten Arten ge-

Schal- und Krustentiere

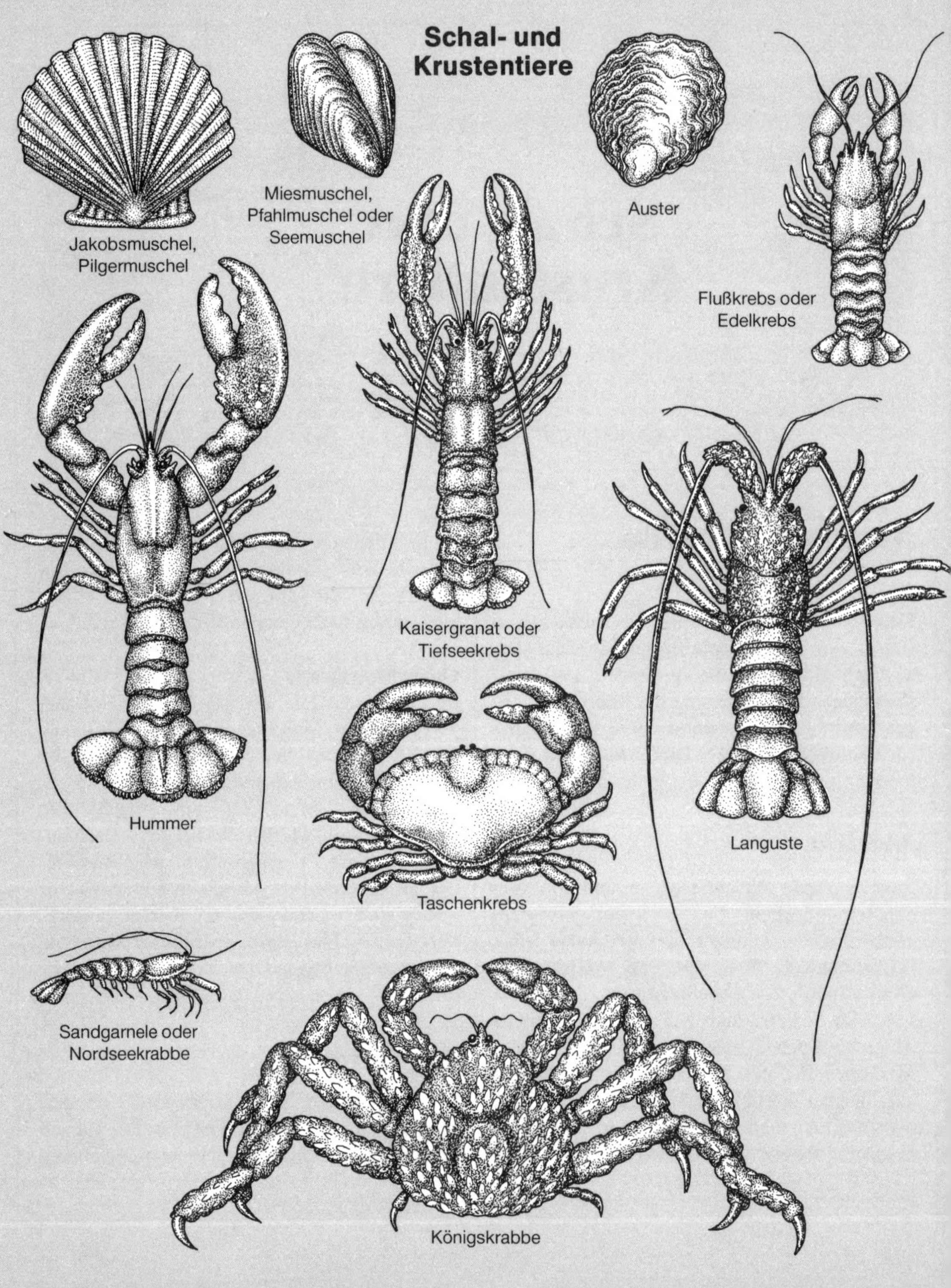

hören zu den Zehnfüßigen Krebsen. Diese werden wieder unterschieden in *langschwänzige Krebse* (Hummer, Languste, Kaisergranat, Garnele) und *kurzschwänzige Krebse,* zu denen der Taschenkrebs gehört. Der Körper ist von einem Panzer umschlossen. Während der Wachstumsperiode müssen sich die Tiere mehrmals häuten, um einen neuen und größeren Panzer bilden zu können. Das eßbare Fleisch befindet sich hauptsächlich im Schwanz und in den Scheren.

Qualitätsmerkmale

Lebende Krebstiere werden in Körben, in nasse Holzwolle verpackt, versandt. Sie müssen gegen Kälte und Hitze geschützt werden. Der Schwanz lebender Krebstiere muß eingezogen und elastisch sein, bei Berührung zieht das Tier den Schwanz sofort ein. Werden bereits abgestorbene Tiere gekocht, so ist der Schwanz nach dem Kochen nicht nach unten eingezogen; er hängt vielmehr locker am Körper und läßt sich leicht bewegen. Gestorbene Krebstiere entwickeln ein gefährliches Fischgift und dürfen keinesfalls gegessen werden.

Beschreibungen

Auster

Die Austern bewohnen Küstengewässer mit festem Meeresboden bis zu 20 m Tiefe, wo sie auf festem Grund oder Gestein die sog. Austernparks bilden. Sie benötigen Wasser mit einem Salzgehalt von 2–3 Prozent.
Man erkennt die Auster an der ungleichmäßigen Schale. Die obere, blättrige Schale ist flach, die untere, mit der sie sich auf dem festen Meeresboden oder Gestein festsetzt, ist gewölbt.
Die bei uns angebotenen Austern stammen aus künstlichen Kulturen. Die größten Austernzuchten in Europa sind an der französischen Atlantikküste. Frische Austern werden per Luft-Eilfracht, in Eis verpackt, versandt. Die geschlossenen Muschelschalen enthalten genügend Meerwasser, so daß die Tiere für einige Zeit Nahrung haben.
Saison für frische Austern ist von September bis April, also alle Monate mit »r«. Die fest geschlossenen Schalen frischer Austern werden kurz vor dem Anrichten mit einem Messer, dem »Austernbrecher«, geöffnet und in

der halben Schale, auf Eis gebettet, in der Flüssigkeit serviert und roh verzehrt. Man reicht halbierte Zitronen und Grahambrot mit Butter dazu. Geräucherte Austern in Öl werden als Konserve angeboten.

Miesmuschel, Pfahlmuschel oder Seemuschel

Die Miesmuschel stellt geringere Ansprüche an die Beschaffenheit des Meeresbodens als die Auster. Von allen eßbaren Muscheln hat sie die größte wirtschaftliche Bedeutung. Sie kommt an allen europäischen Küsten vor, an Sandbänken, Felsen oder Pfählen; deshalb nennt man sie auch Pfahlmuschel. In den Wattenmeeren der Nordsee findet man große, aus-

gedehnte, natürliche Muschelbänke. An der Nordseeküste und an der Ostküste Schleswig-Holsteins wird sie auch gezüchtet.
Die Miesmuschel wird in einer Größe von 5–6 cm gehandelt. Die Form ist länglich rund, die Farbe blauschwarz bis blauviolett. Frische Muscheln gibt es von Oktober bis März, im Sommer ist Schonzeit. Miesmuscheln sind insbesondere im Rheinland sehr geschätzt; dort werden sie in den »Muschelhäusern« als Spezialität in verschiedenen Zubereitungen angeboten.
Vor der Zubereitung müssen die Muscheln sortiert werden, d.h. man entfernt alle offenen, also abgestorbenen Exemplare. Anschließend werden sie in mehrmals gewechseltem Wasser gründlich gewaschen und mit einer harten Bürste abgeschruppt. Das anhängende Bartbüschel, mit dem sich die lebende Muschel am Meeresboden festsetzt, wird entfernt. Dann legt man sie einige Stunden in eine Schüssel mit frischem, gesalzenem Wasser, damit sie Sand und Unreinheiten ausscheiden können.
Miesmuscheln werden meist in einer würzigen Brühe gekocht oder gedünstet. Der Sud muß nur wenig oder überhaupt nicht gesalzen werden, da die Muscheln selbst voll von salzigem Meerwasser sind. Nach einigen Minuten Kochzeit öffnen sich die vorher fest verschlossenen Muscheln. Das gekochte, ausgelöste Muschelfleisch kann man offen, tiefgefroren oder konserviert kaufen. Miesmuscheln kommen auch geräuchert in den Handel.

Jakobsmuschel, Pilgermuschel

Die Jakobsmuschel findet man in Europa im Atlantik, in der Nordsee und vor allem im Mittelmeer.
Sie ist eine der größten Muscheln, bis zu 15 cm lang. Von den ungleichen Schalen ist die rechte gewölbt, die linke abgerundet mit strahlenförmigen, regelmäßig gekanteten (Jakobsmuschel) oder abgerundeten (Pilgermuschel) Falten.
Jakobsmuscheln sind am schmackhaftesten in den Monaten von Oktober bis März, wenn der Rogen (Corail) eine intensiv orangenrote Farbe hat. Sie werden geöffnet, nach dem Entfernen des Bartes und der dunklen Teile ausgelöst und in Weißwein gedünstet, in Soße zubereitet oder in ihrer dekorativen Schale gratiniert. Die schöne, gewölbte Schale der Jakobsmuschel kann man in Haushaltsgeschäften kaufen und für alle Gerichte verwenden, die »in der Muschel« zubereitet werden (z. B. Ragout fin). Bei uns werden Jakobsmuscheln fast ausschließlich tiefgefroren verkauft. Das ausgelöste, sehr delikate Muschelfleisch ist bereits eßfertig vorgerichtet und muß nur aufgetaut werden. Am besten schmeckt es in einer feinen Soße zubereitet.

Hummer

Der Hummer lebt in den europäischen Küstengewässern auf steinigem, felsigem Grund. Der auf unserem Markt angebotene Hummer stammt meist aus Importen aus den nordischen Ländern und den USA.
Der Hummer ist mit zwei kräftigen Scheren ausgestattet, die beim Transport immer zusam-

mengebunden sind, damit sich die Tiere nicht verletzen. Die durchschnittliche Handelsgröße ist etwa 30 cm bei einem Gewicht von 1 kg. Die blauschwarze Farbe des Hummers wird erst beim Kochen leuchtend rot.
Der Hummer wird, wie alle lebenden Krebse, durch Einwerfen in kochendes Wasser getötet. Man kann ihn auf Bestellung auch bereits gekocht kaufen. Hummer serviert man warm oder kalt mit einer Soße, als Salat angemacht oder als Cocktail. Hummerfleisch wird auch als Vollkonserve angeboten. Geöffnete Konserven und gekochtes Hummerfleisch sind leicht verderblich und müssen rasch verbraucht werden.

Languste

Die Languste ist in den gleichen Gewässern anzutreffen wie der Hummer. Die bei uns angebotenen Langusten stammen alle aus Einfuhren.
Typisch sind die beiden sehr langen Fühler oder Antennen. Das Kopfbruststück ist mit groben Stacheln besetzt, die Farbe schwarzbraun bis rötlich-violett mit gelblichen Flekken. Im Gegensatz zum Hummer hat sie keine Scheren. Die Languste kann 50 cm lang und 6 kg schwer werden. In der Küche bevorzugt man jedoch die kleineren Exemplare.
Die Languste kommt lebend oder gefroren in den Handel. Sie wird, wie der Hummer, durch Einwerfen in kochendes Wasser getötet und auch wie dieser zubereitet.

Flußkrebs oder Edelkrebs

Der Name deutet an, daß er in Flüssen lebt, doch ist er auch in sauberen, sauerstoffreichen Binnenseen anzutreffen. Der Flußkrebs wird bis zu 25 cm lang und meist nicht schwerer als 100 g. Bis in die dreißiger Jahre unseres Jahrhunderts war der Flußkrebs auch bei uns noch in vielen Binnengewässern anzutreffen. Durch die Krebspest wurden fast alle Bestände Europas nahezu vernichtet. Die bei uns angebotenen Speisekrebse werden fast ausschließlich aus südosteuropäischen Ländern und der Türkei importiert. Einzelne Versuche, den Flußkrebs in Teichwirtschaften zu züchten, haben bisher zu keinem wirtschaftlichen Ergebnis geführt.
Lebende Krebse kommen nach der Schonzeit, ab Ende Juni, in den Handel und werden den ganzen Sommer über angeboten. Die ersten sind noch relativ klein, während sie im Spätsommer erst richtig groß und besonders schmackhaft sind. Edelkrebse kommen allerdings heute kaum noch auf den Markt. Angeboten wird fast ausschließlich der mit besonders langen und schmalen Scheren ausgestattete *Galizische Teich- oder Sumpfkrebs.*
Lebende Krebse werden nach Größen sortiert gehandelt: Kleinkrebse, die man für Suppen und Soßen verwendet (ca. 40 g schwer), mittelgroße Krebse, die hauptsächlich für Garnituren verwendet werden (ca. 60 g schwer), und Groß- oder Solokrebse (80–100 g schwer). Sie werden, wie der Hummer, durch Einwerfen in kochendes Wasser getötet. In den Fachgeschäften kann man sie auf Wunsch auch gekocht kaufen. Beliebt ist vor allem die Zubereitung in einem würzigen Sud. Aus Flußkrebsen kann man sehr delikate Suppen und Soßen bereiten sowie warme und kalte Vorspeisen.

Kaisergranat oder Tiefseekrebs

Der Kaisergranat oder Tiefseekrebs ist unter verschiedenen Namen im Handel. Populär ist er bei uns unter seinem italienischen Namen *Scampi* (Einzahl Scampo), in Spanien und Frankreich heißt er *Langostino* bzw. *Langoustine* und seine englische Bezeichnung ist *Norway lobster.* Im Handel kann man ihn auch unter den Bezeichnungen *Tiefseehummer, Hummerkrabbe, Norwegerkrebs* oder *Norwegischer Hummer* finden.

Der Kaisergranat wird an der norwegischen Küste, im Kattegat, im Skagerak, an den Atlantikküsten, im Mittelmeer und in der Adria gefangen. Er lebt auf weichem Meeresgrund in Tiefen von 40 bis zu 250 m.

Der Kaisergranat ist kleiner als der Hummer und wesentlich schlanker; er wird auch als »schlanker Hummer« bezeichnet. Er erreicht eine maximale Größe von etwa 25 cm. Die Farbe des Panzers wechselt beim lebenden Tier je nach Wohngewässer von hell-lachsrot bis ziegelrot, sie verändert sich beim Kochen nicht.

Die schmalen Scheren enthalten nur wenig Fleisch; das meiste Fleisch liefern die Schwänze. Frisch abgekochten oder frischen, rohen Kaisergranat kann man nur an der Küste kaufen. Kaisergranat-Schwänze werden fast ausschließlich tiefgefroren gehandelt, mit oder ohne Schale.

Das frische, ungekochte Fleisch ist weiß, glasig, durchscheinend, elastisch; das Fleisch der gekochten Kaisergranat-Schwänze ist bißfest und rosa gefärbt. Es ist ähnlich wohlschmekkend wie das des Hummers. Kaisergranat-Schwänze werden hauptsächlich warm zubereitet. Man kann sie grillen, fritieren, in einer feinen Soße zubereiten. In den Rezepten dieses Buches wird für den Kaisergranat auch der bei uns allgemein übliche Begriff »Scampi« verwendet.

Sandgarnele oder Nordseekrabbe

Die Sandgarnele ist ein kleiner, bis zu 6 cm langer Krebs. Sie gehört zur Gruppe der langschwänzigen, Zehnfüßigen Krebse und ist ebenfalls unter verschiedenen Namen bekannt. An der Küste wird sie auch als Granat bezeichnet, man kennt sie unter ihrem französischen Namen *Crevette,* ihrem spanischen Namen *Gamba,* und schließlich kaufen wir sie im Geschäft ganz einfach als *Krabbe,* obwohl diese Bezeichnung unzutreffend ist. Zoologisch versteht man unter Krabben die kurzschwänzigen Krebsarten. Die Sandgarnele oder Nordseekrabbe wird im Wattenmeer der Nordseeküste vor allem im Sommerhalbjahr in großen Mengen gefangen. Die *Tiefseegarnele,* die vor allem im Skagerak und an der norwegischen Küste gefangen wird, erreicht eine Größe von etwa 10 cm und ist die größte der in unseren Gewässern heimischen Garnelen.

Unter dem Sammelbegriff *Shrimps* kommen Tiefseegarnelen in den verschiedensten Größen und Farben aus Übersee, vor allem auch aus asiatischen und afrikanischen Gewässern, auf den europäischen Markt. Von den meist ziemlich großen Tieren kommen die Schwänze gefroren in den Handel. Am besten ist die rohe, ungekochte und mit Schale eingefrorene Ware. Schüttelpackungen, aus denen man die Shrimps einzeln entnehmen kann, sind »Eisblöcken« vorzuziehen. Die großen Exemplare eignen sich vorzüglich zum Grillen.

Alle Garnelen sind leicht verderblich, deshalb werden sie kaum lebend gehandelt. Die europäischen Fänge werden schon auf den Fangschiffen sortiert und abgekocht. Sie kommen geschält und ungeschält in den Handel, offen und mit Konservierungsstoff haltbar gemacht, in Büchsen oder Gläsern konserviert oder tiefgefroren. Die kleine Sandgarnele ist in gekochtem Zustand von graubraun-rötlicher Färbung; die größere Tiefseegarnele ist dagegen rosarot bis intensiv-rot und wird daher für Garnituren bevorzugt.
Garnelen bereitet man warm in feinen Soßen zu; man verwendet sie als Ergänzung vor allem für gratinierte Fischgerichte. Besonders aber in der Kalten Küche kann das feine, sehr delikate Fleisch der Sandgarnele sehr vielseitig verwendet werden. Man überspült sie vor der Zubereitung immer mit kaltem Wasser, um das Konservierungsmittel zu entfernen.

Taschenkrebs

Der Taschenkrebs gehört zu den kurzschwänzigen Arten der Zehnfüßigen Krebse. Er kommt an allen europäischen Küsten vor.
Kennzeichnend ist der große, ovale Brustpanzer mit einer durchschnittlichen Breite von 20 cm. Von den zehn Füßen ist das erste Paar zu kräftigen Scheren ausgebildet, die auch das meiste Fleisch liefern. Der kurze Schwanz ist unter den breiten Panzer zurückgeklappt.
Der Taschenkrebs kommt lebend oder tiefgefroren in den Handel. Das lebende Tier wird, wie alle Krebsarten, durch Einwerfen in kochendes Wasser getötet. Obwohl der Körper verhältnismäßig groß ist, enthält er nur wenig Fleisch. Von einem 10 cm breiten Taschenkrebs bleiben etwa 100 g eßbares Fleisch, hauptsächlich aus den kräftigen Scheren. Sehr schmackhaft ist die Leber und die cremig-weiche Substanz, in die die Leber eingebettet ist. Das Fleisch der Scheren serviert man mit Mayonnaise in den breiten, gereinigten Körperschalen als Cocktail; man kann es auch mit einer feinen Soße vermischen und in den Schalen gratinieren.

Königskrabbe

Die Königskrabbe lebt in halbarktischen Gewässern in Tiefen bis zu 150 m im Nordpazifik, Beringmeer, Kamtschatka, Neufundland und an der Südküste Argentiniens. Die männlichen Tiere können bis zu 8 kg schwer werden, die weiblichen sind wesentlich kleiner.
Das Körperfleisch der Königskrabbe kommt vorwiegend in Dosen als »crab meat« oder »salad meat« oder als russisches »Chatka« in den Handel. Die Füße werden in der Schale, in Stücke geteilt, tiefgefroren gehandelt.
Das sehr schmackhafte Fleisch der Königskrabbe wird vorwiegend in der Kalten Küche verwendet.

Rezepte

Rohe Austern

Kenner schätzen die rohe Auster, natur in der halben Schale serviert. Man rechnet im Durchschnitt ein halbes Dutzend pro Person.
Die Austern werden unter fließendem Wasser abgebürstet und gründlich gewaschen. Unmittelbar vor dem Servieren werden sie mit dem Austernmesser geöffnet. Dazu legt man sie in eine gefaltete Serviette, flache Seite nach oben, fährt mit dem Messer in die kleine Öffnung im Gelenk, hält mit der anderen Hand die Auster fest und bricht die Schalen auf. Die

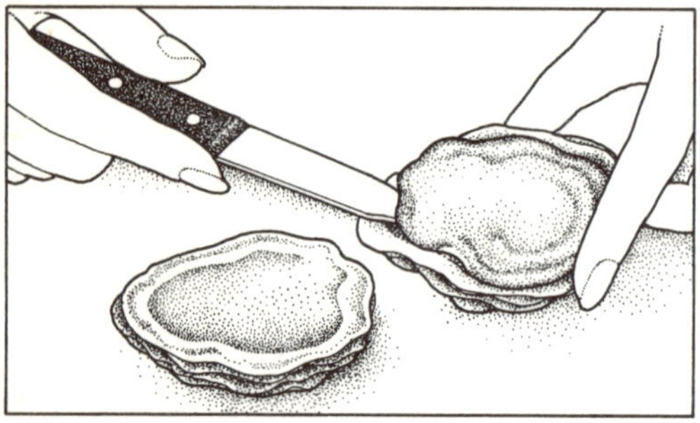

obere Schale wird entfernt. Die Auster wird von der unteren, gewölbten Schale vorsichtig gelöst; dabei ist darauf zu achten, daß kein Saft verschüttet wird.

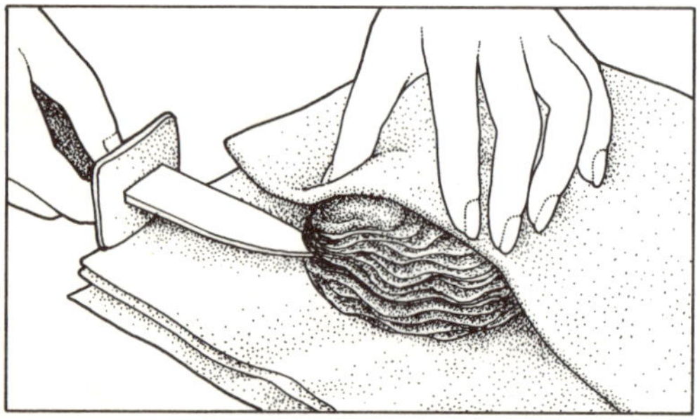

Die Austern werden mit der unteren Schale auf gestoßenes Eis gesetzt und mit Zitronenspalten garniert. Bei Tisch entfernt man den Bart, würzt sie nach Belieben mit frisch gemahlenem Pfeffer, beträufelt sie mit Zitronensaft und schlürft sie mit dem Saft aus der Schale. Man reicht sehr dünne Scheiben Grahambrot oder Schwarzbrot und Butter dazu.

Überbackene Austern

Pro Person 6 Austern, grobes Salz,
Butter für die Schalen, Zitronensaft,
feine Semmelbrösel, 1 Prise Cayennepfeffer,
zerlassene Butter, krause Petersilie.

Die Austern öffnen, wie oben beschrieben, aus den Schalen lösen. Die gewölbten Schalenhälften waschen, abtrocknen, mit Butter ausstreichen. Die entbarteten Austern wieder in die gewölbten Schalenhälften legen.
Ein Backblech oder eine Grillpfanne dick mit grobem Salz bestreuen oder mit leicht zerknüllter Alufolie auslegen (damit die Austernschalen stehen bleiben), die Austern daraufsetzen, mit Zitronensaft beträufeln und mit Semmelbröseln bestreuen, die man mit einer Prise Cayennepfeffer vermischen kann (die Semmelbrösel können auch mit geriebenem Käse und gehackter Petersilie vermischt sein). Man träufelt zerlassene Butter darüber und überbäckt die Austern im vorgeheizten Ofen bei 230 °C etwa 5 Minuten. Man richtet sie auf einer Serviette an und garniert sie mit Petersilie.

Muscheln säubern und kochen

Muscheln müssen gründlich gereinigt werden. Man wäscht sie in mehrmals erneuertem Wasser, bürstet jede einzelne Muschel gründlich ab, entfernt das Bartbüschel und kontrolliert dabei ihre Beschaffenheit. Offene Muscheln, die sich nicht mehr schließen, sind abgestorben und müssen weggeworfen werden; nur geschlossene Muscheln sind genießbar. Durch einen leichten Druck zwischen Daumen und Zeigefinger kann man versuchen, die Muschelschalen seitlich zu verschieben. Sind sie nur mit Sand oder Schlamm gefüllt, so fallen sie auseinander und können aussortiert werden. Man spürt es auch am Gewicht, wenn sie mit Sand oder Schlamm gefüllt sind; sie sind schwerer. Es ist gut, die gereinigten Muscheln noch für einige Stunden in eine Schüssel mit gesalzenem Wasser zu legen, damit sie Sand und Unreinheiten ausscheiden können.

Um die Muscheln zu öffnen, gibt man sie mit etwas Flüssigkeit (meist nimmt man Wein) und Geschmackszutaten in einen großen Topf. Auf Salz kann verzichtet werden, da die Muschelschalen Salzwasser enthalten. Man deckt den Topf zu und bringt sie bei starker Hitze zum Kochen. Nach wenigen Minuten, wenn die Schalen sich geöffnet haben und die Flüssigkeit nach oben steigt, sind die Muscheln gar. Während der Garzeit sollte man den Topf mehrmals rütteln, damit alle Muscheln gleichzeitig gar werden. Muscheln schrumpfen und werden zäh, wenn sie zu lange gekocht werden.

Frisch gekochte Muscheln werden meist in der Schale serviert, oder man entfernt eine Schalenhälfte und richtet sie in der anderen Schalenhälfte an.

Muschelbrühe, die für eine Soße verwendet wird, sollte man eine Weile stehen lassen, damit sich darin befindliche kleine Schalensplitter setzen können. Unter Zurücklassen der abgesetzten dunklen Schalenteilchen gießt man die Brühe vorsichtig durch ein mit Nesseltuch ausgelegtes Sieb.

Gedünstete Muscheln

4 kg lebende Miesmuscheln, gesäubert,
2–3 Schalotten, gehackt,
nach Belieben 1 Knoblauchzehe,
1 Petersilienstengel, 1 Thymianzweig,
½ Lorbeerblatt, 1/10 l Weißwein,
frisch gemahlener Pfeffer, 40 g Butter,
1 EL Petersilie, gehackt.

Die Muscheln mit Schalotten, Knoblauch, Petersilienstengel, Thymianzweig, Lorbeerblatt und Weißwein in einen Topf geben, mit Pfeffer würzen. Den Topf zudecken, bei starker Hitze zum Kochen bringen, etwa 5 Minuten kochen. Sobald die Schalen sich öffnen, sind die Muscheln gar; den Topf mehrmals rütteln, damit alle Muscheln gleichzeitig gar werden. Man nimmt die Muscheln aus dem Sud, entfernt von jeder Muschel eine Schalenhälfte und serviert sie in der anderen Schalenhälfte auf einer vorgewärmten Platte.

Die Flüssigkeit durch ein mit Nesseltuch ausgelegtes Sieb in den Soßentopf gießen, kurz einkochen, nach und nach die Butter darunterschlagen und gehackte Petersilie in die Soße geben. Die Soße über die Muscheln gießen und gehackte Petersilie darüberstreuen.

Variation

Muscheln in Eiersoße: Die Muscheln dünsten und anrichten wie oben. Die Garflüssigkeit durch ein mit Nesseltuch ausgelegtes Sieb gießen und bei starkem Feuer auf die Hälfte einkochen. Zwei Eigelb mit etwas Brühe verquirlen und die heiße, jedoch nicht mehr kochende Brühe damit binden. Die Soße mit Zitronensaft abschmecken und über die Muscheln gießen.

Muscheln in Buttersoße

4 kg lebende Miesmuscheln, gesäubert,
3 Schalotten und 1 Knoblauchzehe, gehackt,
je 1 Stengel Petersilie und Thymian,
½ Lorbeerblatt, frisch gemahlener Pfeffer,
⅛ l Weißwein.
Für die Soße: *20 g Butter, 20 g Mehl,*
$^{1}/_{10}$ l Sahne, Salz, 2 TL Zitronensaft, 1 Eigelb, mit 2 EL Sahne verquirlt, 30 g frische Butter.

Die Muscheln mit den angegebenen Zutaten in einen Topf füllen, zugedeckt bei starker Hitze zum Kochen bringen und etwa 5 Minuten kochen. Die Muscheln aus dem Sud nehmen, jeweils eine Schalenhälfte entfernen, die Muscheln in der anderen Schalenhälfte anrichten und warm stellen.
Die Brühe durch ein mit Nesseltuch ausgelegtes Sieb gießen. Aus Butter und Mehl eine helle Einbrenne anrühren, mit dem Muschelsud und der Sahne aufgießen und durchkochen. Die Soße mit Salz und Zitronensaft abschmecken, mit verquirltem Eigelb legieren. Ein Stückchen frische Butter darunterrühren. Die Soße über die angerichteten Muscheln gießen (die Soße kann auch mit gehackten Kräutern abgeschmeckt werden).

Muscheln in Tomatensoße

4 kg lebende Miesmuscheln, gesäubert,
⅛ l Weißwein, 30 g Butter für die Form.
Für die Soße: *3 EL Olivenöl,*
2 Schalotten und 1 Knoblauchzehe, gehackt,
500 g Fleischtomaten, geschält und gewürfelt,
Salz, Pfeffer, 2 EL Petersilie und
einige Blättchen Basilikum, gehackt,
3 EL Semmelbrösel, 2 EL geriebener Käse,
3 EL zerlassene Butter.

Die Muscheln in einen großen Topf geben, den Wein angießen, zudecken und bei starker Hitze etwa 5 Minuten kochen, bis alle Muscheln geöffnet sind. Die Muscheln herausnehmen, jeweils eine Schalenhälfte entfernen, in eine große gebutterte Auflaufform legen.
Das Öl erhitzen, Schalotten und Knoblauch leicht andünsten, die Tomaten zugeben, mit Salz, Pfeffer, Petersilie und Basilikum würzen. Bei milder Hitze schmoren, bis die Flüssigkeit verdampft ist. Ein wenig von der durchgeseihten Muschelbrühe dazugeben und nochmals kurz einkochen. Die Tomatensoße abschmekken, über die Muscheln in die Auflaufform gießen. Semmelbrösel mit geriebenem Käse vermischen und darüberstreuen, zerlassene Butter darüberträufeln. Im vorgeheizten Ofen bei 230 °C einige Minuten überbacken.

Muscheln in Knoblauchsoße

4 kg lebende Miesmuscheln, gesäubert,
4 EL Öl, 4 Schalotten, 4 Knoblauchzehen,
2 EL Petersilie, alles gehackt, 1 Lorbeerblatt,
frisch gemahlener Pfeffer, $^{2}/_{10}$ l Weißwein.

In einem großen Topf das Öl erhitzen, Schalotten, Knoblauch und Petersilie leicht andün-

sten. Die Muscheln dazugeben, Lorbeerblatt und Pfeffer beifügen, den Wein angießen. Den Topf zudecken, bei starker Hitze zum Kochen bringen und nur einige Minuten kochen, bis alle Muscheln geöffnet sind; dabei den Topf mehrmals rütteln, damit alle Muscheln gleichzeitig gar werden. Die Muscheln sofort heiß in der Brühe servieren.
Bei Tisch löst man eine Muschel aus und benützt die leere Schale als »Zange« zum Essen der anderen Muscheln.
Beilage: Stangenweißbrot und Zitrone.

Muscheln mit Suppengemüse

Foto Seite 174

4 kg Miesmuscheln, gesäubert.
Für den Sud: *1/2 l Wasser, 1/2 l Weißwein,*
2 Zwiebeln, in Scheiben geschnitten,
1 Paket tiefgekühltes Suppengemüse,
1 Bund Petersilie, 1 Lorbeerblatt,
1/2 TL getrockneter Thymian,
8 gestoßene Pfefferkörner.
Für die Soße: *Salz, Pfeffer, Saft einer Zitrone,*
2 EL gehackte Petersilie, 40 g Butter.

Wasser und Wein mit Zwiebelringen, Suppengemüse, gebündelter Petersilie, Lorbeerblatt, Thymian und Pfeffer etwa 20 Minuten kochen, bis das Gemüse fast weich ist. Dann die Muscheln dazugeben und etwa 5 Minuten kochen, bis alle Muscheln geöffnet sind. Den Topf hin und wieder rütteln, damit alle Muscheln gleichzeitig gar werden. Die Muscheln mit dem Schaumlöffel herausnehmen.
Den Sud mit Salz, Pfeffer, Zitronensaft und Petersilie abschmecken und die Butter darunterrühren. Die Muscheln wieder in den Topf geben und mit dem Gemüse servieren.
Beilage: Weißbrot.

Muscheln im Reisrand

250 g gekochtes Muschelfleisch, Currysoße (Seite 212).
Für den Reisrand: *250 g Langkornreis,*
1/2–5/8 l Fleischbrühe, 30 g Butter.

Currysoße zubereiten. Das kalt abgebrauste, abgetropfte Muschelfleisch in der Soße erwärmen.
Den Reis in die kochende Fleischbrühe einstreuen, die Butter dazugeben. Zugedeckt 20 bis 25 Minuten bei milder Hitze weich dünsten, ohne umzurühren. Den Reis in eine gebutterte Ringform füllen, andrücken. Im Wasserbad oder über Dampf einige Minuten anziehen lassen. Den Reis auf eine vorgewärmte, runde Platte stürzen. In die Mitte die Currysoße mit den Muscheln füllen.

Muschelrisotto

2 Tassen Rundkornreis, 4 EL Öl,
1/2 Zwiebel, gehackt, 4 Tassen Fleischbrühe,
2–3 EL Parmesan, 30 g Butter,
1 Dose Miesmuscheln,
1 Prise Safranpulver.

Den Reis in heißem Öl mit der Zwiebel glasig dünsten, mit kochender Brühe aufgießen. Zugedeckt bei schwacher Hitze 20–25 Minuten ausquellen lassen, ohne umzurühren. Parmesan und ein Stückchen Butter daruntermischen.
Die Muscheln abtropfen lassen, mit Safran bestreuen und mischen, damit alle Muscheln gelb werden. Die Muscheln mit so viel Muschelbrühe unter den Risotto mischen, daß der Reis saftig ist. Nach Belieben kann man auch den Reis mit Safran würzen und gelb färben.

Gebackene Muscheln

250 g gekochte Muscheln, Zitronensaft, Pfeffer, gehackte Petersilie, einige EL Öl, Backteig (Seite 208), reichlich Öl zum Backen, 8 Zitronenspalten, krause Petersilie.

Die Muscheln kalt überbrausen, abtropfen lassen. Aus Zitronensaft, Pfeffer, Petersilie und Öl eine Marinade anrühren und die Muscheln eine halbe Stunde marinieren.
Die Muscheln abtropfen, einzeln in Backteig tauchen und schwimmend in heißem Fett goldbraun ausbacken. Auf Küchenkrepp abtropfen lassen, auf einer Serviette mit Zitronenspalten anrichten. Petersilie einige Sekunden im heißen Fett fritieren, die Muscheln damit garnieren.
Beilagen: Brot, Remouladensoße oder Tatarensoße.

Muschelsalat

Foto Seite 174

3 EL Öl, 1 mittelgroße Zwiebel, 1 Knoblauchzehe, 2 EL Petersilie, alles fein gewiegt, Salz, Paprika edelsüß, 50 g Mayonnaise, 250 g Muschelfleisch.

Das Öl erhitzen, die Zwiebel leicht andünsten, ohne daß sie Farbe nimmt. Knoblauch, Petersilie, Salz und Paprika dazugeben und noch einige Minuten bei schwacher Hitze dünsten. Die Masse erkalten lassen, unter die Mayonnaise rühren. Die Muscheln mit der Mayonnaise vermischen und als Salat servieren.

Garnierter Muschelsalat

250 g Muschelfleisch, 100 g Mayonnaise oder Remouladensoße, 3 EL Joghurt, 1 EL Chilisauce, 1 EL Cognac, Salatblätter, 8 Sardellenfilets, 2 hartgekochte Eier, in Scheiben geschnitten, Petersilie, gehackt.

Die Muscheln kalt überbrausen, abtropfen lassen. Mayonnaise oder Remouladensoße mit Joghurt, Chilisauce und Cognac vermischen, bei Bedarf mit Salz und Pfeffer nachwürzen. Die Muscheln auf Salatblättern anrichten, die Mayonnaise darübergießen. Mit Sardellenfilets und Eierscheiben garnieren, Petersilie darüberstreuen.

Jakobsmuscheln in Safransoße

Jakobsmuscheln kommen bei uns ausgelöst und tiefgefroren auf den Markt. Vor der Zubereitung wird das weiße Muschelfleisch, die Nuß, vom Corail (Rogen) getrennt und unter fließendem Wasser kurz abgespült.

8 Jakobsmuscheln (etwa 800 g), 60 g Butter, 1 Schalotte und 1 TL Petersilie, gehackt, 1 Prise Safranfäden, Salz, Pfeffer, 1 EL Cognac, 1 EL Sherry, 100 g Champignons oder Egerlinge, in Scheiben geschnitten, 200 g vollreife Tomaten, enthäutet, entkernt und gewürfelt, 1/4 l Sahne.

Die Muscheln so weit antauen lassen, daß man das weiße Muschelfleisch von dem roten Corail trennen kann.
Die Butter erhitzen, Schalotte und Petersilie glasig dünsten. Safranfäden, Salz, Pfeffer, Cognac und Sherry zugeben, 3 Minuten dünsten, die Pilze dazugeben und gut durchrösten.

Dann das Muschelfleisch und die Tomatenwürfel dazugeben, durchrösten, die Sahne dazugießen. Alles zugedeckt 5 Minuten dünsten. Falls die Soße noch zu dünn ist, nimmt man die Muscheln heraus (damit das Muschelfleisch nicht hart wird) und kocht die Soße auf die gewünschte Konsistenz ein. Die Muscheln in der Soße servieren.
Beilagen: Gedünsteter Reis, Salat.

Jakobsmuscheln in Champignonsoße

600 g tiefgekühlte Jakobsmuscheln,
60 g Butter, 2 gehackte Schalotten,
250 g Champignons, in Scheiben geschnitten,
Salz, Pfeffer, 2 EL Sherry, 1/8 l Weißwein,
1/8 l helle Fleischbrühe, 200 g Crème fraîche,
1–2 TL Zitronensaft, 20 g Mehlbutter,
30 g frische Butter, 1 EL Petersilie, gehackt.

Die Muscheln so weit antauen lassen, daß man den roten Corail vom weißen Muschelfleisch ablösen kann. Das weiße Muschelfleisch in 1 cm dicke Scheiben schneiden, den Corail ganz lassen.
Die Schalotten in der heißen Butter glasig dünsten. Die Champignons in den Topf geben, andünsten. Mit Salz und Pfeffer würzen, den Sherry angießen, leicht einkochen. Den Wein und die Fleischbrühe angießen, 8 Minuten dünsten. Zum Schluß Crème fraîche darunterrühren, aufkochen, mit Zitronensaft abschmecken. Die Soße mit Mehlbutter leicht binden. Das Muschelfleisch in die Soße geben und erwärmen. An der Herdseite ein Stückchen frische Butter darunterrühren. In einer vorgewärmten Schüssel anrichten und mit Petersilie bestreuen.
Beilagen: Reis, zarte Salate.

Hummer kochen

Foto Seite 192

Hummer kann man auf Wunsch im Feinkostgeschäft gekocht kaufen. Kauft man lebende Hummer, so müssen sie frisch sein und lebhafte Abwehrreaktionen zeigen. Die Gummiringe, mit denen die Scheren zusammengebunden sind, entfernt man erst nach dem Kochen.

Pro Person 300–350 g Hummer, Salz, Zitronenscheiben ohne Schale, Zitronenspalten und grüner Dill zum Garnieren.

Zum Kochen des Hummers verwendet man Salzwasser mit Zitronenscheiben. Die Flüssigkeit muß genügend sein, damit der oder die Hummer gut bedeckt sind.
Man faßt den Hummer am Rücken und wirft ihn mit dem Kopf voran in das sprudelnd kochende Wasser, wodurch er sofort getötet wird. Soll er nur getötet und dann anderweitig verwendet werden, so nimmt man ihn nach einer halben Minute wieder heraus und bereitet ihn nach Rezept zu.
Soll der Hummer im Sud gegart werden, so läßt man ihn zwei Minuten flott kochen und dann bei verminderter Hitzezufuhr garziehen. Man rechnet im Durchschnitt 12 Minuten für einen Hummer von 500 g, 20–25 Minuten für einen Hummer von 1000 g.
Für kalte Gerichte läßt man den Hummer im Sud erkalten.

Hummer zerlegen und anrichten
Den Hummer, der sich beim Kochen rot gefärbt hat, aus dem Sud nehmen, abtropfen lassen. Mit einem kräftigen Messer der Länge nach halbieren. Dazu legt man den Hummer mit der Bauchseite auf ein Holzbrett, setzt das Messer zwischen Rumpf und Schwanz an und spaltet zuerst den Schwanz und dann den

Brustpanzer in zwei Hälften. Man entfernt den Darm, der sich als schwarzer Strang durch den Körper zieht. Die Scheren werden dicht am Körper abgetrennt und mit der Hummerschere aufgebrochen. Man richtet den Hummer mit der Schale nach unten auf einer Platte an. Die aufgebrochenen Scheren setzt man vor den Körper. Man garniert die Platte mit grünem Dill und Zitronenspalten.
Zum Essen benötigt man eine Hummergabel mit zwei Haken an der Spitze, um aus den Beinen das Fleisch herauszuholen. Zu jedem Gedeck wird außerdem ein kleines Eßbesteck aufgelegt und eine saugfähige Serviette.
Beilagen: Toastbrot mit Butter, zerlassene Butter oder Mayonnaise.

Eine andere Art, den Hummer zu zerlegen und anzurichten, ist, alle eßbaren Teile vor dem Servieren herauszuholen. Das ist zwar weniger dekorativ, doch angenehmer beim Essen:
Den Hummer auf den Rücken legen. Die acht Beine abtrennen, auseinanderbrechen und das Fleisch mit der Hummergabel herausholen. Die beiden Scheren dicht am Körper abtrennen, mit der Hummerschere aufbrechen und das Fleisch möglichst unzerteilt herausholen.
Den Schwanz vom Rumpf trennen. Die Unterseite des Schwanzes rechts und links aufschneiden, die Schale von der Unterseite des Schwanzes abheben. Das Fleisch in einem Stück aus der Schale lösen. Das Schwanzfleisch der Länge nach so weit aufschneiden, daß man den Darm auslösen kann. Das Fleisch in Scheiben schneiden und zum Servieren wieder in die Schale zurücklegen. Den Brustpanzer an der Unterseite öffnen. Die eßbaren cremigen Teile, das grünliche Hummermark, die Leber, den orangefarbenen Corail, die Eier, herausnehmen. Der Magen – ein kleines Täschchen mit dem für die Verdauung wichtigen Kies –, der zwischen den Augen liegt, ist ungenießbar und wird weggeworfen.
Das ausgelöste Hummerfleisch richtet man auf einer Platte an und garniert es mit Zitronenspalten.

Gegrillter Hummer

2 lebende Hummer von je 600 g, Salz,
1 Prise Cayennepfeffer,
6 EL Öl oder flüssige Butter, 8 Zitronenspalten,
krause Petersilie.

Die Hummer in kochendes Salzwasser werfen und 2–3 Minuten kochen, bis die Tiere tot und etwas steif geworden sind. Die Hummer aus dem Sud nehmen, abtropfen lassen, der Länge nach spalten, den Darm entfernen. Salz mit einer Prise Cayennepfeffer mischen und das Hummerfleisch damit würzen, mit Öl oder Butter bestreichen. Die Hummer mit der Fleischseite zur Hitzequelle im vorgeheizten Grill bei nicht zu starker Hitze etwa 15 Minuten langsam grillen, dabei wiederholt mit Öl oder Butter bestreichen. Vor dem Servieren die Scheren aufbrechen, damit man das Fleisch herausholen kann. Die Hummer auf einer Serviette anrichten, mit Zitronenspalten und Petersilie garnieren.
Gegrillter Hummer ist zwar dekorativ, doch kann man ebenso gut nur die halbierten Schwänze grillen, die ja das meiste Fleisch enthalten.
Beilagen: Toastbrot mit Butter, zerlassene Butter, Sauce Choron oder Mayonnaise.

Bouillabaisse, Rezept Seite 119

Krabbencocktail, Rezept Seite 201

Hummer in Madeira-Rahmsoße

Für 2 Personen

700–800 g frisch getöteter Hummer, 50 g Butter, 1/10 l Madeira, 2/10 l Sahne, Salz, 1 Prise Cayennepfeffer, 1 Eigelb, mit 2 EL Sahne verquirlt, 20 g Butter für die Soße.

Das Fleisch der Scheren und der Schwänze auslösen, den Darm entfernen. Das Hummerfleisch in Stücke schneiden, in heißer Butter andünsten, mit Madeira ablöschen und kurz einkochen lassen. Die Sahne dazugießen, mit Salz und Cayennepfeffer würzen, einige Minuten leise kochen lassen. Die Soße abseits vom Feuer mit verquirltem Eigelb legieren, ein Stückchen frische Butter darunterrühren.

Kalter Hummer

2 gekochte Hummer, Gartenkresse oder Petersilie zum Anrichten, 8 Zitronenspalten, 250 g Mayonnaise.

Die Hummer im Kochsud erkalten lassen. Vor der Zubereitung aus dem Sud nehmen, abtropfen lassen, der Länge nach halbieren, den Darm entfernen. Die beiden Scheren dicht am Körper abtrennen, aufbrechen. Die Hummer mit der Schale nach unten auf einer großen Platte, die mit einem Bett von Kresse oder Petersilie ausgelegt wurde, anrichten. Die aufgehackten Scheren vor den Körper legen. Die Platte mit Zitronenspalten garnieren. Die Mayonnaise dazu servieren.

Frisch gekochter Hummer, Rezept Seite 189

Vorschlag zum Anrichten: Die halbierten, leeren Hummerschalen mit einem pikanten Salat füllen. Das in dünne Scheiben geschnittene Schwanzfleisch ziegelartig darauflegen. Wenn es etwas aufwendiger sein darf, garniert man das Hummerfleisch mit Trüffeln und überglänzt es mit Madeiragelee.

Hummermayonnaise

1 gekochter Hummer (oder Hummerfleisch aus der Dose), Salz, Pfeffer, 2 EL Zitronensaft, 100–150 g Mayonnaise, Salatblätter, 8 Sardellenfilets, 2 hartgekochte Eier, 1 EL Kapern.

Den Hummer im Sud erkalten lassen. Das Hummerfleisch auslösen, in kleine Stückchen schneiden, mit Salz, Pfeffer und Zitronensaft marinieren. Eine Glasschüssel mit Salatblättern auslegen, das Hummerfleisch hineinfüllen, mit Mayonnaise überziehen. Mit Sardellenfilets, Eiern und Kapern garnieren.

Hummercocktail

Hummercocktail wird zubereitet wie Krabbencocktail (Seite 201). Das ausgelöste, in kleine Scheiben geschnittene Schwanzfleisch verwendet man als Einlage und garniert mit den ausgelösten Scheren.

Languste kochen

Languste wird genauso gekocht und zubereitet wie Hummer. Da sie meist größer und schwerer ist als der Hummer, ist die Garzeit entsprechend länger zu berechnen. Aus dem großen

Schwanz wird das Fleisch meist im Ganzen ausgelöst und in schöne Scheiben geschnitten.
Für kalte Gerichte läßt man die Languste im Sud erkalten. Damit man sie dekorativ anrichten kann, wird empfohlen, die Languste vor dem Kochen auf ein Brettchen zu binden, damit der Schwanz gestreckt bleibt.
Alle Rezepte für Hummer können auch für Languste angewendet werden.

Krebse kochen

Foto Seite 173

Pro Person etwa 6 große, lebende Flußkrebse, Salz, Zitronenscheiben ohne Schale, reichlich grüner Dill, nach Belieben Kümmel.

Die Krebse müssen vor dem Kochen gründlich gewaschen und abgebürstet werden. Zum Kochen verwendet man Salzwasser, das mit Zitronenscheiben, sehr viel grünem Dill und nach Belieben kräftig mit Kümmel aromatisiert wird. Das Kochwasser muß so reichlich bemessen sein, daß die Krebse gut bedeckt sind.
Die Krebse am Rücken anfassen, mit dem Kopf voran in das sprudelnd kochende Wasser werfen, wodurch sie sofort getötet werden. Zugedeckt 2 Minuten lebhaft kochen, weitere 8 Minuten an der Herdseite ziehen lassen. Die Krebse aus dem Sud nehmen und in einer Terrine anrichten. Den Sud kurz einkochen, durchseihen und über die Krebse gießen.

Krebse essen

Die Scheren ausbrechen, mit dem Krebsmesser aufknacken und das Fleisch herauslösen. Den Schwanz vom Körper abdrehen, an der Unterseite öffnen, das Schwanzfleisch auslösen und den Darm entfernen. Zum Reinigen der Finger serviert man Schalen mit warmem Wasser und Zitronenscheiben.

Krebse in Weinsud

Pro Person 6 große, lebende Flußkrebse, Sud für Krustentiere (Seite 204), 1 Msp Cayennepfeffer.

Die gereinigten Krebse in den kochenden Sud werfen, zugedeckt 2 Minuten kochen, dann an der Herdseite noch 8 Minuten garziehen lassen. Die Krebse aus dem Sud nehmen, abtropfen lassen, in einer Schüssel pyramidenförmig anrichten.
Den Sud durchseihen, kurz einkochen, mit Cayennepfeffer würzen, über die Krebse gießen und in der Schüssel auftragen. Die Krebse können warm oder kalt serviert werden.

Variation

Man kann für warm servierte Krebse den heißen Sud mit einem Stückchen frischer Butter aufschlagen, bevor man ihn über die Krebse gießt.

Krebse auf Bordelaiser Art

24 große, lebende Flußkrebse, Salz, 80 g Butter zum Anbraten, 1 Zwiebel und 50 g Schalotten, gehackt, 1 gelbe Rübe, in sehr feine Streifen geschnitten, 1 Kräuterbündel (Thymian, Estragon, Petersilie, 1 Lorbeerblatt), Salz, 3 Schnapsgläschen Cognac, 3/8 l trockener Weißwein, 2–3 EL Tomatenmark, 1 Prise Zucker, 100 g Butter für die Soße, 1 TL gehackte Petersilie.

Die Krebse waschen, in kochendes Salzwasser werfen und eine halbe Minute sprudelnd kochen, um sie zu töten. Die Krebse aus dem Sud nehmen und abtropfen lassen.

In einem großen Topf 40 g Butter erhitzen. Zwiebel, Schalotten und gelbe Rübe langsam weich dünsten, ohne daß sie Farbe nehmen. Die restliche Butter dazugeben und erhitzen, die Krebse und das Kräuterbündel hineingeben, salzen, die Krebse rundum scharf anbraten. Den Cognac angießen, erhitzen und flambieren, die Flammen sofort mit dem Wein löschen. Das Tomatenmark und eine Prise Zukker darunterrühren. Die Krebse zugedeckt 8–10 Minuten dünsten, herausnehmen, in einer Schüssel anrichten und warm stellen.
Das Kräuterbündel herausnehmen, die Garflüssigkeit bei starkem Feuer rasch auf die Hälfte einkochen. Den Topf auf die Seite ziehen, nach und nach 100 g Butter in kleinen Stücken darunterschlagen. Die Soße abschmecken, Petersilie daruntermischen, über die angerichteten Krebse gießen.

Überbackene Krebsschwänze

Oder ungekochte Kaisergranatschwänze (Hummerkrabben, Scampi), Tiefseegarnelen (Shrimps) mit Schale.

Verwendet man tiefgefrorene Ware, so entfällt das Abkochen in Salzwasser.

24 große, lebende Flußkrebse, Salz,
60 g Butter, 100 g Schalotten, gehackt,
2 gelbe Rüben und 1 Stange Bleichsellerie, in feine Streifen geschnitten, 1/2 Lorbeerblatt,
1 Stengel Petersilie, 1 Zweig Thymian,
2 Schnapsgläschen Cognac, 3/8 l trockener Weißwein, 1 Prise Cayennepfeffer.
Für die Soße: *40 g Butter, 40 g Mehl,*
3/4–1 l Flüssigkeit (Fischbrühe, Seite 205, oder helle Fleischbrühe), 2/10 l Sahne,
30 g frische Butter, 20 g Butter für die Form.

Die Krebse waschen, in kochendes Salzwasser werfen und nur eine halbe Minute wallend kochen, um sie zu töten. Die Krebse aus dem Sud nehmen und abtropfen lassen.
In einem großen Topf 30 g Butter erhitzen, Schalotten, gelbe Rüben und Bleichsellerie darin langsam weich dünsten, ohne daß sie Farbe nehmen. 30 g frische Butter dazugeben und stark erhitzen, die Krebse, Lorbeerblatt, Petersilie und Thymian hineingeben, salzen. Die Krebse bei guter Hitze rundum anbraten. Den Cognac angießen, erhitzen und flambieren, die Flammen sofort mit dem Wein löschen. Mit Cayennepfeffer würzen, zugedeckt 8 Minuten weich dünsten. Die Krebse herausnehmen, abtropfen lassen. Die Schwänzchen vom Rumpf abdrehen, aus den Schalen lösen, einschneiden und den Darm entfernen.
Aus Butter und Mehl eine helle Einbrenne anrühren, mit der Brühe aufgießen, bei schwacher Hitze auf die Hälfte einkochen; die Soße dabei häufig umrühren. Die Krebsabfälle (Köpfe, Panzer, Scheren, Schwanzschalen) nach und nach so fein wie möglich im Mörser zerstoßen. Einfacher ist es jedoch, sie mit dem Gemüse und der Flüssigkeit, in der die Krebse gedünstet wurden, im Mixer zu pürieren. Diese Masse an die inzwischen eingekochte helle Soße geben und noch 10 Minuten durchkochen. Die Soße durch ein Haarsieb streichen, mit der Sahne auffüllen und nochmal gut durchkochen. Falls sie zu dünn ist, bindet man sie mit etwas Mehlbutter. Die Soße abschmekken, abseits vom Feuer ein Stückchen frische Butter darunterrühren.
Den Boden einer mit Butter ausgestrichenen Gratinform mit Soße ausfüttern, die Krebsschwänze darauflegen, den Rest der Soße darübergießen. Im vorgeheizten Ofen bei 220 °C etwa 15 Minuten überbacken.
Beilagen: Butterreis mit Petersilie, Salat.

Krebssuppe

Für 6 Personen

24 lebende Suppenkrebse, Salz,
1 l helle Fleischbrühe, 80 g Rundkornreis,
80 g Butter, 1 gelbe Rübe und
1 Petersilienwurzel, in sehr feine Streifen geschnitten, 2 Schalotten, gehackt,
je 1 Zweig Thymian und Petersilie,
¼ Lorbeerblatt, Salz, frisch gemahlener Pfeffer,
2 Schnapsgläschen Cognac,
½ l trockener Weißwein, $^2/_{10}$ l Sahne,
1 Prise Cayennepfeffer, 50 g frische Butter.

Die Krebse waschen, in kochendes Salzwasser werfen und eine halbe Minute sprudelnd kochen, um sie zu töten. Die Krebse aus dem Sud nehmen, abtropfen lassen. Den Reis in der Fleischbrühe weich kochen.
In einem großen Topf 40 g Butter erhitzen, gelbe Rübe, Petersilienwurzel und Schalotten glasig dünsten. 40 g frische Butter in den Topf geben und erhitzen, Thymian, Petersilie und Lorbeerblatt sowie die Krebse hineingeben, mit Salz und Pfeffer würzen. Die Krebse bei starker Hitze rundum anbraten. Den Cognac angießen und flambieren, die Flammen sofort mit dem Wein löschen. Zugedeckt etwa 8 Minuten kochen. Die Krebse herausnehmen, etwas abkühlen lassen.
Die Schwänzchen vom Rumpf abdrehen, aus den Schalen lösen, am Rücken aufschneiden und den Darm entfernen. Alle Krebsabfälle (Schalen, Rumpf, Scheren) mit der Flüssigkeit, in der die Krebse gedünstet wurden, durch ein Haarsieb passieren.
Den gekochten Reis ebenfalls durch das Haarsieb streichen und zusammen mit der durchpassierten Krebsmasse gut durchkochen. Die Sahne angießen, nochmal 10 Minuten kochen, mit Cayennepfeffer zu leichter Schärfe würzen. Den Topf zur Seite ziehen und ein Stückchen frische Butter darunterrühren. Die ausgelösten Krebsschwänzchen in Scheiben schneiden und als Einlage in die Suppe geben.
Aus Tiefseegarnelen kann man ebenfalls eine schmackhafte Suppe kochen. Rezept Seite 200.

Überbackener Taschenkrebs

Lebende Taschenkrebse werden gesäubert und in Salzwasser gekocht; man kauft sie jedoch meistens schon gekocht ein. Sie enthalten nur wenig eßbares Fleisch, das meiste befindet sich in den beiden Scheren.

2 große, gekochte Taschenkrebse,
⅜ l Béchamelsoße oder Käsesoße (Seite 211),
3 EL Semmelbrösel, mit
2 EL Parmesan vermischt,
3 EL zerlassene Butter.

Das Fleisch aus den Scheren und den Beinen auslösen. Aus den Körperschalen alles Fleisch sowie die cremigen Teile lösen und mit dem zerkleinerten Scheren- und Beinfleisch vermischen. Das Krebsfleisch mit Béchamel- oder Käsesoße binden.
Die leeren Krebsschalen säubern und auswaschen, mit der Masse füllen. Mit Semmelbröseln und Parmesan bestreuen und zerlassene Butter darüberträufeln. Im vorgeheizten Ofen bei 220 °C etwa 10 Minuten überbacken.

Variation
Das ausgelöste Krebsfleisch mit Zitronensaft und zerdrücktem Knoblauch marinieren, bevor man es mit der Soße vermischt. Man kann auch gekochte, ausgelöste Muscheln daruntermischen.

Gegrillte Tiefseegarnelen (Shrimps)

Oder Kaisergranatschwänze (Hummerkrabben, Scampi).

Pro Person 3–4 große, ungekochte Tiefseegarnelen mit Schale, 4 EL Zitronensaft, Salz, Pfeffer, 2 Knoblauchzehen, durchgepreßt, 1 EL Petersilie, fein gewiegt, 3 EL Öl, 8 Zitronenspalten.

Aus Zitronensaft, Salz, Pfeffer, Knoblauch, Petersilie und Öl eine Marinade anrühren. Die Schalen der Krebsschwänzchen an der Unterseite aufschneiden, mit der Marinade bestreichen und eine halbe Stunde einziehen lassen. Je drei bis vier Krebsschwänzchen auf Spießchen stecken. Im vorgeheizten Grill bei nicht zu starker Hitze auf jeder Seite etwa 5 Minuten grillen; während des Grillens mehrmals mit Marinade bestreichen. Sie sind gar, wenn sie schön rot gefärbt sind und sich gut aus den Schalen lösen lassen. Die Shrimps mit feinem Salz bestreuen und mit Zitronenspalten anrichten.
Die Krebsschwänzchen können auch gegrillt werden, ohne daß man sie auf Spießchen steckt. Die Spießchen erleichtern lediglich das Grillen.
Beilagen: Brot, Aioli oder Remouladensoße, mit Knoblauch abgeschmeckt.

Variationen
Scampi-Muschelspießchen: Abwechselnd Scampi oder Shrimps und ausgelöste Muscheln auf die Spießchen stecken und grillen.
Gemischte Scampispießchen: Scampi oder Shrimps abwechselnd mit Auberginen- oder/ und Zucchinistückchen auf Spießchen stecken und grillen.

Gebackene Tiefseegarnelen (Shrimps)

Oder Kaisergranatschwänze (Scampi, Hummerkrabben).

Pro Person 4 große, ungekochte Tiefseegarnelen mit Schale, Salz, 4 EL Zitronensaft, 1 Spritzer Worcestersauce, Backteig (Seite 208), reichlich Öl zum Backen, 8 Zitronenspalten.

Die Krebsschwänzchen aus den Schalen lösen, den fächerförmigen Schwanz jedoch daranlassen. Der Länge nach oben einschneiden und den Darm herausziehen. Mit Salz, Zitronensaft und Worcestersauce kurz marinieren. Backteig anrühren.
In einem schweren Topf so viel Öl erhitzen, daß die Shrimps darin schwimmen können (oder volle Friteuse benützen). Die Krebsschwänzchen am Schwanz anfassen, in den Backteig tauchen, so daß sie ganz von Teig umhüllt sind. In das heiße Öl geben und goldbraun backen. Die Krebsschwänzchen aus dem Öl nehmen, auf Küchenkrepp abtropfen lassen und warm halten, bis alle Portionen gebacken sind. Auf einer Serviette mit Zitronenspalten anrichten.
Beilagen: Weißbrot, Remouladensoße, Salat.

Variation
Die marinierten Krebsschwänzchen abtupfen, mit Milch anfeuchten, in Mehl wenden und fritieren wie oben.

Gebackene Scampi mit Kräuterbutter

Pro Person 2 ungekochte Riesenscampi (Kaisergranatschwänze, Hummerkrabben) mit Schale, Salz, Pfeffer, 4 EL Zitronensaft, Mehl zum Wenden, 1 verquirltes, gesalzenes Ei, Semmelbrösel, reichlich Öl zum Backen, 8 Zitronenspalten, krause Petersilie, Kräuterbutter (Seite 216).

Die Scampi aus den Schalen lösen, das fächerförmige Schwanzende jedoch daranlassen. Am Rücken entlang so tief einschneiden, daß die beiden Teile noch zusammenhängen. Den Darm entfernen, die Scampi plattdrücken, mit Salz, Pfeffer und Zitronensaft würzen, in Mehl wenden, überschüssiges Mehl abschütteln, in der Eimasse wenden und in Semmelbröseln panieren. In reichlich heißem Öl auf beiden Seiten goldbraun backen. Die Scampi auf Küchenkrepp abtropfen lassen und anrichten. Mit Zitronenspalten und Petersilie, die man einige Sekunden im heißen Fett fritieren kann, garnieren. Jedes Krebsschwänzchen mit einer Scheibe Kräuterbutter belegen.

Tiefseegarnelen (Shrimps) in Knoblauchsoße

$^{3}/_{4}$–1 kg ungekochte Tiefseegarnelen mit Schale, $^{1}/_{2}$ l Salzwasser, $^{1}/_{4}$ l trockener Weißwein, 4 Zitronenscheiben ohne Schale, 6 gestoßene Pfefferkörner, 1 TL grüner Dill, gehackt.
Für die Soße: *6 EL Olivenöl, 6 durchgepreßte Knoblauchzehen, $^{1}/_{8}$ l trockener Weißwein, Salz, frisch gemahlener Pfeffer.*

Salzwasser mit Wein, Zitronenscheiben, Pfeffer und Dill zum Kochen bringen, die Krebsschwänzchen hineingeben. Zugedeckt 2 Minuten flott kochen. Die Shrimps aus dem Sud nehmen, mit kaltem Wasser überbrausen, aus den Schalen lösen, den Darm entfernen.
Für die Soße das Olivenöl erhitzen, den Knoblauch darin schwenken, ohne daß er Farbe nimmt. Den Wein angießen, mit Salz und Pfeffer würzen, kurz aufkochen. Die ausgelösten Krebsschwänzchen noch einige Minuten in der Soße ziehen lassen. In einer vorgewärmten Terrine in der Soße anrichten.
Beilage: Aufgebackenes Stangenweißbrot.

Tiefseegarnelen (Shrimps) in Tomatensoße

$^{3}/_{4}$–1 kg ungekochte Tiefseegarnelen (Shrimps) mit Schale, 3 Knoblauchzehen, Salz, 6 Pfefferkörner, 3 Mandeln, 1 Bund glatte Petersilie, 2 Eiertomaten, geschält und gewürfelt, 5 EL Öl, 1 gehackte Zwiebel, 4 EL Wein.

Die Shrimps waschen, trockentupfen. Im Mörser die Knoblauchzehen mit Salz, Pfefferkörnern, Mandeln und Petersilienblättchen sehr fein zerstoßen, die Tomaten dazugeben, ebenfalls zerstoßen und alles zu einer glatten, dicklichen Soße rühren.
In einer großen Bratpfanne das Öl erhitzen, die Zwiebel darin glasig andünsten. Die Krebsschwänzchen dazugeben und bei starker Hitze rundum anbraten, bis die Schalen rot werden. Die Soße aus dem Mörser dazugeben, den Wein angießen, leicht salzen. Die Shrimps zugedeckt bei milder Hitze noch etwa 5 Minuten garen. Man kann sie warm oder kalt servieren.
Beilage: Weißbrot.

Scampi in Soße

Oder Garnelen (Krabben, Crevetten).
Für 2 Personen

250 g gekochte Scampi ohne Schale.
Für die Soße: *20 g Speisestärke, 1/4 l Flüssigkeit (Fischbrühe, Seite 205, helle Fleischbrühe), 2 Eigelb, 50 g Butter, Salz, weißer Pfeffer, 1 Prise Zucker, 2 EL trockener Weißwein, 2 EL Sahne.*

Die Scampi kalt überbrausen, abtropfen lassen. Die Speisestärke mit Brühe und Eigelb in einem kleinen Topf mit dem Schneebesen glattrühren. Den Topf in das warme Wasserbad hängen, bei zunehmender Hitze abschlagen und langsam erhitzen, bis die Masse dicklich wird (nicht kochen!). Dann flöckchenweise die kalte Butter darunterschlagen. Mit Salz, Pfeffer, Zucker und Wein abschmecken. Zum Schluß die Sahne darunterrühren. Die Scampi in die Soße geben und einige Minuten ziehen, jedoch nicht kochen lassen.
Beilagen: Reis, mit Petersilie bestreut, grüner Salat.

Variationen
Scampi oder Krabben in Dillsoße: Die Soße mit feingewiegtem grünem Dill abschmecken.
Scampi oder Krabben in Currysoße: Die Soße mit Curry abschmecken.

Gemischtes Krabbenfrikassee

250 g Krabben ohne Schale, 50 g gekochter Schinken oder Geflügelfleisch, in Würfel geschnitten, 1 Dose Champignons, 1 kleine Dose Spargel.
Für die Soße: *30 g Butter, 30–40 g Mehl, 3/8–1/2 l Flüssigkeit (helle Fleischbrühe, Champignon- und Spargelbrühe), Salz, weißer Pfeffer, 2 TL Zitronensaft, 6 EL Sahne, 1 Eigelb, 30 g frische Butter.*

Die Krabben mit kaltem Wasser überbrausen, abtropfen lassen. Champignons und Spargel abgießen, die Flüssigkeit zum Aufgießen der Soße aufbewahren.
Aus Butter und Mehl eine helle Einbrenne anrühren, mit Brühe aufgießen, mit Salz und Pfeffer würzen, gut durchkochen. Den Topf zur Seite ziehen, die Soße mit Zitronensaft abschmecken, die Sahne mit Eigelb verquirlen und die Soße damit legieren. Ein Stückchen frische Butter darunterrühren. Krabben, Schinken oder Geflügelfleisch, Champignons und Spargel in die Soße geben und noch einige Minuten ziehen lassen, jedoch nicht mehr kochen.
Beilagen: Reis, zarte Salate.

Variation
Gekochte Selleriewürfel oder Palmitos (aus der Dose) unter das Frikassee mischen.

Garnelen in Sherrysahne

Für 2 Personen als Hauptspeise
Für 4 Personen als Vorspeise

250 g ungekochte Tiefseegarnelen (Shrimps) ohne Schale, 30 g Butter,
1–2 gehackte Schalotten,
Salz, weißer Pfeffer,
3 EL Sherry, 1/8 l Sahne, 10 g Mehlbutter,
nach Belieben 1 EL Kräuter, fein gewiegt.

Die Garnelen mit kaltem Wasser überbrausen, abtropfen lassen und abtrocknen. Schalotten in heißer Butter leicht andünsten, die Garnelen dazugeben, mit Salz und Pfeffer würzen, 2 Minuten dünsten. Den Sherry angießen, aufkochen, die Sahne dazugießen und gut durchkochen. Die Soße mit Mehlbutter binden. Nach Belieben Kräuter daruntermischen. Die Garnelen in der Soße servieren.
Falls nur gekochte Garnelen zur Verfügung stehen, bereitet man die Soße zu und erwärmt am Schluß die Garnelen in der Soße.
Beilagen: Gedünsteter Reis, Blätterteig-Halbmonde.

Garnelensuppe

Oder Kaisergranat (Scampi)
Für 6 Personen

Für dieses Rezept werden ungekochte Tiefseegarnelen (Shrimps) mit Schale verwendet. Die Schalen färben sich beim Anbraten rot und geben der Suppe Geschmack und die schöne rote Farbe. Man kann zur Not auch gekochte Garnelen mit der Schale verwenden, falls rohe nicht zur Verfügung stehen.
Die Suppe kann auch mit Hummerkrabben zubereitet werden.

500 g ungekochte Tiefseegarnelen (Shrimps) mit Schale, 1 l helle Fleischbrühe,
80 g Rundkornreis, 80 g Butter, 1 gelbe Rübe,
1 Petersilienwurzel, 1 Stückchen Selleriewurzel, alles in sehr feine Streifen geschnitten,
2 Schalotten, gehackt,
je 1 Zweig Petersilie und Thymian,
1/4 Lorbeerblatt, Salz, frisch gemahlener Pfeffer,
2 Schnapsgläser Cognac,
3/8 l trockener Weißwein, 2/10 l Sahne,
1 Prise Cayennepfeffer, 50 g frische Butter.

Die Garnelenschwänzchen mit kaltem Wasser überbrausen, abtropfen lassen und abtrocknen. Den Reis in der Fleischbrühe weich kochen.
In einem Topf 40 g Butter erhitzen, gelbe Rübe, Petersilienwurzel, Selleriewurzel und Schalotten glasig dünsten. Die restliche Butter in den Topf geben, Petersilie, Thymian und Lorbeerblatt sowie die Garnelen dazugeben, mit Salz und Pfeffer würzen. Bei starker Hitze rundum anbraten, bis sich die Garnelen rot färben. Den Cognac angießen, flambieren, die Flammen sofort mit dem Wein löschen. Die Garnelen zugedeckt etwa 5 Minuten dünsten (falls vorgekochte Garnelenschwänzchen verwendet werden, genügen 2 Minuten Kochzeit). Die Garnelenschwänzchen herausnehmen, aus den Schalen lösen.
Die Schalen zusammen mit der Flüssigkeit, in der die Garnelen gedünstet wurden, durch ein Haarsieb passieren. Den gekochten Reis ebenfalls durchpassieren und zusammen mit der durchpassierten Garflüssigkeit einige Minuten kochen. Die Sahne dazugießen, aufkochen. Die Suppe mit Cayennepfeffer würzen und abschmecken. An der Herdseite ein Stückchen frische Butter darunterrühren. Die Garnelenschwänzchen klein schneiden und als Einlage in die Suppe geben.

Krebs- oder Krabbencocktail

Foto Seite 191

Man verwendet nach Belieben Krebsfleisch aus der Dose oder Krabben oder eine Mischung aus beiden.

1 Dose Krebsfleisch oder 150 g Krabben,
je 1 kleine Dose Spargelspitzen und
Champignons, grüner Dill.
Für die Soße: *125 g Mayonnaise,*
2 EL Tomatenketchup,
1 Spritzer Worcestersauce, Salz,
2 TL Zitronensaft, 1 EL Whisky,
1 kleiner Spritzer Tabascosauce,
1/8 l Schlagsahne.

Die Krabben oder das Krebsfleisch mit kaltem Wasser überbrausen, abtropfen lassen. Vom Krebsfleisch müssen die Chitinstreifen entfernt werden. Spargelspitzen und Champignons abgießen und abtropfen lassen. Glasschälchen oder Sektschalen mit diesen Zutaten füllen. Mayonnaise mit Tomatenketchup, Worcestersauce, Salz, Zitronensaft, Whisky und Tabascosauce würzig abschmecken, die geschlagene Sahne daruntermischen. Die Soße über die angerichteten Zutaten gießen. Beliebig garnieren mit zurückbehaltenem Krebsfleisch oder Krabben, Spargelköpfen und grünem Dill.

Variation
Ananasstückchen, Mandarinenschnitze, Palmitios (aus der Dose), gewürfelte Honigmelone daruntermischen.

Scampi in Cocktailsoße

Oder Garnelen (Krabben, Shrimps).

350 g gekochte, ausgelöste Scampi.
Für die Soße: *100 g Mayonnaise,,*
100 g Crème fraîche, 1/2 Becher Joghurt,
2 EL Tomatenketchup,
1 EL Zitronensaft,
Salz, 1 Prise Cayennepfeffer,
1 EL Cognac.

Die Scampi kalt überbrausen, abtropfen lassen. Die Mayonnaise mit den angegebenen Zutaten mit dem Schneebesen verrühren und abschmecken. Die Scampi damit übergießen.

Variation
Scampi mit gekochtem Hühnerfleisch und Spargelspitzen vermischen.

Scampi in Vinaigrette-Soße

Oder Garnelen (Krabben, Shrimps).

250 g gekochte, ausgelöste Scampi.
Für die Soße: *2 EL Essig, Salz, Pfeffer,*
6 EL Öl, 1 EL Zwiebel und
2 EL grüne Kräuter, gehackt.

Die Scampi mit kaltem Wasser überbrausen, abtropfen lassen. Alle angegebenen Zutaten zu einer sämigen Soße verrühren, die Scampi damit vermischen. Im Kühlschrank durchziehen lassen.

Variation
Verwenden Sie gleich viel Scampi und Champignons und gießen Sie die Vinaigrette-Soße darüber.

Gegrillte Gambas

Gamba ist der spanische Name für die Sandgarnele, die bei uns meist als *Krabbe* oder unter ihrem französischen Namen *Crevette* gehandelt und fast ausschließlich gekocht verkauft wird. Für dieses Rezept von der spanischen Mittelmeerküste braucht man rohe Gambas. Tiefgefrorene Shrimps oder Scampi, ungekocht und mit Schale, kann man genauso zubereiten.

1 kg rohe Gambas, 4 EL Öl, feines Salz.

Die Gambas waschen, trockentupfen. Eine schwere, gußeiserne Stielpfanne trocken erhitzen, die Gambas hineingeben. Bei starker Hitze und unter beständigem Wenden so lange grillen, bis man glaubt, sie verbrennen, und bis sich die Schalen rot färben. Erst dann gibt man das Öl in die Pfanne und läßt die Gambas unter häufigem Wenden noch einige Minuten bei verminderter Hitze garen. Man bestreut sie mit Salz und serviert sie sofort. Verzehrt werden nur die Schwänzchen, die man vom Körper abdreht und aus den Schalen löst.
Beilage: Weißbrot, Aioli.

Standardrezepte

Fischsude und Aspik

Fische, die im Sud gegart werden, müssen vollkommen mit Sud bedeckt sein, im Sud »schwimmen«. Je nach Größe des Fischkochkessels oder des Topfes, in dem der Fisch gegart werden soll, muß die bei den Rezepten angegebene Menge für den Sud proportional angepaßt werden.

Blausud

Für lebendfrische Flußfische, z. B. Forelle, Saibling, Karpfen.

Für etwa 2¼ l Sud: *2 l Wasser, ¼ l Essig (oder ⅛ l Essig und ¼ l Wein), 2 EL Salz, 2 TL Zucker, 1 Zwiebel und 100–200 g Wurzelgemüse (Karotte, Sellerie, weißer Lauch), in Scheiben geschnitten, 1 Lorbeerblatt, 5 zerdrückte Pfefferkörner, 2 Stengel Petersilie o. 1 kleiner Zweig Estragon.*

Alle Zutaten in einem großen Topf zum Kochen bringen. Dann die Hitze reduzieren und zugedeckt 30–40 Minuten kochen lassen. Nach Belieben kann man den Sud abseihen oder das Gemüse und die Gewürze mit dem Schaumlöffel herausnehmen, bevor man den Fisch einlegt.

Einfacher Fischsud

Für Fluß- und Seefische aller Art.

Für etwa 2¼ l Sud: *2 l Wasser, ¼ l Essig, 2 EL Salz, 2 TL Zucker, 200 g Wurzelgemüse (Karotten, Sellerie, Lauch, Zwiebel), in Scheiben geschnitten, 2 Lorbeerblätter, 1 TL zerdrückte Pfefferkörner, 6 Gewürzkörner (Piment), 4 Wacholderbeeren, einige Blättchen Zitronenmelisse oder Estragon, 2 Petersilienstengel, 1 kleiner Zweig Thymian.*

Die Zubereitung ist die gleiche wie bei Blausud.

Wurzelsud

Spezieller Sud für Waller (Wels) und Karpfen.

Man kann jedoch Fluß- und Seefische aller Art in Wurzelsud kochen, auch Fischstücke.

Für etwa $2^3/_8$ l Sud: *2 l Wasser, $^1/_8$ l Essig, $^1/_4$ l trockener Weißwein, 2 EL Salz, 2 TL Zucker, 2 Zwiebeln, in Scheiben geschnitten, 500 g Wurzelgemüse (Karotten, Sellerieknolle oder Bleichsellerie, weißer Lauch), in sehr feine Streifen (Julienne) geschnitten, 2 Lorbeerblätter, 8 zerdrückte Pfefferkörner, 2 Petersilienstengel, 1 kleiner Zweig Thymian.*

Alle Zutaten in einem großen Topf zum Kochen bringen. Den Deckel auflegen und 30 Minuten leise kochen lassen. Den Sud abseihen und die Fische darin garen. Das Gemüse aus dem Sud wird mit dem Fisch serviert.

Weinsud

Für Fische aller Art, für Schal- und Krustentiere.

Das Verhältnis Wasser zu Wein kann man beliebig variieren; es sollte jedoch immer ein herber Wein verwendet werden. Für manche Fische, z. B. Karpfen, verwendet man auch Rotwein. Verwenden Sie den gehaltvollen Weinsud zur Bereitung einer Suppe oder Soße.

Für etwa $1^1/_2$ l Sud: *$^3/_4$ l Weißwein, $^3/_4$ l Wasser, 1 EL Salz, 2 TL Zucker, 2 Schalotten, 100–200 g Wurzelgemüse (Karotte, Sellerieknolle oder Bleichsellerie, weißer Lauch), in Scheiben geschnitten, 1 Lorbeerblatt, 5 Pfefferkörner, 1 kleiner Zweig Estragon oder Thymian, nach Belieben 2 Knoblauchzehen.*

Alle Zutaten in einem großen Topf zum Kochen bringen. Bei kleinem Feuer zugedeckt 30–40 Minuten kochen lassen. Den Sud abseihen oder das Gemüse und die Gewürze mit dem Schaumlöffel herausnehmen, bevor der Fisch eingelegt wird.

Weißer Sud, Milchsud

Für Steinbutt, Heilbutt, Kabeljau, Meerhecht, Schellfisch; für alle Fische mit weißem Fleisch.

Für $1^1/_2$ l Sud: *$1^1/_4$ l gesalzenes Wasser, $^1/_4$ l Milch, 1 geschälte Zitronenscheibe, $^1/_2$ Lorbeerblatt, 4 zerdrückte Pfefferkörner.*

Alle Zutaten zusammen mit dem Fisch kalt aufsetzen und langsam zum Kochen bringen (Fischstücke werden in heißem Sud zugesetzt). Nach dem Aufkochen abschäumen, den Fisch bei reduzierter Hitze garziehen lassen.

Sud für Krustentiere

Lebende Krustentiere (Hummer, Languste, Krebse) werden durch Einwerfen in kochenden Sud getötet. Der Sud zum Kochen von Krustentieren muß daher so reichlich bemessen sein, daß die Tiere gut bedeckt sind. Die Rezeptmenge ist in der Familienküche im allgemeinen ausreichend. Es ist besser, eher zuviel als zuwenig Sud bereitzustellen.

Für 4 l Sud: *3 l Wasser, 1 l trockener Weißwein, 1 Zitrone, geschält und in Scheiben geschnitten, 3 EL Salz, 12 zerdrückte Pfefferkörner, 1 Kräuterbündel (Petersilie, Thymian, 1 Lorbeerblatt, 1 Stange Bleichsellerie), 1 gelbe Rübe und 1 Zwiebel, in Scheiben geschnitten.*

Alle Zutaten in einem großen Topf zum Kochen bringen und etwa eine halbe Stunde sprudelnd kochen. Vor der Verwendung nach Belieben durch ein Sieb gießen.

Fischbrühe, Fischfumet

Zum Pochieren von Fischstücken und Fischfilet; zur Bereitung von Soßen, Suppen und Aspik.

Fumet ist der Fachausdruck für einen kräftigen, eingekochten, konzentrierten Sud. Aus Abschnitten und Gräten von Seezunge zubereitet, schmeckt er besonders gut. Reste von Fischbrühe kann man einfrieren, auch in Eiswürfelschalen, um kleine Mengen vorrätig zu haben.

Für etwa 1¼ l Fischbrühe:
½ Stange Bleichsellerie, in Würfel geschnitten, 150 g Wurzelgemüse (Zwiebel, Karotten, weißer Lauch), in Scheiben geschnitten, evtl. 30 g Champignonabschnitte, 20 g Butter zum Andünsten, 500 g Reste von rohen Fischen (Köpfe ohne Kiemen, Gräten, mehrere Stunden gewässert und in kleine Stücke gebrochen, Fischabschnitte), ¼ l herber Weißwein, 1 l Wasser, 1 TL Salz, ½ Lorbeerblatt, 1 Zweig Thymian, 2 Petersilienstengel.

Bleichsellerie und Wurzelgemüse mit Champignonabschnitten in heißer Butter leicht andünsten, ohne daß sie Farbe nehmen. Fischköpfe, Fischabschnitte und die Gräten dazugeben und kurz mitdünsten. Mit Weißwein und Wasser auffüllen, salzen, Lorbeerblatt, Thymian und Petersilie zugeben. Alles zum Kochen bringen, den Schaum abschöpfen. Zugedeckt 30 Minuten ziehen lassen. Den Sud abseihen. Die festen Bestandteile nach Belieben durchpassieren. Soll die Brühe zur Herstellung von Aspik oder einer hellen Soße verwendet werden, so verzichtet man auf das Durchpassieren der festen Bestandteile, da die Brühe davon trübe wird.
Man erhält eine besonders kräftige und aromatische Brühe, wenn man den Sud nach dem Abseihen bei starkem Feuer und offenem Topf auf zwei Drittel oder bis zur Hälfte einkocht.

Aspik, Gelee

Zum Überziehen von kaltem Fisch, für Fischsülze.

Für ½ l Aspik: *½ l Fischbrühe (nebenstehend), 1–2 EL Madeira oder Portwein, Essig, Salz, Pfeffer, 6 Blatt weiße Gelatine, nach Belieben 1 Eiweiß und die zerdrückte Eierschale zum Klären.*

Für Aspik muß die Brühe von allen Unreinheiten befreit werden. Die Fischbrühe durch ein feines, mit Nesseltuch ausgelegtes Sieb oder durch ein Filterpapier in eine Schüssel gießen. Mehrere Stunden in den Kühlschrank stellen, damit sich die Schwebstoffe absetzen können. Die Brühe in einen Topf gießen und dabei darauf achten, daß etwaige trübe Rückstände zurückgehalten werden. Madeira oder Port-

wein zugeben, die Brühe abschmecken und bei Bedarf mit Essig, Salz und Pfeffer nachwürzen; Aspik kann pikant-säuerlich abgeschmeckt werden.
Gelatine in kaltem Wasser 10 Minuten einweichen. Inzwischen die Fischbrühe erhitzen, jedoch nicht kochen. Die eingeweichte Gelatine ausdrücken, in die heiße Fischbrühe rühren und erkalten lassen. Zum Überziehen von Fischgerichten und für Sülzen muß der Aspik verwendet werden, bevor er steif wird.
Man kann die *Brühe klären,* falls ein besonders klares Gelee gewünscht wird: Die Fischbrühe leicht erwärmen. Das Eiweiß halbsteif schlagen, mit der gewaschenen, zerkleinerten Eierschale in die Brühe geben und unter ständigem Hochziehen mit dem Schneebesen zum Kochen bringen. Den Topf vom Feuer nehmen und 10 Minuten stehen lassen, bis die Eiweißhaut, die alle Unreinheiten aufgenommen hat, aufreißt und sich die klare Brühe zeigt. Die Brühe durch ein mit mehrlagigem Nesseltuch ausgelegtes Sieb oder durch Filterpapier gießen.

Füllungen für Fische, Backteig

Die Mengen der Rezepte für Fischfüllungen sind jeweils ausreichend für vier mittelgroße Portionsfische.
Fische, die gefüllt werden sollen, nimmt man durch den Bauch, durch die Kiemen oder durch den Rücken aus. Wie man das macht, ist auf Seite 14 beschrieben.
Für durch den Rücken ausgenommene Fische benötigt man, je nach Größe der jeweiligen Fische, die eineinhalbfache bis doppelte Rezeptmenge.

Pilzfülle

200 g Pilze (Pfifferlinge, Champignons, Egerlinge), gehackt, 30 g Butter, 1/2 Zwiebel, gehackt, 1 EL Petersilie, gehackt, Salz, Pfeffer, 2 EL Crème fraîche, 1 EL Zitronensaft, etwa 2 EL Semmelbrösel.

Zwiebel und Petersilie in heißer Butter glasig dünsten. Die Pilze dazugeben, mit Salz und Pfeffer würzen, dünsten, bis die Flüssigkeit verdampft ist. Crème fraîche und Zitronensaft daruntermischen. Die Pilze mit so viel Semmelbröseln vermischen, daß die Masse ausreichend gebunden ist.

Variationen
Eine enthäutete, gewürfelte Tomate mitdünsten.
Ein Ei unter die fertige Fülle mischen.
Wenn Milch oder Rogen vorhanden sind, mischt man sie unter die Fülle (Milch gewässert, enthäutet und gehackt; Rogen kalt überbraust und durch ein Sieb gedrückt).

Spinatfülle

500 g Spinat, grob gehackt, 50 g Butter, Salz, 1 TL Zitronensaft, 1 EL Parmesan, 1 verquirltes Ei, etwa 2 EL Semmelbrösel.

Den Spinat im eigenen Saft bei mäßiger Hitze etwa 5 Minuten weich dünsten, abtropfen lassen. In einem Topf die Butter zergehen lassen und den Spinat darin schwenken, vom Feuer nehmen. Mit Salz und Zitronensaft würzen. Nach Belieben Parmesan daruntermischen. Den Spinat mit Ei und so viel Semmelbröseln vermischen, daß die Masse ausreichend gebunden ist, jedoch nicht zu trocken wird.

Sauerampferfülle

1 Semmel, 1/10 l Sahne,
150 g Sauerampferblätter, 30 g Butter, Salz, Pfeffer, etwa 3 EL Semmelbrösel.

Die Semmel feinblättrig aufschneiden, mit der Sahne übergießen und stehen lassen, bis die Semmel vollständig aufgeweicht ist. Den Sauerampfer in einem flachen Topf bei milder Hitze im eigenen Saft zusammenfallen lassen und etwa 1 Minute dünsten. Auf einem Sieb abtropfen lassen. Die Butter schmelzen, den Sauerampfer und die eingeweichte Semmel dazugeben, mit Salz und Pfeffer würzen und alles gut vermischen. Die Masse mit Semmelbröseln binden und vor Gebrauch ausreichend lange quellen lassen.

Käse-Schinkenfülle

60 g geriebener Emmentaler Käse,
2 EL Kräuter, gehackt, 4 EL Semmelbrösel,
1 Ei, etwa 1/8 l saure Sahne, Salz,
1 Prise Paprika, 30 g gekochter Schinken.

Käse, Kräuter und Semmelbrösel vermischen, mit Ei und saurer Sahne zu einem dicken Brei verrühren, mit Salz und Paprika würzen. Feingewiegten Schinken daruntermischen. Eine halbe Stunde quellen lassen.

Kalbsbrätfülle

Falls man frisches Kalbsbrät nicht kaufen kann, nimmt man ungebrühte Kalbsbratwürste und drückt sie aus. Sollte von der Fülle etwas übrig bleiben, so kocht man Klößchen daraus und garniert den gefüllten Fisch damit.

250 g Kalbsbrät, 1 Prise Muskat, 1 Ei,
3 EL Sahne, 1 EL Petersilie, gehackt,
1 EL Semmelbrösel.

Das Kalbsbrät mit Muskat, Ei, Sahne und Petersilie vermischen, mit Semmelbröseln binden. Eine halbe Stunde quellen lassen.

Variationen
Man kann Kapern, gehackte Schalotten, gehackte Krabben, gehackte Sardellenfilets, gehackte Pistazien oder sehr kleine Speckwürfelchen unter die Fülle mischen.

Fischmousseline

Mousseline nennt man in der Küchensprache ein besonders feines, mit Süßrahm aufgearbeitetes Püree, das zum Füllen von Fisch, für Fischklößchen oder für ein in der Form zubereitetes Fischgericht verwendet wird.

250 g schieres Fischfleisch ohne Haut und Gräten (Filet) von Hecht, Forelle, Saibling, Seezunge, Meerhecht, Wittling oder Lachsforelle, 2 TL Salz, weißer Pfeffer aus der Mühle, 1 Prise Muskat, 1/8–1/4 l Sahne.

Nach alter Art wird das Fischfleisch in Würfel geschnitten und zusammen mit den Gewürzen im Mörser zu einem glatten, pastenartigen Püree verarbeitet. Im Mixer kann man das Fischfleisch allerdings genauso fein pürieren, und es macht weniger Mühe. Anschließend wird das Püree mit Salz, Pfeffer und Muskat gewürzt und durch ein feines Sieb gestrichen.
Die weitere Verarbeitung erfolgt in einer auf Eis gestellten, metallenen Schüssel. Man rührt mit dem elektrischen Rührgerät nach und nach die Sahne dazu und schmeckt das Püree noch-

mals ab. Die pastenartige, vollkommen homogene Mischung stellt man vor der weiteren Verwendung etwa 1 Stunde in den Kühlschrank auf eine Schüssel mit gestoßenem Eis. Die Kälte und die frühzeitige Zugabe von Salz sind nötig, damit sich das Eiweiß aufschließen und die Masse quellen kann.
Die Menge der Sahne, die zum Aufschlagen des Pürees nötig ist, kann nicht exakt angegeben werden, da die Bindefähigkeit nach Eiweiß- und Fettgehalt der Fische unterschiedlich ist. Als Faustregel gilt jedoch, gleiche Menge Fisch und (bis zu) gleiche Menge Sahne verwenden. Die Masse soll, nachdem sie im Kühlschrank geruht hat, in der Konsistenz dick, streichfähig und gut formbar sein (Klößchen).

Variationen
Gekochte Garnelen hacken, unter die Mousseline mischen.
Gehackte Pistazien daruntermischen.

Fischpüree

Dies ist eine vereinfachte Ausführung des vorhergehenden Rezeptes. Das Püree kann genauso verwendet werden wie Fischmousseline.

200 g Fischfilet ohne Haut von beliebigem, magerem Fluß- oder Seefisch, 1 1/2 TL Salz, 1/10–2/10 l Sahne, 1 Prise Muskat, weißer Pfeffer.

Das Fischfleisch in Würfel schneiden, mit Salz im Mixer pürieren. Nach und nach die Sahne unterrühren, mit Muskat und Pfeffer würzen. Die Masse vor der weiteren Verwendung zugedeckt 1 Stunde auf eine mit Eiswürfeln gefüllte Schüssel in den Kühlschrank stellen, damit sie gut quellen kann.

Fischpüree mit Champignons

Zutaten wie Fischpüree (siehe oben).
Außerdem: *150 g Champignons, gehackt oder im Mixer püriert, 20 g Butter, Salz, Pfeffer, 1 TL Zitronensaft.*

Die Champignons in heißer Butter mit Salz, Pfeffer und Zitronensaft so lange dünsten, bis die Flüssigkeit verdampft und die Masse zu einem dickbreiigen Püree geworden ist. Erkalten lassen. Fischpüree zubereiten wie oben, das Champignonpüree daruntermischen.

Variation
Dünsten Sie die doppelte Menge Champignons und mischen Sie nur die Hälfte davon unter das Fischpüree, mit dem Sie ein Fischgericht füllen. Die andere Hälfte der Champignons können Sie am Schluß an die Soße rühren.

Backteig

Zum Fritieren von Fisch.

Bier macht den Teig locker und gibt ihm einen leicht bitteren Geschmack, der gut mit fritiertem Fisch harmoniert. Man kann den Teig auch mit Wein, Milch oder Wasser anrühren. Backteig soll dickflüssig sein, damit er das Fritiergut vollkommen umschließt.

150 g Mehl, 1 Msp Salz, Pfeffer, 1 EL Öl, 2 Eier, getrennt, knapp 2/10 l Bier.

Das Mehl in eine Schüssel sieben, mit Salz und Pfeffer würzen, in die Mitte eine Mulde drükken. Öl und Eigelb in die Mulde geben, nach und nach von der Mitte aus Bier unter das Mehl rühren. Den Teig nur so lange rühren, bis er glatt ist; er soll ziemlich dickflüssig sein. Etwa 30 Minuten bei Zimmertemperatur quellen lassen. Kurz vor Gebrauch das Eiweiß zu steifem Schnee schlagen und unter den Backteig mischen.

Soßen und Buttermischungen

Die Zubereitung der Soße erfordert besondere Kenntnisse, Liebe und Fingerspitzengefühl und ist Nachweis einer guten Küche.
Grundlage einer feinen, warmen Soße ist und bleibt eine gepflegte Grundbrühe. In der Fischküche ist das in der Regel ein gehaltvoller Sud, in dem Fisch gegart wurde, oder eine eigens zubereitete Fischbrühe (Fischfumet). Sie wird aus den beim Filetieren von Fisch anfallenden Abgängen und Gräten sowie würzigem Gemüse, Wasser und Wein zubereitet. Die Mühe lohnt sich bestimmt.
Zerlassene Butter oder eine feine Holländische Soße werden gerne zu gekochtem und pochiertem Fisch gereicht; pikante Mayonnaise ergänzt knusprige, fritierte Fische; würzige Buttermischungen krönen den aromatischen, gegrillten Fisch; mit Mehl gebundene Soßen begleiten Fischgerichte aller Art, vor allem gekochten Fisch. Häufig werden sie mit Wein abgeschmeckt und mit Sahne verfeinert. Der Wein, der zum Aufgießen eines Fischgerichtes oder einer Soße verwendet wurde, sollte auch zum Trinken serviert werden.

Weiße Grundsoße

Weiße Grundsoße ist die Basis für die nachfolgenden Rezepte. Als Begleitung zu Fischgerichten verwendet man zum Aufgießen nach Möglichkeit eine gehaltvolle Fischbrühe (Seite 205). Die Menge des Bindemittels (Mehl) und die Menge der Flüssigkeit müssen mit Fingerspitzengefühl dosiert werden. Die Soße soll so dick sein, daß man kurz vor dem Servieren evtl. noch die eingekochte, konzentrierte Garflüssigkeit eines Fischgerichtes unterrühren kann, ohne daß die Soße dadurch zu dünn wird.
Bei Fischgerichten mit kurzer Garzeit empfiehlt es sich, mit dem Kochen der Soße zu beginnen, bevor der Fisch zugestellt wird. Man läßt sie an der Herdseite simmern, bis der Fisch gar ist und stellt sie kurz vor dem Servieren fertig.

30 g Butter, 30–40 g Mehl,
3/8–1/2 l Flüssigkeit (Fischbrühe, Seite 205, oder helle Fleischbrühe), Salz, weißer Pfeffer, nach Belieben ein Stückchen frische Butter zum Verfeinern.

Aus Butter und Mehl eine helle Einbrenne anrühren, nach und nach aufgießen und mit dem Schneebesen glattrühren. Bei schwachem Feuer 20–30 Minuten simmern lassen, dabei häufig umrühren. Mit Salz und Pfeffer abschmecken. Die Haut kann man nach Belieben abschöpfen oder die Soße durch ein feines Sieb passieren. Zum Verfeinern kurz vor dem Anrichten abseits vom Feuer ein Stückchen frische Butter unter die Soße rühren.
Die Grundsoße kann mit Sahne und Wein abgeschmeckt und mit Eigelb legiert werden. Je nach Verwendungszweck gibt man Gewürze, Kräuter, Pilze usw. dazu.

Kräutersoße

Zu gedünstetem, pochiertem und gekochtem Fisch.

Weiße Grundsoße (Seite 209),
reichlich frische Kräuter, feingewiegt,
1 TL Zitronensaft, 3–6 EL Sahne.
Nach Belieben: *1 Eigelb, Sahne, 30 g frische Butter, einige EL steifgeschlagene Sahne.*

Weiße Grundsoße zubereiten. Feingewiegte Kräuter dazugeben und einige Minuten ziehen lassen. Die Soße mit Zitronensaft abschmekken und die Sahne darunterrühren. Nach Belieben Eigelb mit etwas Sahne verquirlen und die Soße damit legieren. Ein Stückchen frische Butter und/oder einige Eßlöffel steifgeschlagene Sahne unterziehen.

Variationen
Schnittlauchsoße, Estragonsoße, Petersiliensoße, Dillsoße kann man genauso zubereiten. Kerbelsoße, Sauerampfersoße mit reichlich Kerbel oder Sauerampfer zubereiten, mit etwa $^1/_8$ l Sahne cremig-mild abschmecken.

Senfsoße

Zu gekochtem und gedünstetem Fisch.

Weiße Grundsoße (Seite 209), $^1/_2$ Zwiebel,
fein gewiegt, 1–2 EL Senf, 1 TL Zucker,
1 EL Sahne, 2 EL Wein, 1 Essiggurke.

Weiße Grundsoße zubereiten, die Zwiebel in der Einbrenne mitdünsten. Die Soße mit Senf, Zucker, Sahne und Wein pikant abschmecken, durchpassieren. Nach Belieben kleingewürfelte Essiggurke daruntermischen.

Sardellensoße

Zu gekochtem und gedünstetem Fisch.

Weiße Grundsoße (Seite 209), 50 g Sardellenfilets, leicht gewässert und fein gewiegt,
3 EL Weißwein, 1 Prise Zucker, Pfeffer.

Weiße Grundsoße zubereiten. Sardellen zugeben und noch 5 Minuten ziehen lassen (nicht mehr kochen!). Die Soße durchpassieren, mit Weißwein, Zucker und Pfeffer abschmecken.

Kapernsoße

Zu Fischgerichten aller Art.

Weiße Grundsoße (Seite 209), 2 EL Kapern,
fein gewiegt, 1 TL Zitronensaft, 2 EL Weißwein
1 Prise Zucker, 4 EL Sahne, mit 1 Eigelb verquirlt.

Weiße Grundsoße mit Kapern, Zitronensaft, Weißwein und Zucker abschmecken. Mit Sahne und verquirltem Eigelb legieren, dann nicht mehr kochen lassen.

Grüne Eiersoße

Zu gekochtem Fisch.

Weiße Grundsoße (Seite 209), 2 EL saure Sahne,
1 EL Zitronensaft, weißer Pfeffer,
2 EL Petersilie und 2 EL Kerbel, fein gewiegt,
3 hartgekochte Eier, grob gehackt.

Weiße Grundsoße mit saurer Sahne, Zitronensaft, Pfeffer und Kräutern abschmecken. Die gehackten Eier unter die Soße mischen.

Béchamelsoße

Zum Überbacken von gedünstetem und gekochtem Fisch.

Weiße Grundsoße (Seite 209), mit Milch (oder halb Milch und halb Fischbrühe) aufgegossen, weißer Pfeffer, 1 Prise Muskat.

Weiße Grundsoße zubereiten, mit Milch (oder halb Milch und halb Fischbrühe) aufgießen. Mit Pfeffer und Muskat abschmecken.

Weißweinsoße

Zu pochiertem, gedünstetem und geschmortem Fisch, zum Gratinieren von Fischspeisen.

Weißweinsoße ist eine klassische und sehr vielseitig verwendbare Fischsoße. Zum Aufgießen verwendet man immer eine gehaltvolle Fischbrühe. Ausnahmsweise, wenn Fischbrühe nicht zur Verfügung steht, kann man helle Fleischbrühe verwenden.

30 g Butter, 40 g Mehl, 3/8 l Fischbrühe (Seite 205), 1/8–2/10 l trockener Weißwein, Salz, Pfeffer, 1/10 l Sahne, 2 Eigelb, mit 2 EL Sahne verquirlt, 30 g frische Butter.

Aus Butter und Mehl eine helle Einbrenne anrühren, mit Fischbrühe aufgießen, durchkochen. Den Wein dazugießen, mit Salz und Pfeffer würzen, die Soße auf zwei Drittel einkochen. Die Sahne dazugießen, nochmal gut durchkochen. Die Soße vom Feuer nehmen, Sahne mit Eigelb verquirlen und die Soße damit legieren, dann nicht mehr kochen lassen. Ein Stückchen frische Butter darunterrühren.

Käsesoße

Zum Überbacken von Fischspeisen.

Béchamelsoße (siehe links), 1 Prise Cayennepfeffer, 1 Prise Zucker, 50 g geriebener Käse.
Nach Belieben: *1 Eigelb und 2 EL Sahne zum Legieren.*

Eine etwas dünnere Béchamelsoße zubereiten. Mit Cayennepfeffer und Zucker abschmecken. Kurz vor Gebrauch den geriebenen Käse daruntermischen, die Soße darf dann nicht mehr kochen. Nach Belieben mit verquirltem Eigelb und Sahne legieren.

Legierte Weiße Soße, Samtsoße

Für Fischragout, zum Garen von Fischklößchen.

30 g Butter, 20–40 g Mehl, 3/8–1/2 l Fischbrühe (Seite 205) oder helle Fleischbrühe, Salz, weißer Pfeffer, 4 EL Weißwein, 4 EL Sahne, mit 1–2 Eigelb vermischt, zum Legieren.

Aus obigen Zutaten eine Soße nach Art der Weißen Grundsoße (Seite 209) zubereiten. Mit Salz, Pfeffer und Weißwein abschmecken. An der Herdseite bei offenem Topf 20–30 Minuten simmern lassen. Die Haut abschöpfen oder die Soße durch ein feines Sieb passieren. Sahne mit Eigelb verquirlen und in die Soße einlaufen lassen; sie darf dann nicht mehr kochen.
Sollen Fischklößchen in der Soße gegart werden, so verzichtet man auf das Legieren mit Eigelb.

Currysoße

Zu gekochtem Fisch, Krabben, Scampi.

Weiße Grundsoße (Seite 209), 3 TL Curry, 2 TL Zitronensaft, 1 Prise Zucker, 6 EL Sahne.
Nach Belieben: *1 EL Apfelwürfel oder ½ Banane, zerdrückt.*

Weiße Grundsoße mit Curry, Zitronensaft, Zucker und Sahne abschmecken. Man kann Apfelwürfel in der Soße weich dünsten oder eine halbe Banane in die Soße geben.

Krebssoße

Zu gekochtem, gedünstetem und pochiertem Fisch.

Weißweinsoße (Seite 211), 30 g Krebsbutter (aus der Dose).

Weißweinsoße zubereiten. Kurz vor dem Anrichten die Krebsbutter darunterrühren. Evtl. Krebsschwänzchen als Einlage geben. Krebsbutter kann man auch selbst zubereiten, Rezept Seite 217.

Knoblauchsoße

Zu gegrilltem Fisch und Scampi.

6 EL Olivenöl, 4 Knoblauchzehen, in dünne Scheiben geschnitten, 1 TL Petersilie, fein gewiegt.

Knoblauch in heißem Öl bei schwacher Hitze 2 Minuten dünsten, ohne daß er Farbe nimmt, Petersilie daruntermischen.

Meerrettichsoße

Zu gekochtem und pochiertem Fisch.

75 g Butter, 40 g Mehl, 1 mittlere Stange Meerrettich, ½ l helle Fleischbrühe, Salz, 1 Prise Zucker, 3 EL Sahne, 1 Eigelb, 1 Eiweiß, geschlagen.

Meerrettich kurz vor der Zubereitung putzen, waschen, am offenen Fenster reiben (oder mit etwas Milch oder Brühe im Mixer zerkleinern). Aus Butter und Mehl helle Einbrenne anrühren, den Meerrettich 5 Minuten mitdünsten lassen, langsam aufgießen. Mit Salz und Zukker würzen, 10–20 Minuten kochen lassen. Durch längeres Kochen verliert der Meerrettich an Schärfe. Wer eine scharfe, würzige Soße wünscht, läßt ihn nur kurz mitkochen; für eine milde Soße kocht man den Meerettich so lange, bis die Soße die gewünschte Schärfe hat. Die Soße mit verquirltem Eigelb und Sahne legieren. Kurz vor dem Anrichten den Eischnee unterheben.

Champignonsoße

Zu pochiertem und gedünstetem Fisch.

40 g Butter, 1 kleine Zwiebel und 1 Bund Petersilie, gehackt, 200 g Champignons, fein gewiegt, Salz, weißer Pfeffer, ⅛ l Sahne, $^{2}/_{10}$ l helle Fleischbrühe, etwa 20 g Mehlbutter, 1 TL Zitronensaft.

Zwiebel und Petersilie in heißer Butter andünsten, die Pilze 5 Minuten mitdünsten, mit Salz und Pfeffer würzen. Sahne und Brühe aufgießen, 10 Minuten kochen, mit Mehlbutter leicht binden, mit Zitronensaft abschmecken.

Holländische Soße

Zu gekochtem, gedünstetem und pochiertem Fisch.

1 EL eingekochte Fleisch- oder Fischbrühe, 1 EL Weißwein, 2 TL Zitronensaft, je 1 Prise Salz, weißer Pfeffer und Zucker, 3 Eigelb, 125 g zerlassene Butter.

Fleisch- oder Fischbrühe, Wein, Zitronensaft, Salz, Pfeffer, Zucker und Eigelb in einen kleinen Topf geben, mit dem Schneebesen schaumig schlagen. Die Masse im heißen (nicht kochenden!) Wasserbad so lange schlagen, bis sie sahnig dick ist. Unter beständigem Rühren die zerlassene Butter teelöffelweise darunterschlagen. Die Soße darf keinesfalls kochen, sonst gerinnt sie.

Variation
Schaumsoße: 1/10 l Sahne steif schlagen, unter die Holländische Soße mischen und sofort servieren.

Einfache Holländische Soße

Zu gekochten, pochierten und gedünsteten Fischspeisen.

Diese feine Soße ist weniger üppig als die aufgeschlagene Buttersoße gleichen Namens.

20 g Speisestärke, 1/4 l Fleisch- oder Fischbrühe, 2 Eigelb, 50 g Butter, Salz, weißer Pfeffer, 1 Prise Zucker, 2 EL Weißwein, 2 EL Sahne.

Speisestärke, Brühe und Eigelb in einen kleinen Topf geben und mit dem Schneebesen glattrühren. Den Topf in das warme Wasserbad hängen, bei zunehmender Hitze abschlagen und erhitzen, bis die Masse dick wird (nicht kochen!). Die kalte Butter flöckchenweise darunterschlagen. Mit Salz, Pfeffer und Zucker abschmecken. Zum Schluß Wein und Sahne darunterrühren.

Variationen
Aufgeschlagene Dillsoße: Die Soße mit feingewiegtem, grünem Dill abschmecken.
Aufgeschlagene Currysoße: Die Soße mit 1–2 TL Curry abschmecken.
Aufgeschlagene Krabben- oder Krebssoße: In der heißen Soße 100 g Krabben erwärmen, mit einer Prise Cayennepfeffer abschmecken.

Weiße Buttersoße

Zu gekochtem, gedämpftem, gedünstetem, pochiertem und gegrilltem Fisch.

5 EL trockener Weißwein, 5 EL Weinessig, 2 Schalotten, fein gewiegt, 1 Prise Salz, frisch gemahlener weißer Pfeffer, 250 g kalte Süßrahmbutter.

Wein und Essig mit den Schalotten und einer Prise Salz in einem kleinen Topf einkochen, bis die Schalotten nur noch mit etwa 2 EL sirupartiger Flüssigkeit überzogen sind. Den Topf vom Feuer nehmen, leicht abkühlen lassen, mit Pfeffer würzen. Auf nur mäßig erwärmter Herdplatte (Automatikplatte) nach und nach die kalte Butter flöckchenweise darunterschlagen. Erst wenn ein Stückchen Butter geschmolzen ist, gibt man das nächste Stückchen dazu, bis die ganze Butter untergerührt ist. Sofort verwenden, ehe die Butter zusammenfällt.

Eier-Buttersoße

Verwendung wie Weiße Buttersoße.

¼ l Fischbrühe (Seite 205), 3 Eigelb,
250 g kalte Süßrahmbutter.

Die Fischbrühe in einem kleinen Topf bei starker Hitze bis auf einen Rest von 4 Eßlöffeln Flüssigkeit einkochen. Die Flüssigkeit abkühlen lassen, die Eigelbe darunterschlagen. Den Topf in das heiße, jedoch nicht kochende Wasserbad stellen und abschlagen, bis die Masse dicklich wird. Nach und nach die Butter flöckchenweise darunterschlagen. Erst wenn ein Butterstückchen geschmolzen ist, rührt man das nächste Stückchen darunter.

Aufgeschlagene Estragonsoße, Sauce Béarnaise

Zu pochiertem und gegrilltem Fisch.

1 EL Estragonessig, 5 EL Weißwein,
1 EL Schalotten, fein gewiegt, 1 TL Estragon,
fein gewiegt, 3 Pfefferkörner, gestoßen,
¼ Lorbeerblatt, 3 Eigelb, je
1 Prise Salz und Zucker, 3 EL Flüssigkeit
(Wein oder Fisch-oder Fleischbrühe),
125 g zerlassene Butter, 1 TL Zitronensaft.

Essig, Weißwein, Schalotten, Estragon, Pfefferkörner und Lorbeerblatt zum Kochen bringen, etwa um die Hälfte einkochen. Den Sud abseihen und erkalten lassen. Eigelb, Salz und Zucker mit dem Schneebesen verrühren, den Gewürzsud und die Flüssigkeit (Wein, Fisch- oder Fleischbrühe) dazugeben. Im heißen Wasserbad die Masse mit dem Schneebesen dicksahnig schlagen. Unter beständigem Rühren die zerlassene Butter teelöffelweise darunterschlagen; die Soße darf dabei nicht zum Kochen kommen, sonst gerinnt sie. Mit Zitronensaft abschmecken.

Variation
Sauce Choron: Die Soße mit 1 TL angewärmtem Tomatenmark abschmecken.

Zerlassene Butter

Zu vielen Fischgerichten, vor allem aber zu gekochtem Fisch, wird zerlassene Butter serviert. Man läßt Süßrahmbutter in einem kleinen Topf schmelzen und gerade einmal aufschäumen, jedoch nicht bräunen. Es ist Geschmackssache, ob man sie in ihrem natürlichen Buttergeschmack genießt oder ob man sie salzt und evtl. noch mit etwas Zitronensaft würzt. Man rechnet pro Person 30 g Butter als Begleitung zu gekochtem Fisch.
Braune Butter: Die Butter wird bei starkem Feuer so lange erhitzt, bis sie goldbraun ist.

Mayonnaise

Zu gekochtem, gegrilltem und gebackenem (fritiertem) Fisch, für Fischsalate.

Alle Zutaten müssen Zimmertemperatur haben, damit die Mayonnaise nicht gerinnt.

Für 125 g: *1 Eigelb, je 1 Prise Salz,*
Zucker und weißer Pfeffer, 1 EL Essig
oder Zitronensaft, 1 TL Senf, ⅛ l Öl.

Eigelb mit Salz, Zucker, Pfeffer, Essig oder Zitronensaft und Senf zu einer sämigen Masse rühren. Das Öl zuerst tropfenweise (sehr wich-

tig, damit die Mayonnaise nicht gerinnt!), dann in dünnem Strahl unterrühren, bis die Masse steifcremig geworden ist.
Gestreckte Mayonnaise: Reine Mayonnaise mit 1/2–1 Becher Joghurt vermischen; nachwürzen und abschmecken. Oder die Mayonnaise mit einem Stärkemehlbrei, aus 1/8 l Brühe und 1 EL Speisestärke gekocht, vermischen.

Mayonnaise-Variationen
Als Ausgangsbasis kann man reine oder gestreckte Mayonnaise verwenden. Feste Zutaten, z. B. Essiggurke, hartgekochtes Ei, Kapern, Kräuter usw. werden fein gewiegt zugegeben.
Remouladensoße: 100–125 g Mayonnaise und 1 hartgekochtes Ei, 1 TL Zwiebel, 1 TL Kapern, 1 Sardelle, 1 Gewürzgurke, 1 EL grüne Kräuter, 1 TL Senf, 1 Prise Zucker, 1 EL Sahne oder Schlagsahne.
Tatarensoße: 100–125 g Mayonnaise und 1 TL Kapern, 1 hartgekochtes Ei, 1 Gewürzgurke, 1 TL Zwiebeln, 1 Msp Meerrettich.
Senfmayonnaise: 100–125 g Mayonnaise und 2–4 TL Senf, etwas Joghurt oder Sahne.
Kräutermayonnaise: 100–125 g Mayonnaise und 1 durchgepreßte Knoblauchzehe, reichlich grüne Kräuter.
Meerrettichmayonnaise: 100–125 g Mayonnaise und 2–3 EL geriebener Meerrettich, 1 Prise Zucker, 1 EL Orangensaft, 3 EL Sahne oder Schlagsahne.
Tomatenmayonnaise: 100–125 g Mayonnaise und 2 EL Tomatenketchup, 1 TL Paprika, 2 EL Sahne oder Joghurt.
Tiroler Soße: 100–125 g Mayonnaise und 1 hartgekochtes Ei, 1 TL Kapern, 1 EL Petersilie, 1–2 TL Tomatenketchup.
Knoblauchmayonnaise: 100–125 g Mayonnaise und 2–3 durchgepreßte Knoblauchzehen, 1 Prise Pfeffer.

Grüne Soße

Zu gekochtem und gebratenem Fisch.

2–3 hartgekochte Eier, 4 EL Öl, Salz, Pfeffer, Essig, 1 TL Senf, 1 EL Kapern, fein gewiegt, 1 Essiggurke und 1 TL Zwiebel, gehackt, 1 Knoblauchzehe, durchgepreßt, 100 g Petersilie oder verschiedene grüne Kräuter (Kerbel, Kresse, Sauerampfer, Borretsch, Zitronenmelisse), fein gewiegt, 4 EL Sahne oder Joghurt.

Eigelb mit der Gabel zerdrücken, mit Öl und allen Gewürzen verrühren. Eiweiß fein hakken, mit Kapern, Gurke, Zwiebel und Knoblauch an die Eigelbmasse geben. Zum Schluß die Kräuter und etwas Sahne oder Joghurt daruntermischen. Die Soße schmeckt auch sehr fein mit frischer Gartenkresse.

Öl-Kräutersoße

Zu gekochtem und pochiertem Fisch,
für kalte Fischgerichte.

1 Knoblauchzehe, zerdrückt, Saft einer Zitrone, 1 TL Salz, frisch gemahlener schwarzer Pfeffer, 2/10 l Olivenöl, 50 g grüne Kräuter (Petersilie, Basilikum, Estragon, Kerbel, Zitronenmelisse, Schnittlauch), fein gewiegt.

Knoblauch, Zitronensaft, Salz und Pfeffer verquirlen. Das Olivenöl in dünnem Strahl darunterrühren. Zuletzt die Kräuter daruntermischen.
Basilikumsoße: Verwenden Sie für die Soße überwiegend gehackte Basilikumblättchen. Ihre Menge sollte die Hälfte aller verwendeten Kräuter ausmachen.

Aioli

Zu gegrilltem Fisch und Scampi.

Für 8 Portionen
4–6 Knoblauchzehen, durchgepreßt, 1 Eigelb, 1 EL Zitronensaft, Salz, weißer Pfeffer, 1/4 l Öl.

Knoblauch, Eigelb, Zitronensaft, Salz und Pfeffer mit dem elektrischen Quirl glattrühren. Das Öl zuerst tropfenweise zugeben, dann in dünnem Strahl langsam darunterschlagen.

Vinaigrette-Soße

Zu gekochtem und gebratenem Fisch, für Fischsalate.

2 EL Essig, Salz, Pfeffer, 6 EL Öl, 1 EL Zwiebeln und 2 EL grüne Kräuter, gehackt.

Essig, Salz und Pfeffer verrühren, Öl dazugeben und sämig rühren. Zwiebel und Petersilie daruntermischen.

Cocktailsoße

Für Krabben-, Krebs- oder Hummercocktail.

100 g Mayonnaise, 100 g Crème fraîche, 1/2 Becher Joghurt, 2 EL Tomatenketchup, 1 EL Zitronensaft, Salz, 1 Prise Cayennepfeffer, 1 EL Cognac.

Die Mayonnaise mit den angegebenen Zutaten mit dem Schneebesen verrühren und abschmecken.

Meerrettichsahne

Zu gekochtem und gebratenem Fisch.

3 EL Meerrettich, frisch gerieben, je 1 Prise Salz und Zucker, 1 TL Zitronensaft, 1/4 l Schlagsahne.

Den Meerrettich mit Salz, Zucker und Zitronensaft verrühren. Unter die steifgeschlagene Sahne mischen. Sofort verwenden, damit sich der Meerrettich nicht verfärbt.
Apfel-Meerrettichsahne: Kurz vor Gebrauch 2 EL geriebenen Apfel, mit Zitronensaft verrührt, unter die Meerrettichsahne mischen.

Buttermischungen

Buttermischungen dienen in der Fischküche vor allem als Beigabe für am Rost gebratene oder gegrillte Fischgerichte. Man verwendet sie auch zur geschmacklichen Ergänzung von Soßen oder zum Aufschlagen von Fischfond. Die Butter wird schaumig gerührt, die Geschmackszutaten werden fein gewiegt, passiert oder im Mörser gestoßen und untergemischt. Man formt sie mit nassem Pergamentpapier zu einer Rolle, stellt sie kalt und schneidet Scheiben davon ab.

Butter-Variationen
Dillbutter: 100 g Butter und 2 EL grüner Dill, 1 TL Zitronensaft, 1 Prise Salz.
Knoblauchbutter: 100 g Butter und 2–4 Knoblauchzehen, 1 EL Schalotten, 2 EL Petersilie, Salz, weißer Pfeffer, Zitronensaft.
Kräuterbutter: 100 g Butter und 2 EL gemischte Kräuter, 1 TL Zitronensaft, 1 Prise Salz. Man kann auch mit Knoblauch und Zwiebel würzen.

Sardellenbutter: 100 g Butter und 4 leicht gewässerte Sardellenfilets, im Mörser zerstoßen (oder Sardellenpaste verwenden), durch ein Haarsieb passieren.
Senfbutter: 100 g Butter und 2–3 EL Senf.
Hummerbutter: Hummerschalen und Hummerfleischabfälle im Mörser so fein wie möglich stoßen, mit der gleichen Menge Butter vermischen. Durch ein Haarsieb streichen.
Krabbenbutter, Krebsbutter: Einige gekochte Krebsschalen (wegen der roten Farbe) im Mörser so fein wie möglich zerstoßen. 1 TL Zitronensaft, 50 g püriertes Krebsfleisch oder Krabben, 1 Prise Salz und weißen Pfeffer dazugeben. Alles mit 100 g schaumig gerührter Butter vermischen, durch ein Haarsieb streichen. Krebsbutter kann man auch in Dosen kaufen.
Oder: Gekochte Nordseekrabben und Butter zu gleichen Teilen im Mörser zerstoßen, durch ein Haarsieb streichen
Lachsbutter: 100 g Butter schaumig rühren und 40 g geräucherten Lachs (im Mörser zerstoßen oder fein gewiegt), 2 EL Zitronensaft, weißen Pfeffer, eine Spur Cayennepfeffer, 2 EL Estragon oder Dill hinzufügen.

Mehlbutter

Butter und Mehl zu gleichen Teilen verwenden. Die Butter mit einer Gabel zerdrücken, das Mehl darunterkneten.
Mehlbutter dient zum Binden von Soßen. Auf $^1/_2$ l Soße rechnet man, je nach gewünschter Konsistenz, 20–40 g Mehlbutter, das sind 10–20 g Butter und 10–20 g Mehl. Die Mehlbutter wird mit dem Schneebesen unter die heiße Soße gerührt und kurz aufgekocht. Zum Binden von Fischsud rechnet man 10–12 g Mehlbutter auf $^1/_{10}$ l Sud.

Beilagen zu Fischspeisen

Gedünstete Champignonköpfe

Zum Garnieren von Fischspeisen, für Ragout, Frikassee oder für überbackene Fischgerichte in Soße.

250 g kleine, gleichmäßige Champignons,
$^1/_8$ l Wasser, 1 Msp Salz,
Saft einer halben Zitrone, 30 g Butter.

Die Champignons von allen erdigen Teilen befreien, waschen. Die Füße unterhalb des Kopfes glatt abschneiden. Das Wasser mit Salz, Zitronensaft und Butter zum Kochen bringen, die Champignons hineingeben und zugedeckt 5 Minuten kochen. Die Champignonabschnitte kann man zum Pochieren von Fisch oder für eine Fischbrühe verwenden.

Zwiebelpüree

40 g Fett, 1 Prise Zucker,
500 g zarte Gemüsezwiebeln, grob gehackt,
1 zerdrückte Knoblauchzehe, Salz,
frisch gemahlener Pfeffer, 2 EL Weißwein.

In einem flachen Topf das Fett mit dem Zukker erhitzen, Zwiebeln und Knoblauch dazugeben, 10 Minuten bei schwacher Hitze dünsten, mit Salz und Pfeffer würzen. Die Zwiebeln sollen dabei nur ganz wenig Farbe nehmen. Den Wein angießen und noch 5–10 Minuten dünsten. Mit dem Mixstab oder im Mixer pürieren.
Den Knoblauch kann man auch weglassen und das Püree mit einem Schuß Sherry abschmecken.

Gebackene Zwiebelringe

Zum Garnieren von fritierten Fischgerichten.

Große Zwiebeln schälen, in nicht zu dünne Scheiben schneiden, die Scheiben auseinanderdrücken, so daß Ringe entstehen. Die Zwiebelringe mit etwas Kondensmilch anfeuchten, in Mehl wälzen, in einem Sieb durchschütteln, um überschüssiges Mehl zu entfernen. Die bemehlten Zwiebelringe in reichlich heißem Öl goldgelb backen, auf Küchenkrepp abtropfen lassen.
Oder: Die Zwiebelringe in Backteig (Seite 208) tauchen, in heißem Öl ausbacken.

Glasierte Zwiebelchen

Zum Garnieren von Fischspeisen.

30 g Butter, ½ TL Zucker,
250 g kleine Zwiebelchen (Perlzwiebeln, Schalotten), geschält, etwa 1/10 l Fleischbrühe.

Die Butter mit dem Zucker in einem kleinen Topf erhitzen. Die Zwiebelchen dazugeben und unter beständigem Wenden hellbraun anbraten. Nur so viel Fleischbrühe angießen, daß die Zwiebelchen nicht ganz bedeckt sind. Bei mäßiger Hitze zugedeckt etwa 15 Minuten weich dünsten, bis die Flüssigkeit sirupartig dick eingekocht und die Zwiebelchen vom dunklen Glanz des Sudes überzogen sind.
Weiße Zwiebelchen: Die Zwiebelchen ohne Zucker in Butter anbraten, mit Fleischbrühe aufgießen und fertigstellen wie oben. Man verwendet weiße Zwiebelchen für Fischragout, Fischfrikassee, gratinierte Fischgerichte und zum Garnieren.

Fischkartoffeln

Zum Garnieren und als Beilage zu Fischspeisen.

Kartoffeln schälen, olivenförmig in gleich große Stücke zuschneiden. Sie werden gekocht wie Salzkartoffeln und nach dem Abdämpfen in zerlassener Butter geschwenkt.

Nußkartoffeln

Zum Garnieren von Fischspeisen.

Aus geschälten, rohen Kartoffeln mit einem runden Gemüsebohrer kirschgroße Kugeln ausstechen. In Salzwasser 2 Minuten blanchieren, abtropfen lassen. In heißer Butter bei milder Hitze goldgelb braten, bis sie weich sind. Mit feinem Salz bestreuen.

Gratinierte Kartoffeln

Zu Fischgerichten aller Art.

40 g Butter und 2 zerdrückte Knoblauchzehen für die Form, 4–6 festkochende Kartoffeln, geschält und in sehr dünne Scheiben gehobelt, Salz, Pfeffer, 1 Prise Muskat,
½ TL getrockneter Thymian,
100 g Emmentaler Käse, gerieben, ⅛ l Sahne,
⅛ l Milch, 40 g Butterflocken.

Eine Auflaufform üppig mit zerlassener Butter ausstreichen und den Knoblauch hineingeben. Die Kartoffelscheiben lagenweise in die Form schichten, jede Lage mit Salz, Pfeffer, einer Spur Muskat und Thymian würzen und mit geriebenem Käse bestreuen; 2 EL Käse zurückbehalten. Sahne mit Milch und dem restlichen Käse verquirlen, über die Kartoffelscheiben gießen. Butterflocken darüber verteilen. Die Kartoffeln im vorgeheizten Ofen bei 200 °C 30–40 Minuten goldbraun backen.

Reisrand

2 Tassen Langkornreis, 4 Tassen Fleischbrühe, 30 g Butter.

Den gewaschenen Reis in die kochende Fleischbrühe einstreuen, die Butter dazugeben. Zugedeckt bei schwacher Hitze 20 Minuten ausquellen lassen, ohne umzurühren. Den Reis in eine gebutterte Ringform füllen, leicht andrücken. Über Dampf 5 Minuten anziehen lassen. Den Reis auf eine vorgewärmte runde Platte stürzen. Bestreuen Sie den Reisrand mit Petersilie und füllen Sie in die Mitte Fischfrikassee oder ein Ragout aus Meeresfrüchten.

Gebackene Petersilie

Zum Garnieren von fritierten Fischgerichten.

Da das Fritierfett ohnehin schon erhitzt ist, macht es keine Mühe, die Petersilie zum Schluß noch ins Fettbad zu geben.
Krause Petersilie waschen, in einem Küchentuch ausschwingen, so daß sie gut trocken ist. Das ist wichtig, damit das Öl nicht spritzt. Die Petersilie in das heiße Öl geben und nur einige Sekunden backen. Mit dem Schaumlöffel herausnehmen. Zu lange gebackene Petersilie verkohlt sehr schnell und schmeckt dann verbrannt.

Grilltomaten

Zum Garnieren von gegrillten und gebratenen Fischspeisen.

Feste, reife Tomaten halbieren oder oben kreuzweise einschneiden und die Haut leicht zurückziehen. An der Schnittfläche mit Salz, Pfeffer, Oregano und Knoblauchsaft würzen. Mit geriebenem Parmesan bestreuen und Butterflöckchen darauflegen. Unter dem vorgeheizten Strahlungsgrill 8–10 Minuten grillen.

Knoblauchbrot

1 kleines Stangenweißbrot, 50 g Butter, 1 Msp Salz, 3 zerdrückte Knoblauchzehen.

Die Butter schaumig rühren, Salz und Knoblauch darunterrühren. Das Brot in Abständen von 4 cm schräg einschneiden, aber nicht ganz durchschneiden. Die Einschnitte mit Knoblauchbutter ausstreichen. Das Brot wieder zusammendrücken, in Alufolie einschlagen und im vorgeheizten Ofen bei 175 °C etwa 20 Minuten aufbacken. In der Folie servieren.

Blätterteighalbmonde, Fleurons

Tiefkühlblätterteig, 1 Eigelb zum Bestreichen.

Die aufgetauten Blätterteigplatten nur leicht ausrollen. Man sticht Halbmonde (oder kleine Fische) aus, legt sie auf ein mit kaltem Wasser abgespültes Backblech und bestreicht sie mit verquirltem Eigelb. Sie werden bei 210–220 °C im vorgeheizten Ofen 15–20 Minuten gebacken. Man verwendet sie warm als Garnitur für Fischspeisen.

Rezept-Register

Aal auf belgische Art 87
Aal auf flandrische Art 84
Aal auf provenzalische Art 84
Aal blau 83
Aal, Gebratener 89
Aal grün 83
Aal in Backteig 90
Aal in Gelee 89
Aal in Rotweinsoße 87
Aal, in Sahne pochiert 84
Aal in Weinmarinade 90
Aal, Marinierter 90
Aal mit Wurzelgemüse 87
Aal Müllerin Art 89
Aal vom Grill 90
Aalragout 88
Aalsuppe, Hamburger 88
Äsche, Gefüllte 65
Äsche, Gratinierte 65
Äsche, in Ei gebraten 64
Äsche in Thymiansoße, Gekochte 63
Äsche in Weinsoße, Pochierte 64
Äsche Müllerin Art 64
Äsche vom Grill 66
Äschenfilets, Gebratene 64
Aioli 216
Apfel-Meerrettichsahne 216
Aspik 205
Austern, Rohe 184
Austern, Überbackene 184

Backteig 208
Barsch, Fritierter 107
Barsch, Gegrillter 107
Barsch, Gekochter 105
Barsch mit Butterbröseln und Ei 105
Barschfilet auf Gemüse 107
Barschfilet in feiner Buttersoße 105
Barschfilet Müllerin Art 107
Barschfilets in Soße, Gefüllte 106
Basilikumsoße 215
Béchamelsoße 211
Blätterteighalbmonde 219
Blausud 203
Boullabaisse 119
Brachsen, Gebackene 80
Brachsen in Rotweinsoße 78
Brachsenfilets, Gebratene 79
Brachsenfilets mit Kartoffeln und Zwiebeln 79
Butter, Braune 214
Butter, Zerlassene 214
Buttermischungen 216
Buttersoße, Weiße 213

Champignonköpfe, Gedünstete 217
Champignonsoße 212
Cocktailsoße 216
Currysoße 212
Currysoße, Aufgeschlagene 213

Dillbutter 216
Dillsoße, Aufgeschlagene 213

Eier-Buttersoße 214
Eiersoße, Grüne 210
Estragonsoße, Aufgeschlagene 214

Fisch auf italienische Art 152
Fisch auf spanische Art 153
Fisch in Milchsud, Geräucherter 172
Fisch, mit Käsesoße überbacken 156
Fisch-Pichelsteiner 112
Fischauflauf, Florentiner 156
Fischauflauf mit Béchamel- oder Käsesoße 113
Fischauflauf mit Eiermilch 113
Fischauflauf mit Gemüse 156
Fischauflauf mit Pilzen und Tomaten 149
Fischauflauf mit Reis oder Nudeln 156
Fischbrühe 205
Fischcremesuppe 117
Fischersalat 123
Fischfilet auf Gemüse 152
Fischfilet auf provenzalische Art 147
Fischfilet, auf Wurzelgemüse pochiert 148
Fischfilet, Gebackenes 145
Fischfilet, Gegrilltes 154
Fischfilet, im Ofen pochiert 146
Fischfilet in Backteig 146
Fischfilet in Currysoße 112
Fischfilet in Currysoße, Pochiertes 147
Fischfilet in Folie 153
Fischfilet in Pastis 148
Fischfilet in Safransoße 148
Fischfilet mit Champignons, Pochiertes 147
Fischfilet mit Lauch und Sojasprossen 151
Fischfilet, mit Tomaten gebraten 151
Fischfilet mit Tomaten und Käse, Gegrilltes 154
Fischfilet Müllerin Art 145
Fischfilet, Pochiertes 146
Fischfilets, Gefüllte 157
Fischfrikadellen 114
Fischfrikassee 156
Fischfumet 205
Fischkartoffeln 218
Fischklößchen 113
Fischklößchen, Gebackene 114
Fischklößchen in Soße 113
Fischklößchen mit Pilzragout 114
Fischkotelett, Gegrilltes 154
Fischkotelett, im Ofen pochiert 146
Fischkotelett in Folie 153
Fischkotelett, Pochiertes 146
Fischkoteletts auf Letscho 150
Fischkoteletts auf Ratatouille 149
Fischmayonnaise 119
Fischmousseline 207
Fischpudding 115
Fischpudding aus Resten 115
Fischpüree 208
Fischpüree mit Champignons 208
Fischröllchen, Gefüllte 116
Fischröllchen in Soße 157
Fischrollen, Gefüllte 157
Fischsalat 120
Fischsalat mit Äpfeln und Sellerie 123
Fischsalat, Portugiesischer 120
Fischsalat, Russischer 123
Fischsud, Einfacher 203
Fischsülze 120
Fischsuppe, Russische 118
Fischsuppe, Ungarische 118
Fischtopf, Gemischter spanischer 153
Fleurons 219
Florentiner Fischauflauf 156
Flunder, in Speck gebraten 158
Flunder, Pochierte 158
Forelle, auf Gemüse gedämpft 38
Forelle blau 38
Forelle blau in Alufolie 38
Forelle, Gebackene 41
Forelle, Gebratene 42
Forelle, Gegrillte 43
Forelle in Folie 44

Forelle in Gelee 45
Forelle in Kräutersahne, Pochierte 39
Forelle in Portweingelee 46
Forelle in Weincreme 40
Forelle mit Champignons, Gebratene 41
Forelle mit Mandeln, Gebratene 42
Forelle, mit Pilzen gefüllt 39
Forelle mit Spinatfüllung, Gebratene 42
Forella Müllerin Art 40
Forelle nach Grenobler Art 40
Forellen, Spanische 41
Forellenfilet, Geräuchertes 46
Forellenfilets, Gebratene 43
Forellenfilets mit Krabbensoße 43
Forellenfrikassee in Champignonsoße 44
Forellenklößchen 45
Fritto Misto 170

Garnelen in Cocktailsoße 201
Garnelen in Sherrysahne 200
Garnelen in Soße 199
Garnelen in Vinaigrette-Soße 201
Garnelensuppe 200
Gebeizter Lachs 56
Gefüllte Äsche 65
Gefüllte Fischfilets 157
Gefüllte Fischrollen 157
Gefüllte Renke 62
Gefüllte Rotzunge 161, 162
Gefüllte Scholle 161, 162
Gefüllte Schollenfilets 160
Gefüllte Seezunge 161, 162
Gefüllte Seezungenröllchen 165
Gefüllter Glattbutt 161, 162
Gefüllter Huchen 58
Gefüllter Karpfen 71
Gefüllter Steinbutt 161, 162
Gefüllter Zander 99
Gegrillte Gambas 202
Gelee 205
Glattbutt, Gebratener 158
Glattbutt, Gefüllter 161, 162
Glattbutt, in Speck gebraten 158
Glattbutt Müllerin Art 163
Glattbutt, Pochierter 158
Glattbuttfilets, auf Gemüse gedämpft 160
Glattbuttfilets, Gebratene 164
Glattbuttfilets in Safranbutter 160

Goldbarsch auf Spinat, Geräucherter 175
Goldbarsch → Gebratener Kräuterfisch 141
Goldbarsch, Gedämpfter 136
Goldbarsch, Gekochter 136
Goldbarsch, Geschmorter 137
Goldbarsch in Dillsoße 141
Goldbarsch mit Pilzen und Tomaten, Gebratener 144
Gratinierte Fischkoteletts 150
Gravlax 56
Gravlax mit Senfsoße 56
Grilltomaten 219
Grüne Heringe, Gegrillte 168
Grüne Soße 215
Grundsoße, Weiße 209

Hamburger Aalsuppe 88
Hecht, auf Gemüse gebraten, Gespickter 93
Hecht auf schlesische Art 92
Hecht blau 91
Hecht gebraten, Gespickter 92
Hecht, Gefüllter 94
Hecht, Gekochter 91
Hecht in Folie, Gespickter 92
Hecht in Folie, Pikanter 93
Hecht mit Sardellenbutter 92
Hechtfilets in Backteig 95
Hechtklößchen 96
Hechtklößchen mit Panade 97
Hechtpastete 96
Hechtschnitten auf Badische Art 94
Hechtschnitten auf ungarische Art 95
Hechtschnitten in Rahmsoße 95
Hechtschnitten mit Champignons 94
Heilbutt, Gebratene Tranchen von 158
Heilbutt, Pochierter 162
Heilbuttfilets, auf Gemüse gedämpft 160
Heilbuttfilets, Gebratene 164
Hering im Speckmantel, Gebratener 167
Hering, Panierter 167
Heringe, Gebratene 167
Heringe, Marinierte 168
Heringssalat mit Kartoffeln 124
Heringssalat, Roter 124
Holländische Soße 213
Holländische Soße, Einfache 213
Huchen, Gefüllter 58
Huchen, Geschmorter 57

Huchen im Speckhemd 58
Huchenschnitzel 59
Hummer, Gegrillter 190
Hummer in Madeira-Rahmsoße 193
Hummer, Kalter 193
Hummer kochen 189
Hummerbutter 217
Hummercocktail 193
Hummermayonnaise 193

Jakobsmuscheln in Champignonsoße 189
Jakobsmuscheln in Safransoße 188

Kabeljau → Gebratener Kräuterfisch 141
Kabeljau, Gedämpfter 136
Kabeljau, Gekochter 136
Kabeljau, Geschmorter 137
Kabeljau in Dillsoße 141
Kabeljau mit Basilikumsoße 142
Kabeljau mit Pilzen und Tomaten, Gebratener 144
Kabeljau mit Zwiebeln und Kartoffeln, Gebratener 142
Käse-Schinkenfülle 207
Käsesoße 211
Kaisergranatschwänze, Gebackene 197
Kaisergranatschwänze, Gegrillte 197
Kalbsbrätfülle 207
Kalmar, Gebratener 172
Kapernsoße 210
Karpfen Aischgründer Art, Gebackener 73
Karpfen auf rumänische Art 70
Karpfen blau 66
Karpfen blau in Alufolie 67
Karpfen, Gebackener 73
Karpfen, Gebratener 72
Karpfen, Gefüllter 71
Karpfen im Zwiebelsud 68
Karpfen, in Rotwein pochiert 69
Karpfen mit Knoblauchbutter, Gebratener 73
Karpfen, Polnischer 70
Karpfenmilch 74
Karpfenragout mit Aal 72
Karpfenrogen 74
Karpfenrogenmayonnaise 74
Karpfenrogensalat 74
Karpfenschnitten mit Kressesoße 69
Kartoffeln, Gratinierte 218

Knoblauchbrot 219
Knoblauchbutter 216
Knoblauchmayonnaise 215
Knoblauchsoße 212
Kohlrollen mit Fischfülle 115
Krabben in Currysoße 199
Krabben in Dillsoße 199
Krabbenbutter 217
Krabbencocktail 201
Krabbenfrikassee, Gemischtes 199
Krabbensoße, Aufgeschlagene 213
Krake, Gekochte 171
Kräuterbutter 216
Kräuterfisch, Gebratener 141
Kräutermayonnaise 215
Kräutersoße 210
Krebsbutter 217
Krebscocktail 201
Krebse auf Bordelaiser Art 194
Krebse in Weinsud 194
Krebse kochen 194
Krebsschwänze, Überbackene 195
Krebssoße 212
Krebssoße, Aufgeschlagene 213
Krebssuppe 196

Lachs, Gebeizter 56
Lachs im Weinsud 53
Lachs mit Mayonnaise, Kalter 54
Lachs vom Grill 55
Lachsbutter 217
Lachsforelle, Gefüllte 46
Lachsforelle in Dampf, Geräucherte 48
Lachsforelle in Weinsud 47
Lachsforelle mit Tomatenüberzug 47
Lachsragout im Reisrand 56
Lachsschnitten in Sauerampfersoße 55
Lachsschnitten mit Estragonsoße, Gebratene 55
Lachsschnitten mit grüner Soße 54
Lachsschnitten, Pochierte 54
Languste kochen 193
Legierte Weiße Soße 211
Lengfisch → Gebratener Kräuterfisch 141
Lengfisch in Dillsoße 141
Lengfisch mit Pilzen und Tomaten, Gebratener 144

Mainfischchen, Gebackene 110
Mainfischchen in Kräutersoße 111
Makrelen, Gebratene 167
Makrelen, Gegrillte 168
Makrelen, Marinierte 168
Matjesfilets Hausfrauenart 169
Matjesfilets in Dillsahne 169
Matjesfilets in Pfeffersahne 170
Matjessalat 124
Mayonnaise 214
Mayonnaise, Gestreckte 215
Meeresfrüchte, gebraten, Gemischte 171
Meerhecht, Gedämpfter 136
Meerrettichmayonnaise 215
Meerrettichsahne 216
Meerrettichsoße 212
Mehlbutter 217
Milchsud 204
Muscheln, Gebackene 188
Muscheln, Gedünstete 185
Muscheln im Reisrand 187
Muscheln in Buttersoße 186
Muscheln in Eiersoße 185
Muscheln in Koblauchsoße 186
Muscheln in Tomatensoße 186
Muscheln kochen 185
Muscheln mit Suppengemüse 187
Muschelrisotto 187
Muschelsalat 188
Muschelsalat, Garnierter 188

Nußkartoffeln 218

Octopus, Gekochter 171
Öl-Kräutersoße 215

Paprikakarpfen 70
Petersilie, Gebackene 219
Pilzfülle 206
Polnischer Karpfen 70
Portugiesischer Fischsalat 120

Räucherfisch auf Sauerkraut 176
Räucherfisch in Paprikaschoten 175
Räucherfisch, Überbackener 175
Räucherfisch-Auflauf 172
Räucherfisch-Omelett 116
Räucherlachs 57
Reisrand 219
Remouladensoße 215
Renke, Gebratene 62
Renke, Gefüllte 62
Renke, Gekochte 60
Renke, in Butter gebraten 61
Renke Müllerin Art 61
Renke nach Tessiner Art 61
Renke, Pochierte 59
Renkenfilets in Kräutersoße 60
Renkenfilets mit Pilzen und Tomaten 60
Renkenfilets mit warmer Kräuterbutter 62
Rogensuppe 117
Rotzunge, Gebratene 158
Rotzunge, Gefüllte 161, 162
Rotzunge, in Speck gebraten 158
Rotzunge Müllerin Art 163
Rotzunge, Pochierte 158
Rotzungenfilets, auf Gemüse gedämpft 160
Rotzungenfilets, Gebratene 164
Rotzungenfilets, Gratinierte 164
Rotzungenfilets in Safranbutter 160
Rotzungenfilets mit Kräutern, Pochierte 159
Russische Fischsuppe 118
Russischer Fischsalat 123
Rutte, Gekochte 108
Ruttenfilets, Gebratene 109
Ruttenschnitten mit Zucchini und Tomaten 109
Ruttenschnitten, Pochierte 108

Saibling mit Zitronensoße 49
Saibling, Gebratener 50
Saibling, Gekochter 49
Saiblingfilets in Weinsoße 50
Salzheringe in Rahmsoße 169
Salzheringe süßsauer 169
Samtsoße 211
Sardellenbutter 217
Sardellensoße 210
Sardinen, Fritierte 170
Sardinen, Gebratene 170
Sauce Béarnaise 214
Sauce Choron 214
Sauerampferfülle 207
Scampi in Cocktailsoße 201
Scampi in Currysoße 199
Scampi in Dillsoße 199
Scampi in Soße 199
Scampi in Vinaigrette-Soße 201
Scampi mit Kräuterbutter, Gebackene 198
Scampi-Muschelspießchen 197
Scampispießchen, Gemischte 197
Schellfisch → Gebratener Kräuterfisch 141
Schellfisch, Gedämpfter 136

Schellfisch, Gekochter 136
Schellfisch, Geschmorter 137
Schellfisch in Dillsoße 141
Schellfisch, mit Gemüse gebraten 142
Schellfisch mit Pilzen und Tomaten, Gebratener 144
Schleie blau 75
Schleie in Biersoße 77
Schleie, Gebratene oder Gebackene 76
Schleie, Gedämpfte 75
Schleienfilets in Kapernsoße 76
Schleienfilets in Kerbelsoße 77
Schleienfilets in Safransoße 76
Schleienfilets mit Tomatensoße 77
Schleienfilets polnisch 78
Scholle, Gebratene 158
Scholle, Gefüllte 161, 162
Scholle, in Speck gebraten 158
Scholle Müllerin Art 163
Scholle, Pochierte 158
Schollenfilets, auf Gemüse gedämpft 160
Schollenfilets, Gebratene 164
Schollenfilets, Gefüllte 160
Schollenfilets, Gratinierte 164
Schollenfilets in Safranbutter 160
Schollenfilets mit Kräutern, Pochierte 159
Seefisch, Gebratener 138
Seefisch, Gedämpfter 136
Seefisch, Gekochter 136
Seefisch, Geschmorter 137
Seefisch mit Champignons, Gebratener 138
Seehecht → Gebratener Kräuterfisch 141
Seehecht, Gekochter 136
Seehecht, Geschmorter 137
Seehecht mit Pilzen und Tomaten, Gebratener 144
Seelachs, Gedämpfter 136
Seelachs, Gekochter 136
Seelachs, Geschmorter 137
Seelachs in Dillsoße 141
Seelachs mit Pilzen und Tomaten, Gebratener 144
Seeteufel, Gedämpfter 136
Seeteufel in Dillsoße 141
Seeteufel mit Pilzen und Tomaten, Gebratener 144
Seeteufelschnitten, Gebackene 155
Seeteufelschnitten, Gebratene 155
Seewolf, Gedämpfter 136
Seewolf in Dillsoße 141
Seewolf mit Pilzen und Tomaten, Gebratener 144
Seewolf mit Tomaten und Käsesoße, Gebratener 143
Seewolfschnitten, Gebackene 155
Seewolfschnitten, Gebratene 155
Seezunge, Gebratene 158
Seezunge, Gefüllte 161, 162
Seezunge, Gegrillte 162
Seezunge Müllerin Art 163
Seezunge, Pochierte 158
Seezungenfilets, auf Gemüse gedämpft 160
Seezungenfilets, Gebratene 164
Seezungenfilets, Gratinierte 164
Seezungenfilets in Safranbutter 160
Seezungenfilets mit Kräutern, Pochierte 159
Seezungenröllchen, Gefüllte 165
Seezungenröllchen, Gratinierte 166
Seezungenröllchen mit Champignons und Krabben 166
Senfbutter 217
Senfmayonnaise 215
Senfsoße 210
Shrimps, Gebackene 197
Shrimps, Gegrillte 197
Shrimps in Knoblauchsoße 198
Shrimps in Tomatensoße 198
Spanische Forellen 41
Spanischer Fischtopf, Gemischter 153
Spinatfülle 206
Steckerlfisch 111
Steinbutt, Gebratener 158
Steinbutt, Gefüllter 161, 162
Steinbutt Müllerin Art 163
Steinbutt, Pochierter 158, 162
Steinbuttfilets, auf Gemüse gedämpft 160
Steinbuttfilets, Gebratene 164
Stockfisch 176
Sud, Weißer 204

Taschenkrebs, Überbackener 196
Tatarensoße 215
Thunfisch, Geschmorter 155
Thunfisch vom Grill 154
Thunfischsalat 123
Tiefseegarnelen, Gebackene 197
Tiefseegarnelen, Gegrillte 197
Tiefseegarnelen in Knoblauchsoße 198
Tiefseegarnelen in Tomatensoße 198
Tintenfisch, Gebratener 172
Tintenfisch (Sepia) in Tomatensoße 172
Tiroler Soße 215
Tomatenmayonnaise 215

Ungarische Fischsuppe 118
Ungarisches Fischfilet 112

Vinaigrette-Soße 216

Waller auf Balkanart 81
Waller im Wurzelsud 80
Wallerfilet in Senfsoße 81
Wallerschnitten, Gebackene 82
Wallerschnitten in Bierteig 82
Wallerschnitten mit Pilzen 81
Weinsud 204
Weiße Grundsoße 209
Weiße Soße, Legierte 211
Weißer Sud 204
Weißweinsoße 211
Wirsingrollen mit Fischfülle 115
Wittling, Fritierter 144
Wittling, Gebratener 144
Wittling, Gedämpfter 136
Wittling in Dillsoße 141
Wittling in Folie 145
Wittling mit Pilzen und Tomaten, Gebratener 144
Wurzelkarpfen 67
Wurzelkarpfen, Gesulzter 68
Wurzelsud 204

Zander, Gedämpfter 98
Zander, Gefüllter 99
Zander, Gekochter 98
Zander Müllerin Art 102
Zanderfilet, Gebackenes 102
Zanderfilet in Sauerampfersoße 101
Zanderfilet mit Zitronenbutter 101
Zanderfilets, Gratinierte 100
Zanderfilets, Pochierte 99
Zanderschnitten mit Champignons 100
Zwiebelchen, Glasierte 218
Zwiebelfisch 152
Zwiebelpüree 217
Zwiebelringe, Gebackene 218

Weitere BLV Ratgeber Essen und Trinken

Marlene Große Berg
Selbstgebackenes
Über 600 sorgfältig überprüfte Rezepte für Kuchen, Torten, Gebäck, Plätzchen, Konfekt, Waffeln, Hörnchen, Brot und Pikantes.
2. Auflage, 364 Seiten, 36 Farbfotos, 36 Zeichnungen

Isolde Bräckle
Gerichte aus dem Schnellkochtopf
Anleitungen und Rezepte für das Kochen mit Dampfdruck, für Diät-, Schlankheits- und Babykost.
6. Auflage (Neuausgabe), 207 Seiten, 11 Farbfotos

Hans J. Fahrenkamp
Knuspriges Brot aus dem eigenen Ofen
Mehr als 170 internationale Brot- und Brötchenrezepte, Grundlagen des Brotbackens, Fachausdrücke und Ratschläge zur Aufbewahrung.
4. Auflage (Neuausgabe), 207 Seiten, 12 Farbfotos, 33 s/w-Fotos, 37 Zeichnungen

Ursula Grüninger
Das Käsebuch*
136 Käsesorten mit Angaben über Form, Aussehen, Geschmack und Verwendung und interessante Rezepte für warme, kalte, pikante und süße Käsegerichte.
214 Seiten, 26 Farbfotos

Erna Horn
Wild in der Küche
Über 400 überprüfte Rezepte – vom Auerhahn bis zum Wildschwein. Anregungen für die Zubereitung von Wildgerichten und sinnvolle Resteverwertung.
10. Auflage, 203 Seiten, 16 Farbfotos, 55 Zeichnungen

Susanne Lücke
Hausgemachtes für Küche und Keller
Konservierungsmethoden ohne chemische Zusätze und ihre Wirkungsweisen. Rezepte zu Brot, Fleisch, Milchprodukten, Gemüse, Obst, Wein, Süßigkeiten u. v. a.
2. Auflage, 207 Seiten, 16 Farbfotos, 9 Zeichnungen

Annette Sander
Vorräte selbst gemacht zu jeder Zeit
Moderne sowie traditionelle Vorratsbereitung und -haltung. Über 350 Rezepte zur Verfeinerung und Abwandlung von Speisen mit eigenen Vorräten.
263 Seiten, 24 Farbfotos

Sybille Schall
Neue Kalte Küche
Sonderausgabe
Über 1000 Rezepte – vom Frühstück über das Pausenbrot, Mittagessen und einfachen Abendessen bis zum Kalten Buffet für Partys und Feste.
387 Seiten, 36 Farbfotos, 15 Zeichnungen

Horst Scharfenberg
Das praktische Buch vom Wein*
Alles über Anbau, Rebsorten, Weinberge und -keller, Kauf, Lagerung, Weinproben, Wein in der Küche.
2. Auflage, 344 Seiten, 34 Farbfotos, 10 Zeichnungen

Hedwig Maria Stuber
Ich helf dir kochen*
Das Grundkochbuch für jeden Haushalt mit über 1600 Rezepten und Informationen über Gästebewirtung, gesunde Ernährung, Schonkost und Diät, Einkauf und einer Nährwerttabelle.
27. Auflage, 519 Seiten, 73 Farbfotos, 90 Zeichnungen

* Ausgezeichnet mit der Silbermedaille der Gastronomischen Akademie Deutschlands

In unserem Verlagsprogramm finden Sie Bücher zu folgenden Sachgebieten:
Garten und Zimmerpflanzen · Natur · Haus- und Heimtiere · Angeln, Jagd, Waffen · Sport und Fitness · Wandern und Alpinismus · Auto und Motorrad · Essen und Trinken · Basteln, Handarbeiten, Werken.
Wünschen Sie Informationen, so schreiben Sie bitte an:
BLV Verlagsgesellschaft, Postfach 40 03 20, 8000 München 40